康养产业理论与实践系列研究 · 总主编 张旭辉

ZHONGGUO KANGYANG CHANYE
FAZHAN ZHENGCE YANJIU

—

中国康养产业
发展政策研究

—

兰玛　冯奇　包家新 / 著

中国财经出版传媒集团
经济科学出版社
Economic Science Press
·北京·

图书在版编目（CIP）数据

中国康养产业发展政策研究/兰玛，冯奇，包家新
著．－－北京：经济科学出版社，2023.12
（康养产业理论与实践系列研究/张旭辉总主编）
ISBN 978－7－5218－5426－8

Ⅰ.①中…　Ⅱ.①兰…②冯…③包…　Ⅲ.①养老－
服务业－产业发展－经济政策－研究－中国　Ⅳ.①F726.99

中国国家版本馆 CIP 数据核字（2023）第 248242 号

责任编辑：刘　丽
责任校对：孙　晨
责任印制：范　艳

中国康养产业发展政策研究
兰　玛　冯　奇　包家新　著
经济科学出版社出版、发行　新华书店经销
社址：北京市海淀区阜成路甲 28 号　邮编：100142
总编部电话：010－88191217　发行部电话：010－88191522
网址：www. esp. com. cn
电子邮箱：esp@ esp. com. cn
天猫网店：经济科学出版社旗舰店
网址：http://jjkxcbs. tmall. com
北京季蜂印刷有限公司印装
710×1000　16 开　16.5 印张　230000 字
2023 年 12 月第 1 版　2023 年 12 月第 1 次印刷
ISBN 978－7－5218－5426－8　定价：88.00 元
（图书出现印装问题，本社负责调换。电话：010－88191545）
（版权所有　侵权必究　打击盗版　举报热线：010－88191661
QQ：2242791300　营销中心电话：010－88191537
电子邮箱：dbts@ esp. com. cn）

总 序

一、肇始新路：迈步新时代的中国康养产业

就个人而言，健康既是最基本的需要，又是最终极的需要；就社会而言，健康既是人类一切经济社会活动得以展开的前提，也是经济社会发展的最终目标。作为5000年辉煌文明绵延不绝的国家，中华民族早自商周时期，便开始了对各类强身健体、延年益寿方术的探究，其后更开创了深具辩证思想与中华特色的传统医学体系和养生文化。我国传统医学中"治未病"的思想及其指导下的长期实践，在保障国民身体健康中持续地发挥着巨大的作用。相对于西方医学，传统中国在强身健体领域的理论与实践内在地契合现代医疗健康理念从疾病主导型向健康主导型的转变趋势。

但受制于发展水平和物质技术条件的限制，"早熟而晚成"的传统中国，长期陷入"低水平均衡陷阱"而难以自拔。亿兆生民虽终日劳碌仍求温饱而难得，更遑论对健康长寿的现实追求。逮至16～18世纪中西方发展进入"大分流"时代，双方发展差距渐次拉大。西方政治—经济—军事霸权复合体携炮舰与商船迅速叩开古老中国的大门。白银的长期外流摧毁了晚清的经济体系，鸦片的肆虐则同时摧毁了国民的身体与精神。

由是，国民之健康与否不再仅仅是一种个体的表现，而是成为国家机体是否健康的表征，深切地与中国能否作为一个合格的现代国家自立于世界民族之林这样的宏大命题紧密关联。是以，才有年轻的周树人（鲁迅）受激于国民的愚弱，愤而弃医从文，以求唤起民众，改造精神。

是以，才有青年毛泽东忧于"国力苶弱，武风不振，民族之体质，日趋轻细"，愤而发出"文明其精神，野蛮其体魄"的呼声。彼时，帝制已被推翻，民国得以建立。然而先是军阀混战，继而日寇入侵，兵连祸结，民不聊生。内忧外患之下，反动贪腐的国民政府自顾尚且不暇，又何来对国民健康之关注与投入。

直到 1949 年中华人民共和国成立，中国之医疗卫生事业才得以开启新路。在中国共产党的领导下，新中国医疗卫生事业取得了辉煌的成就，被世界卫生组织誉为"发展中国家的典范"。计划经济时期，通过三级医疗卫生服务体系、"赤脚医生"、合作医疗等制度创新和独特实践在全国范围内建立了全球规模最大的公共卫生体系，保障了全体人民都能享受到最基本、最公平的医疗服务。改革开放时期，医疗卫生事业市场化改革深入推进，医疗卫生机构被赋予更多自主权，民间资本得以允许举办医疗机构，大幅拓宽了医疗卫生资源的供给渠道，缺医少药情况有了根本性的改观。同时，启动多轮医改，力求探索出"医改这一世界性难题的中国式解决办法"，以建设好"维护十几亿人民健康福祉的重大民生工程"。

进入新时代，我国社会的主要矛盾由"人民日益增长的物质文化需要与落后的社会生产之间的矛盾"转化为"人民日益增长的美好生活需要和不平衡不充分的发展之间的矛盾"。广大人民群众对健康的需要进一步提升。"民之所忧，我必念之；民之所盼，我必行之"。2015 年，"健康中国"上升为国家战略；2016 年，《"健康中国 2030"规划纲要》出台；2021 年，《中华人民共和国国民经济和社会发展第十四个五年规划和2035 年远景目标纲要》对全面推进"健康中国建设"进行了专门部署；2022 年，党的二十大报告再次强调"推进健康中国建设，把保障人民健康放在优先发展的战略位置"。中国的卫生健康事业正按照习近平总书记"树立大卫生、大健康的观念"的要求，从"以治病为中心转变为以人民健康为中心"。狭义的医疗卫生事业也扩展为大健康产业，其内涵、外延均变得更加丰富。作为"健康中国"五大建设任务之一的"健康产业发展"，在新时代得以开启蓬勃发展的新阶段。

二、道启新篇：康养产业发展亟需理论与实践创新

人民健康是民族昌盛和国家富强的重要标志。推进"健康中国"建设，既是全面建成小康社会、基本实现社会主义现代化的重要基础，更是全面提升中华民族健康素质、实现人民健康与经济社会协调发展的时代要求。推动康养产业发展构成了推进"健康中国"战略的重要抓手。然而客观地评价，虽然发展康养产业日渐成为投资热点，但总体上仍处于较为粗放的发展阶段。与之相对照，学术界对康养产业的关注虽持续走高，但同样处于起步阶段。现有成果主要集中在对康养产业的概念、内涵以及各地康养产业发展现状和前景的描述性分析上。对康养产业结构演进趋势、发展业态、发展模式、评价指标体系等的研究尚待深入。在康养政策法规、技术与服务标准等对产业发展具有重要支撑作用的研究领域尚未有效开展。新时代我国康养产业的高质量发展亟需理论与实践的双重创新。

在这样的背景下，"康养产业理论与实践系列研究"丛书的付梓可谓恰逢其时。丛书共包括六本，既相互独立又具有内在的逻辑关联；既注重对康养产业发展基础理论体系的构建，也兼顾对典型实践探索的经验总结；既注重对现有理论的充分借鉴并结合康养产业实际，对康养产业发展动力机制、投融资机制、发展模式与路径展开深层的学理化阐释，也兼顾产业竞争力评价、发展政策、产业标准等方面的应用性研究。丛书突破单一研究视野狭窄、以个案式分析为主的不足，构筑了一个较为完整的康养产业发展理论与实践体系。

具体而言，《康养产业发展理论与创新实践》起着总纲的作用，分康养产业发展理论与康养产业创新实践上下两篇。理论部分从宏观视角回顾了我国康养产业发展的历史脉络与发展趋势、国内外康养产业典型经验，构建了康养产业的产业经济学研究框架和公共经济学研究框架，建立了康养产业发展的理论基础，对康养产业统计检测与评价体系等进行了深入的分析。产业实践部分对攀枝花、秦皇岛、重庆石柱等的康养产业创新探索进行了总结提炼。《康养产业发展动力机制与模式研究》采用

宏微观结合的研究视角，分析康养产业产生的经济社会背景，聚焦于康养产业融合发展的动力机制的学理分析和典型模式的经验总结，并对未来康养产业的演进趋势展开前瞻性分析。康养产业涉及范围广、投资周期长，其高质量发展对于大规模资金的持续有效投入有较高的需求。《康养产业投融资机制研究》从康养产业的产业属性出发，构建了多主体参与、多方式协调配合的投融资体系。《康养产业竞争力评价研究》构建了一个涵盖自然资源、医疗资源、养老服务、政策环境等因素的产业竞争力评价体系，从而为不同区域甄别康养产业发展优势和不足提供了一个可供参考的框架，也为差异化的政策设计提供了参考。科学而具有前瞻性的产业发展政策是康养产业高质量发展的重要支撑。《中国康养产业发展政策研究》以时间为序，从康养产业财税政策、金融政策、土地供应、人才政策、医养结合政策、"康养＋"产业政策六大方面对政策分类进行了系统的整理、统编、评述和前瞻，全面总结了中国康养产业发展政策方面的现有成果，并就未来政策的完善与创新进行了深入的分析。《康养产业标准化研究》则充分借鉴国际经验，结合我国的实际，就康养产业标准化的内容与体系、标准化实施与效果评价展开分析。

尤需说明的是，丛书作者所在的城市——攀枝花市是我国典型的老工业基地和资源型城市，有光荣的传统和辉煌时期。进入新时代，显然需要按照新发展理念构建新的格局，探索新的发展动力，创新发展业态，由此康养产业应运而生，也成为了我国康养产业发展的首倡者、先行者与引领者，其在康养领域多维多元的丰富实践和开拓创新为产业界和学术界所关注。丛书的作者均为攀枝花学院"中国攀西康养产业发展研究中心"——四川省唯一一个以康养产业为主题的省级社科重点研究基地的专兼职研究人员。也正是在这个团队的引领下，攀枝花学院近年来深耕康养研究，成为国内康养研究领域发文数量最多的研究机构。而"康养产业理论与实践系列研究"丛书，正是诞生于这样的背景之下，理论探索与实践开拓相互促进，学术研究与区域发展深度融合，可谓扎根中国大地做学问的一个鲜活示范。该丛书的出版，不仅对于指导本地区的康养产业高质量持续发展，而且对全省乃至全国同类型地区康养产业的发展都有指导和借鉴的意义。

　　展望未来，康养产业具有广阔的发展前景，是一个充满机遇与挑战的领域，需要我们以开放的心态和创新的思维去面对和解决其中的问题。随着技术的不断创新、政策的不断优化、人们健康观念的不断提升，康养产业将会在未来发挥更加重要的作用。同时，也需要我们不断探索、不断实践，推动康养产业的健康发展，"康养产业理论与实践系列研究"就是一次有益的尝试和探索。相信今后在各方的共同努力下，我国的康养产业将会迎来更加美好的明天。

　　是以为序，以志当下，更待来者！

赵茂祥

2023 年 9 月 20 日于成都

▶ 前　言 ◀

- -

　　进入新世纪，康养产业作为高品质交叉融合新兴产业，在国际上已经成为带动国民经济发展的强大动力。美国康养产业增加值占 GDP 比重超 15%。加拿大、日本等国家健康产业增加值占 GDP 比重也超过 10%；全球股票市值中，康养产业相关股票的市值已占总市值的 13% 左右。美国著名经济学家保罗·皮尔泽认为：康养产业是继 IT 产业之后的全球"财富第五波"。进入新时代，作为我国经济社会发展中的朝阳产业，康养产业发展前景十分广阔，且在现代社会中具有越来越重要的价值和地位。在充分借鉴国内外先进经验基础上，全国各地各部门在支持康养产业发展上不断改革创新，出台了大量促进康养产业发展的利好政策，充分体现了党和政府对康养产业的高度重视。为帮助康养行业管理和从业人员深入了解国家政策，把握康养产业发展方向，深化对我国康养产业发展政策的理解、把握和趋势研判，切实做到贯彻康养产业新发展理念，构建康养产业新发展格局，推动康养产业高质量发展，我们组织业内专家收集整理了中国康养产业政策文件，科学系统地进行了研究、解读和展望，以期对康养产业高质量发展提供政策研究支持和帮助，为相关政府部门、研究机构和企业提供参考和借鉴，共同推动中国康养产业的繁荣和发展。

　　本书首先介绍了康养产业发展现状、康养产业政策的相关概念与内涵、现状与体系，对我国康养产业政策发展进行了回顾和分析。其次从财税、金融、用地、人才、医养结合以及"康养＋"六大领域对政策进行了深入的分类、整理、评析和展望，便于读者按需查找，迅速全面了解，精准有效掌握。最后对中国康养产业发展政策落地效果进行实事求是的探讨，并对新时期康养产业发展政策调整和完善提出思路和研判，以期对政策的制定、应用和落地提供借鉴。

本书的特点包括以下三个方面。一是本书为首部中国康养产业发展政策研究和评述著作，能够为康养产业从业者、管理者和研究者提供有益参考。该系统研究目前在国内尚不多见，因而在一定程度上弥补了此方面的空缺。二是本书区别于传统的研究方法，科学系统地把我国康养产业发展政策分门别类地进行了全面的整理归纳，针对性地进行了评述、研究和展望，更加具有应用价值和参考价值。三是本书从经济学、管理学、社会学、法学、医学等学科领域出发，夯实康养产业发展政策研究的理论基础，并力求形成一些集成的理论成果或观点，以期深化业界人士对康养产业发展理论和实践的理解，提高其对康养产业发展政策的运用和把控能力。

本书在撰写过程中也存在一些不足。一是目前国内外尚未对"康养产业"的内涵与外延形成统一的认识，所以对康养产业发展政策范围界定不尽相同，相关政策表述不够统一。二是康养产业政策涉及面广，国家尚未出台规范权威的划分标准。本书只是以应用方便为准则分门别类进行了大致的划分，一些具体门类划分还不够规范和严谨，希望读者给予谅解。

在本书撰写过程中，兰玛主要负责第2章、第4章、第6章的撰写工作，冯奇主要负责第1章、第3章、第9章的撰写工作，包家新主要负责第7章的撰写工作，兰玛、冯奇、张磊最后做了统稿工作。同时攀枝花学院教师张磊负责第5章和第8章、李学武负责第6章、邱超负责第10章的配合撰写工作，李强负责附录的整理工作，法学院优秀校友、四川卓尔律师事务所尚存良律师志愿提供全书相关法律法规等咨询服务，康养学院胡倩雯、曾婷婷、岳宇浩、伍思语、初斯基、蒋宇蕊等同学做了大量文献的收集和整理工作，在此一并致谢！经济科学出版社刘丽女士为本书的出版付出了辛勤的劳动，在此表示由衷的感谢。

由于笔者学识有限，疏漏在所难免，敬请广大读者批评指正。

兰 玛 冯 奇 包家新

2023 年 9 月 8 日

▶ 目　录 ◀

第1章 中国康养产业发展现状

进入新时代，我国康养产业已基本形成覆盖全生命周期的健康服务体系，康养产业的发展新格局也正在调整，康养轨道将迎来新赛道和增长点。自 2016 年《"健康中国 2030"规划纲要》出台以来，国家相继出台了一系列法律法规、规范文件和标准规范，对康养产业的定义、范围、主体、内容、质量、价格等方面进行了明确，对康养产业贯彻新发展理论、构建新发展格局、实现高质量发展起到了良好的促进作用。在当前和今后一段时期，我国康养产业市场规模将日益扩大，具有很大的需求潜力。比如仅在康养旅游方面，根据全国旅游标准化技术委员会于 2022 年 5 月发布的《康养旅游机构服务指南（征求意见稿）》编制说明，康养旅游的交易规模在 2015 年约为 400 亿元，在 2021 年则将近 830 亿元，2015—2019 年年均复合增速高达 20% 左右。2021 年随着疫情逐步好转，行业恢复增长，中国康养旅游市场规模接近 900 亿元。预计 2028 年中国康养旅游市场规模可达 1630 亿元左右。而根据《"健康中国 2030"规划纲要》的数据，我国康养产业市场规模到 2030 年预计将达到 16 万亿元。全国老龄工作委员会的数据显示，目前我国养老服务市场消费需求在 3 万亿元以上，2050 年左右将达到 50 万亿元（梁云凤和胡一鸣，2019）。涉及农业、制造业、服务业等多个领域的中国康养产业，正呈现出复合型、多元化、跨越式的发展态势。除"康养 + 农业""康养 + 工业"依托农业和制造业原有的资源优势进行产业升级改造外，服务业则是当前以市场为导向、更加注重项目运营和体验的"康养 +"业态的主力军。

1.1　康养产业价值和意义

康养产业是一个涵盖多个领域和行业的综合性产业，具有较强的拉动效应和带动效应。2020年10月，《中国康养产业发展报告（2019）》指出，根据相关数据保守估计，2018年我国康养产业产值超过6.85万亿元，约占国民生产总值的7.2%；2021年4月，《中国康养产业发展报告（2020）》指出，康养产业在脱贫攻坚与乡村振兴中具有支撑作用，为经济区位较差但生态资源丰富的中西部地区提供了强势发展的动力；2022年5月，《中国康养产业发展报告（2021）》指出，康养已经成为我国经济发展的新引擎，是投资领域的新焦点。同时，康养产业也可以带动就业创业，增加居民收入，提高社会福利水平。许多智库机构也对近年的康养产业发展情况进行了统计分析，图1-1为智研咨询所作的2013—2020年中国康养产业规模情况整理。

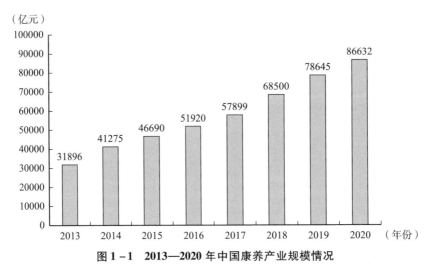

图1-1　2013—2020年中国康养产业规模情况

资料来源：智研咨询.2022—2028年中国康养行业市场调研分析及发展规模预测报告 [EB/OL]．（2022-03-01）[2023-06-20]. https://www.sohu.com/a/526293271_121308080.

我国是世界上老龄化程度最高的国家之一，据《中华人民共和国2022年国民经济和社会发展统计公报》显示：截至2022年底，全国60周岁及以上老年人超过2.8亿，占全国总人口19.8%，其中65周岁及以上老年人达2.1亿，占全国总人口14.9%。老龄化给社会经济发展和民生保障带来了巨大压力。而康养产业可以通过提供多元化、个性化、差异化的老年健康服务产品和模式，满足老年人不同层次的健康需求和期待。例如，医养结合模式可以为有特殊照护需求的老年人提供专业化、连续性的医疗和护理服务；旅居养老模式可以为有迁徙意愿的老年人提供优美的自然环境和舒适的生活设施；社区养老模式可以为有社会参与需求的老年人提供丰富的文化活动和社交平台等。

健康是人类最基本的需求和追求，也是国家最重要的战略资源。《"健康中国2030"规划纲要》提出了人均预期寿命、健康预期寿命、健康素养水平等一系列健康指标的目标。而康养产业可以通过提供科学的健康管理、专业的康复服务、优质的养生保健等，帮助人们预防和控制疾病，改善和提升身心状态，延缓衰老过程，增加健康寿命。一些地区已经通过发展康养产业，有效应对了人口结构变化带来的挑战，在健康中国建设和积极应对人口老龄化方面走在了全国前列。

1.1.1　积极应对人口结构变化对国家与政府管理带来新挑战

我国人口老龄化程度加深，康养产业的发展成为解决老龄化问题，提高老年人生活质量的关键途径。我国正面临着人口老龄化、劳动力供应减少等人口结构变化的挑战，这给国家和政府管理带来了新的问题和压力。例如，老龄化导致了养老服务需求的增加，而现有的养老服务体系和资源无法满足这一需求，这就需要政府进行政策创新，推动康养产业的发展。

人口结构的变化对于任何国家都是一个重大的议题，它不仅影响到国家的经济发展，还对社会稳定、文化传承、教育、医疗等多个领域产生深远的影响。总而言之，人口结构的变化是一个长期、复杂的过程，需要国家和政府采取多种措施，综合施策，积极应对。只有这样，才能确保国家的经济持续健康发展，社会和谐稳定。近年来，随着全球化的加速和技术的进步，人口流动性增加，劳动力供给减少，人口红利消失等问题日益凸显，为国家和政府的管理带来了前所未有的挑战，而这些变化主要是由于人口老龄化导致的。

随着人口老龄化趋势的加剧，为满足不断增加的老年人口需求，政府需要对社会福利和医疗保健制度进行重新规划。随着人口红利的消失，劳动力市场的供需关系发生了变化。劳动力供给减少导致了劳动力成本的提高，这对于劳动密集型产业尤为不利。同时，人口老龄化还导致了养老金和医疗保险的支出增加，这对国家财政构成了巨大压力（Bloom & Mckenas，2020）。首先，人口老龄化是目前全球多数国家面临的共同问题。联合国统计数据显示，到 2050 年，全球 60 岁及以上的老年人口将达到 22 亿，占总人口的 22% 以上。这意味着劳动力市场将面临供给短缺，而社会保障体系的压力也将加大。老龄化不仅会导致劳动力短缺，还可能引发经济增长放缓、创新能力下降、公共财政压力增大等问题。

康养产业的发展是解决人口结构变化带来的挑战的重要策略。政府可以通过制定相关政策，例如提供财政支持、税收优惠等，来推动康养产业的发展（宾雪花，2018）。同时，通过科技创新，例如引入大数据、人工智能等新技术，可以提高康养服务的质量和效率，满足老年人的多元化、个性化需求（赵云，2020）。

政府应该完善养老服务体系，为满足老年人居住、医疗、康养等需求，建设更加美好养老生活，实施养老服务供给侧结构性改革，提供更多样化养老服务。加大医疗资源配置力度，优化医疗资源配置，提高医疗服务质量和效率，加强基层医疗服务体系建设。强化健康养生宣教，提升老人养生素养，延缓衰老进程。政府还需要采取综合措施，结合经济、社会、法律、科技等各个方面，促进社会和谐稳定发展。例如，可以通过提高退休年龄、鼓励生育、引进外来劳动力等方式，来缓解劳动力市场的供给短缺；同时，也可以通过提高教育和培训的投入，提高劳动力的技能和素质，来应对经济结构的变化。此外，政府还需要加强与社会各界的合作，形成合力，以更加包容的心态来迎接和应对人口结构的变化。例如，可以鼓励企业提供更加灵活的工作制度，以吸引和留住更多的劳动力；也可以通过法律和政策，保护移民的权益，促进社会的融合和稳定。

通过发展康养产业，我们可以更好地满足老年人的需求，缓解社会保障体系的压力，促进经济社会的可持续发展。康养产业涉及医疗、健康、旅游、休闲等多个领域，具有较强的产业链条和经济拉动效应。发展康养产业可以带动相关产业的发展，创造更多的就业机会，促进经济增长。康养产业的发展可以提供更多样化、个性化的健康养生服务，满足人们日益增长的健康需求，提高人民的生活质量和幸福感。康养产业注重老年人的身心健康，提供全方位、高品质的服务，可以有效提高老年人的生活质量，延长他们的健康寿命，促进社会和谐稳定（项铮，2023）。通过发展康养产业，还可以吸引和集聚一大批高素质的人才，优化人口结构，为社会经济的可持续发展提供人力支持。随着人口老龄化的加剧，社会保障体系的压力也越来越大。发展康养产业可以为老年人提供更多的自费服务，减轻政府的财政压力，确保社会保障体系的可持续性。

1.1.2 践行以人民为中心的发展思想重要举措

习近平总书记指出，人民对美好生活的向往就是我们的奋斗目标。我们要坚持以人民为中心的发展思想，抓住人民最关心最直接最现实的利益问题，不断保障和改善民生，促进社会公平正义，在更高水平上实现幼有所育、学有所教、劳有所得、病有所医、老有所养、住有所居、弱有所扶，让发展成果更多更公平惠及全体人民，不断促进人的全面发展，朝着实现全体人民共同富裕不断迈进。2016年8月，中共中央政治局召开会议，审议通过《"健康中国 2030"规划纲要》时强调，《"健康中国 2030"规划纲要》是今后 15 年推进健康中国建设的行动纲领。要坚持以人民为中心的发展思想，牢固树立和贯彻落实创新、协调、绿色、开放、共享的发展理念，坚持正确的卫生与健康工作方针，坚持健康优先、改革创新、科学发展、公平公正的原则，以提高人民健康水平为核心，以体制机制改革创新为动力，从广泛的健康影响因素入手，以普及健康生活、优化健康服务、完善健康保障、建设健康环境、发展健康产业为重点，把健康融入所有政策，全方位、全周期保障人民健康，大幅提高健康水平，显著改善健康公平。

康养产业作为关系到老百姓生活质量和身体健康的产业，能够满足老年人在生活、健康、文化、休闲等方面的多元化需求，体现了以人民为中心的发展思想。通过提供多元化、个性化的服务，康养产业有助于提高人民的生活质量和幸福指数。我们在具体工作中，要忠实践行以人民为中心的发展思想，坚持把康养产业作为战略性支柱产业和民生幸福产业，着力深化供给侧结构性改革，通过改善康养服务质量，加强基础设施建设，弘扬健康文化，优化政策环境，促进产业创新，加强国际交流合作，维护康养权益，促进社会和谐进步等措施，更好地满足百姓康养需求，提升百姓生活品质和幸福感。

康养产业的发展有助于保障老年人的基本权益。通过提供优质的医疗、康复和养老服务，康养产业确保了老年人能够享有健康、尊严和舒适的生活，践行了全心全意为人民服务的根本宗旨。康养产业的发展有助于缓解老龄化带来的社会问题，促进社会和谐稳定。通过提供全方位的康养服务，康养产业可以减轻家庭和社会的养老负担，促进不同年龄层之间的和谐共处，构建和谐社会。通过发展康养产业，可以更好地满足人民群众的基本需求，保障人民群众的基本权益，推动社会和谐稳定，促进经济可持续发展，推动科技创新和文化繁荣，加强国际交流与合作，为实现中华民族伟大复兴的中国梦作出积极贡献。以下是践行以人民为中心的发展思想，结合康养产业高质量发展应采取的一些思考建议。

1. 提升康养服务质量

一是优化服务内容，提升服务水平。满足人民群众更多样化的康养需求，提供多样化、个性化的康养服务。加大康养人才培养和引进力度，促进专业、人性化康养服务。关注老年人的多层次多样化需求，提供差异化定制化服务。要从老年人的角度出发，了解他们的健康状况、生活习惯、兴趣爱好、文化水平等，设计和提供符合他们需求和偏好的康养产品和服务，如医疗保健、康复护理、文化娱乐、教育培训等。我们应当重视老年人的康养需求，尊重他们的个性化选择，努力使他们享受到更高质量的康养服务，满足其对更加美好生活的向往。例如，安徽省滁州市琅琊区西方寺社区卫生服务中心通过建立老年人健康档案、开展老年人综合能力评估、制定个性化健康管理计划等方式，为老年人提供"医""养"融合的高质量服务。

二是创新服务模式和手段，提高服务效率和质量。我们应当运用大数据、云技术、物联网和人工智能等前沿技术，打造智能健康养老服务平台，达到康养资源的融合、共享及最优分配，从而增强服务的便利度、安全度和智能化水平。我们还需促进医疗与养老的深度融合，推进居家、社区和机构的协同服务，消除医疗与养老之间的隔阂，确保服务的连续性和无缝衔接。同时，应当激励社会各方参与康养服务的提供，构建一个由政府引导、市场驱动、社会多方参与的综合服务体系，以满足更加多样化的服务需求。例如，《国务院关于印发"十四五"国家老龄事业发展和养老服务体系规划的通知》就提出：老年健康服务资源供给不断增加，配置更加合理，人才队伍不断扩大。家庭病床、上门巡诊等居家医疗服务积极开展。老年人健康水平不断提升，健康需求得到更好满足。提升医养结合服务质量。健全医养结合标准规范体系。推动医疗卫生、养老服务数据共享，完善医养结合信息管理系统。推进"互联网＋医疗健康""互联网＋护理服务""互联网＋康复服务"，发展面向居家、社区和机构的智慧医养结合服务。

2. 加强康养基础设施建设

以满足老年人的多元化、个性化、差异化需求为出发点，科学规划和设计康养基础设施的布局、功能、规模和标准。要根据不同地区的自然环境、人文特色、市场需求等因素，结合老年人的健康状况、生活习惯、兴趣爱好、文化水平等特点，提供适合老年人的康养服务内容和形式，如医疗保健、康复护理、文化娱乐、教育培训等。以提高康养服务效率和质量为目标，运用现代信息技术和智能化手段，优化康养基础设施的建设和管理。

以保障老年人的安全和权益为责任，加强康养基础设施的监管和评价，建立健全相关法律法规和标准体系。改善康养设施：为提供更加便利舒适的康养环境，将加大康养基础设施投入，新建更多康养机构和设施。发展智慧健康养老：利用大数据、云计算、物联网等现代信息技术，提升健康养老服务的智能化程度。

3. 推广康养文化和知识系统

一是尊重老年人的需求和意愿。老年人是康养文化和知识的主要受益者，也是推广的主体和参与者。在制定和实施推广政策时，要充分听取老年人的意见和建议，了解他们的实际需求和期望，尊重他们的个性差异和选择权利，提供多样化、个性化、定制化的康养服务。例如，《"十四五"国家老龄事业发展和养老服务体系规划》提出，要引导老年人树立主动健康和终身发展理念，鼓励老年人积极面对老年生活，在经济社会发展中充分发挥作用。要贯彻以人民为中心的发展思想，聚焦老年人在社会保障、养老、医疗等民生问题上的"急难愁盼"，加快建设符合中国国情、顺应人口老龄化趋势的保障和服务体系。

二是注重老年人的参与和互动。老年人不仅是康养文化和知识的接受者，也是传播者和创造者。在推广康养文化和知识时，要积极激发老年人的主动性和创造性，鼓励他们参与各种形式的康养活动，与其他群体交流互动，分享经验感受，共同学习成长。例如，《"十四五"国家老龄事业发展和养老服务体系规划》提出，弘扬中华民族孝亲敬老传统美德，巩固家庭养老的基础地位，打造老年友好型社会。《关于进一步扩大旅游文化体育健康养老教育培训等领域消费的意见》提出，围绕旅游、文化、体育、健康、养老、教育培训等重点领域，引导社会资本加大投入力度，通过提升服务品质、增加服务供给，不断释放潜在消费需求。

三是依托科技手段和平台。科技是推广康养文化和知识的重要工具和载体，可以有效提高推广效率和覆盖范围，拓展推广内容和形式，增强推广吸引力和影响力。在推广康养文化和知识时，要充分利用互联网、移动通信、大数据、云计算、物联网、人工智能等现代信息技术，构建线上线下相结合的推广平台，打造智慧健康养老服务体系。例如，《关于进一步推进医养结合发展的指导意见》提出，依托全民健康信息平台和"金民工程"，建设全国老龄健康信息管理系统、全国养老服务信息系统，全面掌握老年人健康和养老状况，分级分类开展相关服务。要利用智能化、数字化、网络化等手段，通过多种渠道和形式，普及养生保健知识，提高全民健康意识和养生保健素养（陈晓，2019）。传播养生文化，弘扬中华传统养生文化，提倡健康的生活方式，引导人们养成良好的生活习惯。

4. 优化康养政策环境

一是加强顶层设计，完善康养法规制度。康养产业是一个涉及多个部门和领域的跨界产业，需要有统一的规划和协调机制，以保证政策的连贯性和有效性。目前，我国已经出台了一系列关于康养产业的政策文件，如《关于促进森林康养产业发展的意见》《关于促进健康旅游发展的指导意见》等，为康养产业发展提供了指导和支持。但是，这些政策文件比较笼统宽泛，还存在一定的分散性和不完善性，如缺乏统一的定义、标准和监管体系，导致康养产业的发展存在一定的障碍和风险。因此，需要加强顶层设计，建立健全康养法规制度，明确康养产业的定位、范围、分类、标准、质量、监管等方面的内容，形成一个完整的政策体系，为康养产业发展提供法律保障和制度保障。这样既能够保护消费者的权益，又能够激励企业的创新和竞争力，实现高质量发展的目标。

二是加大财政支持力度，优化康养税收政策。目前，国家和地方已经出台了一些针对康养产业的财政支持政策，为康养企业提供了一定程度的减税降费和资金补助。但是，这些政策还存在一定的局限性和不足性，如覆盖范围不够广泛、力度不够大、执行不够到位等，导致康养企业仍然面临较高的税负和资金压力。因此，需要加大财政支持力度，优化康养税收政策，扩大优惠对象和范围，提高优惠幅度和时效性，简化申报流程和条件，加强监督检查和考核评价，确保政策落地落实。这样既能够减轻企业的负担，又能够降低群众消费门槛，实现共同发展。

三是加强人才培养和引进，提高康养专业化水平。人才是康养产业发展的核心要素，也是康养产业提升竞争力和创新力的关键因素。康养产业需要涵盖医疗、养老、旅游、教育、文化等多个领域的专业人才，包括康养规划师、康养管理师、康养咨询师、康养教练、康养医师、康养护理师等，这些人才不仅要具备专业知识和技能，还要具备跨界协作和创新思维的能力。目前，我国康养产业人才的数量和质量还不够高，存在供需不平衡和结构不合理的问题，导致康养产品和服务的质量和效果不尽如人意。要培育和吸引高素质的康养专业人才，通过制定人才标准、建立人才库、开展人才培训、实施人才激励等措施，提升康养产业的人力资源管理水平。这样既能够满足消费者的多样化需求，又能够推动企业的可持续发展。

5. 推动康养产业创新和发展

康养产业的发展需要紧紧围绕人的需求和利益，以满足人们对健康和幸福生活的追求为目标。人的健康，应该是身心全面的健康，未来康养产业的发展，亦应充分兼顾人们的心理健康的维护，大力培养相应的精通儿童、青年、中老年心理专业知识和调适手段的人才，当今科技创新是推动康养产业发展的重要动力，也是提高康养产业效率和品质的重要手段。科技创新可以通过引入大数据、云计算、物联网、人工智能等新技术和新模式，实现对康养资源的优化配置和利用，实现对康养产品和服务的智能化设计和提供，实现对康养效果的精准化评估和改进。目前，我国已经在一些领域取得了一些科技创新成果，如基于大数据分析的健康风险评估系统、基于云计算平台的远程医疗服务系统、基于物联网技术的智能穿戴设备、基于人工智能技术的智能陪护机器人等，为康养产业发展提供了技术支撑和示范引领。但是，这些科技创新成果还存在一定的局限性和不足性，如应用范围不够广泛、成本效益不够明显、用户体验不够满意等，导致科技创新对康养产业发展的推动作用还不够显著。因此，需要加强科技创新和应用，提升康养智能化水平，通过加大科研投入和支持力度、加强科研成果转化和推广应用、加快科技标准制定和实施监管等方式，促进科技创新与康养产业深度融合，为康养产业发展提供技术。制定扶持出台扶持康养产业发展的税费减免、财政补助等一系列优惠政策。对不同人群的康养需求，探索发展社区康养、医养结合等多种康养模式。例如，可以通过开展康养知识讲座和培训，推广康养理念和方法，提高人们的康养参与度和满意度。

6. 加强国际交流与合作

为了推动康养产业的发展，我们需要加强与国际康养机构的交流与合作，引进国际先进的康养理念和技术。这不仅可以帮助我们更好地理解和学习国际上的康养模式和方法，还可以促使国内康养产业的技术水平和服务质量得到提升。例如，通过国际合作，我们可以引进先进的康养科技设备、管理模式和服务理念，提高康养服务的专业性和个性化，满足人们多样化的康养需求。

同时，我们还要向世界弘扬中华传统养生文化，展示中华文化的魅力，增强国家的文化软实力。中华养生文化是中华民族传统文化的重要组成部分，它蕴含了丰富的养生知识和方法，是人类文明的宝贵遗产。通过国际交流和合作，我们可以让更多的人了解和认识中华养生文化，推动中华养生文化在全球的传播和发展。

引进国际先进理念和技术，与中华养生文化相结合，可以形成具有国际视野和本土特色的康养模式。这种模式不仅可以满足国内消费者的需求，还可以吸引国际消费者，推动康养产业的国际化发展。结合国际先进的康养技术和服务模式，发展具有中华文化特色的康养产品和服务，还可以有效提升康养产业的竞争力和影响力（刘挺，2018）。

总之，引进国际先进理念和技术与弘扬中华养生文化，是康养产业发展的两个重要方向。通过国际交流与合作，我们可以学习和引进国际上的先进理念和技术，提升康养产业的发展水平；通过弘扬中华养生文化，展示中华文化的魅力。这两者的结合，将有助于推动康养产业的创新和发展。

7. 保障康养权益

政府可以从以下几个方面入手，加大对健康市场的监管力度。

一是严格市场准入。为确保市场的健康发展，政府需要加强对健康养老市场的准入管理，确保所有进入市场的企业都具备相应的资质和能力，避免不合格的产品和服务进入市场。

二是加强日常监管。通过定期的检查和评估，确保市场上的健康养老服务都能够达到规定的标准，及时发现和纠正市场上的违法违规行为。

三是严厉打击违法违规行为。对于违反法律法规、损害消费者权益的行为，政府需要采取严厉的措施进行打击，维护市场的公平竞争和消费者的合法权益。

四是完善法律法规体系。不断完善和更新健康养老市场的相关法律法规，为市场的健康发展提供法律保障。

五是完善健康养老服务标准。为了提高健康养老服务的质量和水平，需要制定明确、具体、可操作的服务标准，为市场上的服务提供参照和依据。

六是推广和实施服务标准。通过各种途径和手段，加强对服务标准的宣传和推广，确保市场上的所有企业都能够了解和遵循这些标准。

七是定期更新服务标准。随着科技的发展和市场的变化，需要定期对服务标准进行更新和完善，确保标准的先进性和适用性。

八是加强标准的执行和监督。通过加强对市场的监督和管理，确保服务标准得到有效的执行，提高市场上的服务质量和水平，加大对健康养老市场的监管力度：对违法违规行为进行严厉打击，切实维护市场秩序。完善健康养老服务标准：为提高健康养老服务质量和水平，制定并完善健康养老服务标准。

1.1.3　实现《"健康中国2030"规划纲要》的重要途径

《"健康中国2030"规划纲要》（以下简称《规划纲要》）是中共中央、国务院于2016年10月发布的一项重要战略，旨在提高全民健康水平，构建健康中国。《规划纲要》提出了"以人民健康为中心"的方针，以及"共建共享、全民健康"的主题，强调了预防为主、中西医并重，把健康融入所有政策的原则。康养产业的发展是"健康中国2030"战略的核心内容之一，其目标是通过推动健康服务、健康管理、健康保险等多个领域的融合发展，实现人民健康和经济双重效益。

康养产业是一个涵盖医疗、保健、康复、休闲等多个领域的综合性产业，其发展对整个社会的健康水平和经济发展都具有十分重要的意义，康养产业的发展对整个社会结合《规划纲要》，发展健康养老产业既是促进经济一体化发展，又是促进农村传统产业转型重要手段，是实现国民素质和身体健康养老同步提高的重要途径。体现经济建设风向标的康养旅游，在促进产业融合和转型变革的同时，拓展了文化旅游的市场空间，实现了国民素质和形体康养的同步提升。这些职能的有效发挥，能够在促进就业增加、提高居民收入水平、促进经济多元化发展等方面，吸引更多的人前来投资创业。与《规划纲要》中提出的坚持正确的卫生与健康工作方针，以提高人民健康水平为核心的指导思想高度契合，康养产业以提升人民生活质量和健康水平为发展目标。康养产业包含康复医疗、健康保健、休闲旅游等多个领域，多样化的康养服务能够满足不同领域的健康的需求，为实现全民健康作出了贡献。康养产业的发展，能够在全社会形成关注健康的良好氛围，促进健康生活方式和养生文化的推广，提高人们的健康素养。康养产业通过科技手段提升健康服务质量和效率，实现健康服务的优化升级，可以促进智慧医疗等健康科技的研发创新。康养产业的发展能够带动医药、旅游、地产等相关产业链的发展，形成促进健康经济发展的康养产业经济圈，实现经济和健康双丰收。

康养产业可以满足不同年龄段、不同需求的人群的健康需求，提高全民健康素养和生活质量。康养产业涵盖了妇孕婴幼、青少年、中老年等不同消费群体，以及基于养身、养心、养神等不同消费需求的多元化产品和服务。例如，妇孕婴幼康养可以提供母婴健康产品和服务，青少年康养可以提供教育、体育、旅游等活动，中老年康养可以提供养老、医疗、文化等服务。这些服务可以帮助人们保持身体健康、心理平衡、精神愉悦，增强抵抗力和自我管理能力，实现更高水平的全民健康。

康养产业在为人民带来健康福祉的同时，还有助于增加就业率和国民收入。康养产业是一个综合性的产业，涉及医疗、旅游、农业、文化、教育、体育等多个领域，具有较强的拉动效应和带动效应。发展康养产业可以增加相关产业的供给和消费，扩大内需和市场空间，促进产业转型升级和创新发展。同时，康养产业可以提供大量的就业机会，尤其是对于农村地区和贫困地区，通过发挥当地的资源优势和特色文化，打造特色康养小镇，可以吸引更多的游客和投资者，增加当地居民的收入和福利，改善当地的基础设施和公共服务，缩小城乡差距和区域差距。

康养产业可以保护生态环境，促进绿色发展，实现可持续发展。康养产业是一个低碳环保的产业，依赖于优良的自然环境和生态资源。发展康养产业可以增强人们对生态环境的保护意识和责任感，推动生态文明建设和绿色发展理念的落实。同时，康养产业也可以利用现代科技手段，如信息化、智能化、数字化等，提高资源利用效率和管理水平，降低能耗和污染排放，实现经济社会发展与生态环境保护的协调统一。

康养产业的创新发展是实现"健康中国 2030"战略目标的关键。通过科技创新，例如引入大数据、人工智能等新技术，可以实现康养服务的智能化、个性化，提高康养服务的质量和效率。例如，基于大数据的健康管理平台可以实现个人健康数据的实时监测和分析，为个人提供精准的健康管理服务（宾雪花，2018）。

1.1.4　新时代新经济的重要组成部分

康养产业，作为新时代新经济的重要组成部分，不仅是实现经济持续健康发展的重要支柱，更是推动社会全面进步的关键力量。康养产业的发展能够满足人民群众在健康、养老、休闲等方面的多元化需求，体现了以人民为中心的发展思想。通过提供多元化、个性化的服务，康养产业有助于提高人民的生活质量和幸福感。通过提供优质的医疗、康复和养老服务，康养产业确保了人民群众能够享有健康、尊严和舒适的生活。康养产业是一个新兴而又有巨大发展潜力的产业。发展康养产业可以带动相关产业链的发展，创造更多的就业机会，推动经济的可持续发展，国家通过出台一系列政策法规，引导康养产业的健康发展。这些政策法规为康养产业的发展提供了明确的方向和目标，推动了康养产业的快速发展。康养产业是新时代新经济的重要组成部分，主要有以下原因。

1. 与国家战略相适应，与社会需要相适应

连续三年的中央一号文件对森林康养产业发展提出明确要求，党的

十九大报告、二十大报告均对实施"健康中国"战略作出重要部署。随着人口老龄化程度的不断加深，在传统养老模式难以满足多样化、个性化需求的同时，老年人对健康和养老的需求也在不断增长。康养产业的发展能够有效解决这一问题，对老年人的生活品质和幸福感起到促进作用。

2. 对推动产业转型升级大有益处

康养产业涉及范围广、关联性强的农业、制造业、服务业等多个领域。健康养老产业的发展，能够促进相关产业形成健康导向的新型消费模式和生活方式的结构调整和创新发展。比如，农业可以绿色化、多功能化，通过开展生态观光、绿色农产品等工程，实现农业绿色发展制造业可以通过康养设备、产品等智能化、高端化项目的开发，实现高品质的制造业发展服务业可以通过提供项目来实现高效发展，比如提供多元化、专业化的健康养老服务。

3. 为促进区域协调、乡村振兴出一份力

康养产业具有较强的地域特色和资源依赖性，能够充分利用各地自然资源、人文资源等优势，打造有竞争力的康养品牌和产品，康养产业的发展前景广阔、能够促进资源配置和区域内外要素流动，增进区域间的协作互动，缩小区域间发展的鸿沟。同时，康养产业的发展还能激活农村的生产力和活力，带动农村增收、就业，改善农村的环境和生态，让农村重新焕发生机和活力。

1.2 中国康养产业发展政策现状

1.2.1 康养产业政策的发展

康养政策的实施，极大地推动了康养产业的发展，促使了康养产业从基础养老服务，逐渐发展到健康服务、医养结合，再到智慧健康养老。康养产业的发展不仅提供了更加多元化、专业化的服务，满足了人民群众的多元化需求，也为国家经济社会发展作出了积极贡献，我国康养产业政策主要经历了以下几个阶段。

（1）2000—2010 年：养老服务为核心阶段。这一阶段，主要围绕养老服务制定了一系列政策性文件，2000 年中共中央国务院制定了《关于加强老龄工作的决定》，提出了要"建立家庭养老为基础、社区服务为依托、社会养老为补充的养老机制"，这是国家第一次提出要建立一个包含家庭、社区、社会在内的养老机制。2005 年《国务院关于发布实施〈促进产业结构调整暂行规定〉的决定》，第一次将"养老服务"视为一个业态。2006 年《国务院办公厅转发全国老龄委办公室和发展改革委等部门关于加快发展养老服务业意见的通知》，第一次提出发展养老服务业，鼓励和调动社会力量，采取公建民营、民办公助、政府补贴、购买服务等多种形式，推动养老服务业发展。2008 年全国民政工作会议提出"以居家为基础、社区为依托、机构为补充"的社会养老服务体系，第一次形成养老服务体系的完整表述。2008 年全国老龄办、国家发改委、民政部等 10 部门联合印发《关于全面推进居家养老服务工作的意见》，第一次就居家养老服务工作作出专门部署。这些政策主要鼓励社会力量参与养老，提高养老服务质量和水平，以解决城市老年人居家养老的基本需求。这一阶段的政策主要集中在满足基础养老服务需求，为康养产业的发展奠定了基础。

（2）2011—2015 年：健康服务为中心阶段。这一阶段，主要围绕健康服务，比如 2013 年制定了《国务院关于促进健康服务业发展的若干意见》《国务院关于加快发展养老服务业的若干意见》等一系列政策性文件。2015 年出台了《国务院办公厅转发卫生计生委等部门关于推进医疗卫生与养老服务相结合指导意见的通知》，第一次部署推进医养结合工作，将医养结合服务纳入养老服务体系。这些政策旨在促进健康服务业的转型升级，提高百姓健康水平和生活质量，以满足人民群众日益增长的健康需求。这一阶段的政策开始关注人民群众的健康需求，为康养产业的全面发展打下了坚实基础。

（3）2016—2020 年：医养结合为核心阶段。这一阶段，国家主要以医养结合为核心，制定了《"十三五"国家老龄事业发展和养老服务体系建设规划的通知》等一系列政策性文件。这些政策旨在促进区域内医疗卫生资源服务资源的均衡配置和有效利用，提供专业化、个性化、连续性的医养结合服务，以应对人口老龄化带来的挑战。这一阶段的政策开始关注医养结合，推动康养产业向更加专业化、更加高质量方向发展。

（4）2021 年至今：智慧健康养老阶段。这一阶段，主要围绕智慧健康养老，制定了《智慧健康养老产业发展行动计划（2021—2025 年）》《关于切实解决老年人运用智能技术困难实施方案》等一系列关于智慧健康养老产业发展的政策性文件。这些政策文件主要是利用新一代信息技术，提高健康养老服务水平的智能化、便捷化和高效化，提升数字化融合能力，提升老年人对健康养老服务的幸福感。

1.2.2 国家宏观康养产业政策列举

1.《关于加快发展养老服务业的若干意见》

《关于加快发展养老服务业的若干意见》明确了指导原则、目标、任务，制定了六大基本政策措施，并明确了组织领导办法，为尽快落实文件精神做了人力组织上的准备。

第一，指导原则。具体包括深化体制改革、坚持保障基本、注重统筹发展、完善市场机制。加大对基层和农村养老服务的投入，展开多种养老模式，充分发挥市场在资源配置中的作用。

第二，目标。包括服务体系更加健全、产业规模显著扩大、发展环境更加优化等。除了日常疾病治疗护理、生活照料外，精神慰藉、紧急救援也在服务体系之中，并争取建立起一批养老服务产业群，全方位为老人的旅游、金融、文化娱乐、饮食生活、日常护理等方面需求服务，并在全社会继承发扬敬、养、助老的传统美德。

第三，主要任务。

（1）统筹规划发展城市养老服务设施。

（2）大力发展居家养老服务网络。

（3）大力加强养老机构建设。

（4）切实加强农村养老服务。

（5）繁荣养老服务消费市场。

（6）积极推进医疗卫生与养老服务相结合。

第四，政策措施。

（1）完善投融资政策。

（2）完善土地供应政策。

（3）完善税费优惠政策。

（4）完善补贴支持政策。

（5）完善人才培养和就业政策。

（6）鼓励公益慈善组织支持养老服务。

2.《关于促进健康服务业发展的若干意见》

第一，发展目标。

到2020年，基本建立覆盖全生命周期、内涵丰富、结构合理的健康服务业体系，打造一批知名品牌和良性循环的健康服务产业集群，并形成一定的国际竞争力，基本满足广大人民群众的健康服务需求。健康服务业总规模达到8万亿元以上，成为推动经济社会持续发展的重要力量。主要包括医疗服务能力大幅提升、健康管理与促进服务水平明显提高、健康保险服务进一步完善、健康服务相关支撑产业规模显著扩大、健康服务业发展环境不断优化五个方面。

第二，主要任务。

（1）大力发展医疗服务。加快形成多元办医的格局，优化医疗服务资源配置，推动发展专业、规范的护理服务。

（2）加快发展健康养老服务。推进医疗机构与养老机构的合作，以及社区养老。

（3）积极发展健康保险。丰富商业健康保险产品以及多样化的健康保险服务。

（4）全面发展中医药医疗保健服务。

（5）支持发展多样化健康服务。发展健康体检、咨询服务，体育健身和健康文旅。

（6）培育健康服务业相关支撑产业。大力发展第三方服务，支持自主知识产权的医疗保健产品和药品的研发制造与应用，以及发展健康服务产业集群。

（7）健全人力资源保障机制。加大相关从业人员的培养、培训力度，促进人才流动。

（8）夯实健康服务业发展基础，包括健康服务信息化和健康服务业的诚信体系。

第三，政策措施。包括放宽市场准入、加强规划布局和用地保障、优化投融资引导政策、完善财税价格政策、引导和保障健康消费可持续增长、完善健康服务法规标准和监管、营造良好社会氛围。

3.《关于促进健康旅游发展的指导意见》

《关于促进健康旅游发展的指导意见》的指导原则继承了国家宏观健康产业政策的原则精神内涵，提出了更加具体的发展目标，即到2020年，建设一批各具特色的健康旅游基地，形成一批健康旅游特色品牌，推广一批适应不同区域特点的健康旅游发展模式和典型经验，打造一批国际健康旅游目的地。在此基础上，制定了详细的健康旅游和消费方案。

第一，发展丰富健康旅游产品。主要包括依托各地自然、人文、生态、医疗养老机构等资源，建立高端医疗、中医保健疗养等系列产品，打造健康旅游产业链。《关于促进健康旅游发展的指导意见》特别着重阐述了结合中医药打造健康旅游产品和项目的特色化，列举了气功、针灸、按摩等服务形式，并要求针对不同人群需求特点，打造居住型养生、环境养生、文化养生、调补养生、美食养生、美容养生、运动养生、生态养生以及抗衰老服务和健康养老等一系列旅游产品。

第二，提高医疗机构现代化水平。引进先进的医院管理理念、管理模式和服务模式，优化医疗设施建设，提升医疗机构服务质量，加快打造一批有竞争力的品牌机构。组建多学科参与的诊疗服务团队，提供优质安全可靠的国际医疗服务。鼓励有条件的医疗机构取得国际医疗质量管理认证。鼓励相关机构与国际健康保险机构建立合作关系。

第三，提升健康旅游服务品质。加强健康旅游相关基础设施建设，升级交通、环保等基础设施，进一步完善旅游服务与安全设施等。健全公共服务网络，建设具有宣传促销、咨询、预订、投诉等功能的综合性健康旅游服务平台。

第四，加大推广推介力度。大力发展中介服务组织，加强健康旅游推介平台建设，积极运用网络营销、中介机构宣传、举办或参加健康旅游博览会等多种方式，加大宣传力度。

第五，打造健康旅游服务产业项目。此处着重列举了未来扶持的健康旅游服务产业，诸如药械制造、技术研发、健康管理、疾病治疗、康复疗养、养生养老等健康旅游产业，以及医学检验等第三方医疗服务。

第六，推进健康旅游服务信息化。提出了制定与国际衔接的信息标准和加强医院信息平台建设的主张，其他诸如24小时咨询服务、全流程跟踪服务、发展与国外医疗机构联通的远程会诊等远程医疗服务等方面都是未来可期的利于人民大众的举措。

第七，积极发展商业健康保险。丰富商业健康保险产品，发展多样化健康保险服务，并推广商业健康保险个人所得税试点政策。

以上文件都是在继承国家历年宏观健康产业政策思想主张的基础上而制定的，可以预期未来各个新兴健康产业的政策、行业标准会越来越充盈和完善。

4.《"健康中国 2030"规划纲要》

《"健康中国 2030"规划纲要》从更加深邃远见的视角，对康养产业进行了深入的规划，涉及优化多元办医格局、发展健康服务新业态、积极发展健身休闲运动产业、加强医药技术创新及提高产业水平等方面。

1.2.3 康养产业政策发展的特点

1. 立足新发展阶段，以国家战略引领康养产业发展

在《中华人民共和国国民经济和社会发展第十四个五年规划和 2035 年远景目标纲要》等重大规划和政策意见中，我国康养产业总体规划高屋建瓴，适时将积极应对人口老龄化上升为国家战略，明确了康养产业的新定位、新目标、新任务和新措施，为康养产业发展提供了强有力的政策支持和保障。

2. 贯彻新发展理念，带领健康养老产业实现转型升级

我国坚持以人民为中心的发展思想，贯彻创新、协调、绿色、开放、共享的新发展理念，构建促进健康养老产业深度融合，培育新发展模式，促进健康养老产业提质增效的新发展格局，着力构建健康养老产业发展新格局。

3. 构建新发展格局，以满足康养产业多元需求

我国坚持以需求为导向，构建以居家为社区为机构为补充的健康养老发展格局，推动加快完善以居家为社区为机构为补充的养老服务体系支撑体系，为满足老年人日益增长的多层次、高质量健康养老需求，提供专业化、个性化、连续性的健康养老服务。

4. 通过新技术手段实现高质量发展，实现健康养老产业的优质发展和智能化水平的提升

我国坚持以技术创新为引领，加强科技创新与应用，推动在健康养老产业中广泛应用人工智能、物联网、云计算、大数据等新一代信息技术，提升健康养老服务的智能化、便捷化、高效化水平，提升老年人数字化融入能力和幸福感，最终实现健康养老领域的高质量发展，为健康养老产业发展提供有力支撑。

1.2.4　康养产业政策发展存在的问题

尽管我国的康养产业发展迅速，但在政策层面，康养产业还存在以下问题和挑战。

1. 政策体系不完善完整，协调、高效的康养产业政策体系尚未形成

由于在制定和执行政策时，各级政府缺乏统一协调，导致政策执行步调不一致。政策体系的不完善首先表现在政策内容的不完整性（郭雨艳等，2018）。虽然国家出台了一系列政策文件，但这些政策往往更多地关注某一特定领域，如养老服务、健康服务、医养结合等，缺乏一个全面、统一、协调的政策体系，导致康养产业发展的不平衡、不协调。这种不完整性使得康养产业在发展过程中缺乏明确的方向和目标，制约了康养产业的全面发展。此外，一些地方未将国家政策具体化，缺少相应的配套实施细则和操作指南，政策法规体系不健全。我国目前还没有专门针对康养产业的法律法规，相关政策文件较为分散，缺乏统一的顶层设计和协调机制。康养产业涉及多个部门和领域，如医疗卫生、民政、文化旅游、住建等，各部门之间的政策衔接和协同不够，存在重复或冲突的情况。

2. 政策支持不足

财政投入、税收优惠、土地供应等方面的扶持力度不够，尽管政府出台了一些扶持康养产业发展的政策，还满足不了快速发展的康养产业需求。但目前我国的政策支持尚不充分，限制了该产业的快速成长。康养产业作为一个新兴产业，其发展需要得到更为充足和全面的政策支持，如更为明确和优惠的财政补贴、税收优惠、人才培养等，以保证康养产业快速、健康和可持续发展。例如，一些地区已经开始实施康养产业园区的建设，通过政府和企业的合作，推动康养产业的发展。但现在，我国对康养产业的政策支持尚未达到该产业真正的发展需求，这限制了其进一步的成长。例如，一些康养产业项目由于缺乏足够的土地支持和税收优惠，导致项目难以实施。

3. 政策执行力度弱

部分地方在贯彻落实健康养老产业政策过程中，存在落实不到位的问题，导致一些优惠政策、扶持措施不能真正落到实处，健康发展受到影响。政策执行力度弱首先表现在政策执行的不一致性。在康养产业政策制定后，由于各级政府对政策理解和执行力度的不一致，导致政策在实际执行过程中出现了差异，这种差异性使得康养产业无法在一个统一和协调的环境中发展，影响了康养产业的健康发展。政策执行力度弱还表现在政策执行的表面化。一些地方和部门在执行康养产业政策时，往往只注重形式，导致政策执行的表面化。这种表面化使得康养产业无法得到实质性的支持和推动，影响了康养产业的健康发展。政策执行力度弱还表现在缺乏政策执行的评估。在康养产业政策执行过程中，由于缺乏有效的评估机制，一些政策的效果无法得到准确评估，导致政策无法及时调整和完善。这种缺乏评估使得康养产业无法得到持续性的推动，影响了康养产业的健康发展。

4. 政策创新力度不够

随着健康养老产业的快速发展，一些新模式如"互联网＋中医护理"服务模式等不断涌现，但相关政策法规未能及时跟上，对创新发展健康养老产业形成一定的制约，存在一定的滞后性。政策创新力度不够。我国康养产业是一个新兴的产业形态，具有多元化、复合化、融合化的特点。传统的政策工具难以适应康养产业的发展需求和特点，需要进行创新和改革。例如，在土地供应方面，需要探索多元化的土地供应方式，如利用集体建设用地、闲置土地、存量房屋等建设保障性租赁住房；在资金支持方面，需要拓宽融资渠道，如发展社会影响力投资、公益信托等社会资本参与方式；在税费减免方面，需要制定更加灵活和差异化的税收优惠政策，如根据康养项目的社会效益和经济效益给予相应的税收优惠力度；在金融服务方面，需要创新金融产品和服务模式，如开发适合康养项目特点的信贷、担保、保险等金融工具等。

5. 政策导向不明确

康养产业涉及医疗、养老、旅游、健康等多个领域，在国家层面上，尽管有《"十四五"国家老龄事业发展和养老服务体系规划》等政策文件，却仍缺乏明确的定位和方向进行政策导向，导致发展康养产业的目标和路径不够清晰。政策导向不明确有以下表现。

一是政策目标的不明确。政策目标是政策制定和执行的基础，但在我国康养产业政策中，政策目标往往表述不清，缺乏具体、可操作的目标设定，这导致政策执行过程中缺乏明确的方向和目标，影响政策的实施效果。

二是政策内容的不明确。政策内容是政策实施的核心，但在我国康养产业政策中，政策内容往往模糊不清，缺乏具体、可行的措施和方法，这导致政策执行过程中缺乏明确的路径和手段，影响政策的实施效果。例如，《智慧健康养老产业发展行动计划（2021—2025年)》虽然提出了深入贯彻落实相关的国家政策，进一步推动智慧健康养老产业的发展，但在具体的实施措施和方法上却没有明确的规定。

三是政策责任的不明确。政策责任是政策实施的保障，但在我国康养产业政策中，政策责任往往划分不清，缺乏明确的责任主体和责任范围，这导致政策执行过程中缺乏明确的责任和义务，影响政策的实施效果（宾雪花，2018）。

四是政策效果的不明确。政策效果是政策实施的目的，但在我国康养产业政策中，政策效果往往预期不明，缺乏明确的效果评价和效果反馈，这导致政策执行过程中缺乏明确的效果预期和效果评估，影响政策的实施效果。

6. 政策监管不到位

康养行业市场监管体系尚在完善中，部分地区在市场准入、质量监控、价格管理等方面的监管存在不足，这导致了市场的一些混乱，影响了康养行业的健康发展。在康养产业政策执行过程中，由于缺乏有效的监督机制，一些政策往往无法得到有效执行。这种缺乏监督使得康养产业无法在一个公平和公正的环境中发展，影响了康养产业的健康发展。政策监管不到位有以下表现。

一是监管体系的不健全。一个完善的监管体系是政策有效实施的基础，但在我国康养产业政策中，监管体系往往不完善，缺乏必要的监管机构和监管手段，这导致政策执行过程中缺乏有效的监管，影响政策的实施效果。例如，一些地方政府在制定和实施康养产业政策时，可能会由于资源和能力的限制，导致监管力度不足，无法确保政策的有效实施。

二是监管力度的不足。足够的监管力度是政策有效实施的保障，但在我国康养产业政策中，监管力度往往不足，缺乏必要的监管资源和监管能力，这导致政策执行过程中缺乏有效的监管，影响政策的实施效果。这可能会导致某些康养机构在市场准入、服务质量和价格管理等方面存在违规行为，影响康养行业的健康发展。

三是监管措施的不到位。有效的监管措施是政策有效实施的手段，但在我国康养产业政策中，监管措施往往不到位，缺乏必要的监管规定和监管程序，这导致政策执行过程中缺乏有效的监管，影响政策的实施效果。例如，一些康养机构可能会由于缺乏明确的监管规定和程序，而在服务质量和安全管理等方面存在漏洞，影响康养服务的质量和安全。

四是监管责任的不明确。明确的监管责任是政策有效实施的前提，但在我国康养产业政策中，监管责任往往不明确，缺乏必要的责任主体和责任范围，这导致政策执行过程中缺乏有效的监管，影响政策的实施效果。这可能会导致一些康养机构在市场运营中存在违规行为，但由于监管责任不明确，导致违规行为得不到及时和有效的处理。

综上所述，尽管国家出台了一系列政策支持健康养老产业的发展，但在政策导向、内容、责任和效果等方面仍存在不明确的问题，这些问题严重影响了健康养老产业的发展。因此，需要国家进一步完善相关政策，明确政策导向、内容、责任和效果，以推动健康养老产业的健康发展。此外，康养产业的政策监管体系还需要进一步完善，以促进康养产业的健康、可持续发展。政府部门应加强对康养产业的监管力度，明确监管责任，完善监管措施，确保康养产业在一个公平、公正、有序的市场环境中健康发展。

7. 政策宣传和普及不足

康养产业政策的宣传普及工作还不到位，导致广大市民对康养产业政策认识不足，不能充分享受政策带来的好处，影响了康养产业的发展，也影响了百姓的福祉。康养产业政策的宣传缺乏创新手段，导致政策知晓度不高、认同度不强、参与度不足。一些地方对康养产业发展的重要性认识不足，对康养产业相关政策的宣传力度不够，没有采取有效的方式和渠道进行宣传推广。

8. 人才政策缺失

康养产业人才政策缺失，缺乏康养人才的培养、引进和激励机制，导致康养产业人才匮乏，制约了康养产业的发展。我国康养产业人才短缺问题十分严峻，《中国康养产业发展报告（2020）》中提出，我国康养产业人才缺口为9.6万人，而现有的康养人才仅能满足行业需求的30%。

产业发展面临着人才短缺的问题。康养产业的发展对人才的需求极为迫切，但目前我国在康养产业领域的人才短缺问题十分突出。这主要表现在康养专业人才的数量不足，以及人才结构的不合理，缺乏具有专业知识和技能的高层次人才。康养机构由于缺乏专业人才，导致服务质量无法得到保障，影响了康养服务的推广和发展。这一现象在全国范围内普遍存在，据《中国老年社会追踪调查（2019）》显示，我国仅有16.7%的老年人选择了专业的康养服务机构，而大多数老年人仍然依赖于家庭或社区的非专业服务。

目前，我国的人才培养机制尚不健全，缺乏针对康养产业的专业培训和教育体系。这导致了康养产业人才的培养无法满足行业发展的需求，影响了康养产业的健康发展。2019年《中国养老服务行业报告》显示，中国至少需要1000万名养老护理员，但实际从业人员不足百万，全国养老服务专业人才需求缺口巨大。要缓解养老服务人才的供需矛盾，推动职业院校养老服务类专业改革创新、加快推进养老服务业人才培养是当务之急（高惠霞和王晶晶，2020）。

人才的流动和发展需要相应的激励政策作为支持，但我国在康养产业人才的激励政策方面存在不足。缺乏有效的激励机制，导致人才流失严重，影响了康养产业的竞争力和发展活力。例如，由于缺乏激励政策，一些优秀的康养人才选择离开康养产业，转而投身于其他更有吸引力的行业。《中国康养产业人才流动调查（2021）》显示，我国康养产业人才的平均流失率高达30%，而其中80%的人才流失是由于缺乏激励政策所致。

康养产业的发展需要大量的专业人才，而人才引进政策的不明确使得康养产业无法吸引和留住优秀人才。《中国康养产业发展报告（2020）》提出，我国康养产业人才引进政策存在"四不清"问题，即目标不清、标准不清、渠道不清、待遇不清。这不仅限制了康养产业的发展，也影响了康养产业的创新能力和服务质量。

1.2.5 应对之策

针对我国康养产业政策发展存在的问题，提出以下应对策略和建议，以推动康养产业的健康、可持续发展。

1. 完善康养产业政策体系

康养产业涉及多个部门和领域，需要有统一的法规制度来保证政策的连贯性和有效性。例如，制定和完善康养产业的相关法律法规，明确康养产业的定位、范围、分类、标准、质量、监管等方面的内容。通过财政补贴、税收优惠、金融扶持等方式，降低康养企业的成本和风险，提高康养产品和服务的供给能力和质量水平。一要制定全面政策。制定全面、明确的康养产业政策，明确政策目标、实施路径和支持措施，为康养产业的发展提供法律依据和政策支持。二要加强不同政策之间的协同，确保政策的一致性和连贯性，避免政策冲突和重叠。康养产业需要涵盖医疗、养老、旅游、教育、文化等多个领域的专业人才。通过制定康养人才标准、建立康养人才库、开展康养人才培训、实施康养人才激励等方式，培育和吸引一批高素质的康养专业人才通过引入大数据、云计算、物联网、人工智能等新技术和新模式，实现对康养资源的优化配置和利用，提升康养智能化水平。例如，加大科研投入和支持力度，加强科研成果转化和推广应用（陈彦斌等，2019）。

2. 加强政策执行力度

一要明确政策执行的主体和责任，加强政府、企业、社会组织等多方的协同，确保政策的有效执行。加强顶层设计和统筹协调。建立健全跨部门、跨地区的协调机制，形成政策合力，解决政策执行中的分散性、重复性、冲突性等问题。制定具有可操作性和针对性的实施方案和细则，明确责任主体、任务分工、时间节点、考核评价等内容，确保政策落实到位。加大资金投入和激励支持。加大财政预算安排，优先保障公益性、基础性的康养服务项目。优化财税和金融策略，激励社会投资进入康养行业，并指导金融单位为康养机构提供贷款等融资服务。构建完整的奖励和补贴体系，为达标的康养项目提供经济补助或税务减免。强化康养人力资源管理，加大培训和招募力度，加速推进和完善康养人才教育培训体系，提高康养人才的技术和服务水平。改进职称评定和职业资格鉴定等流程，激励康养领域从业人员进一步提高业务能力和职业水准。拓宽人才引进渠道，吸引高层次人才参与康养产业创新发展。

二要加强标准制定和监管执行。加快制定完善涵盖康养服务内容、流程、质量等方面的标准体系，推动标准统一化、规范化、科学化。加强对康养机构和服务的监督检查，建立健全信用评价、信息公开、投诉处理等机制，及时纠正违法违规行为，保障康养服务的安全性和有效性。加强科技创新和应用推广。加强跨学科、跨领域的合作交流，推动物联网、大数据、云计算、人工智能等新一代信息技术在康养领域的集成创新和融合应用，提升康养服务的智能化水平。加快推广适宜技术，如中医药保健技术、智能化辅助设备等，满足老年人多样化的康养需求。

3. 提高政策导向明确性

政府需要在政策中明确康养产业的发展方向和目标，为康养产业的发展提供清晰的指引和明确的导向。例如，制定康养产业发展规划，明确康养产业的发展重点、方向和目标，以及相关的支持政策和措施。同时注意细化政策措施，细化实施措施和方法，确保政策的可操作性和有效实施性。

4. 加强政策监管

我国康养产业涉及多个部门和领域，如民政、卫生健康、住建、文化旅游、金融等，但缺乏专门针对康养产业的法律法规和标准规范，导致政策不统一、不协调、不适应。因此，应当加快制定和修订与康养产业相关的法律法规和标准规范，明确康养产业的定义、范围、分类、主体、资质、服务内容、质量要求等基本内容，构建以法治为保障的康养产业发展环境。为此，需要展开以下工作。

（1）健全监管体制机制。目前，我国康养产业的监管主要由民政部门牵头，其他相关部门协同配合，但存在监管分散、重复、缺失等问题，导致监管效率低下、效果不佳。因此，应当建立健全康养产业综合监管体制机制，明确各部门的监管职责和协作机制，实现监管资源的优化配置和整合利用。同时，应当加强信息化建设，建立全国统一的康养产业信息平台，实现数据共享和信息互通，提高监管能力和水平。建立康养产业政策的监管机制，加强政策实施的监督和评估，确保政策的有效性。要完善监管手段。完善康养产业政策的监管手段和方法，利用大数据、云计算等技术手段，提高监管的科学性和精确性。政府需要加强康养产业的行业自律，引导康养产业企业树立正确的价值观和经营理念，推动康养产业的健康发展。例如，加强康养产业协会的建设和发展，引导康养产业企业加入协会，遵循协会的行业规范和自律准则，加强行业内部的监督和管理。

（2）强化质量安全监管。质量安全是康养产业发展的生命线和根本保障。目前，我国康养产业存在服务质量参差不齐、安全风险较高等问题，影响老年人的健康和权益。因此，应当强化质量安全监管，从源头把关、过程控制、结果评价等方面入手，建立完善的质量安全标准体系和评价体系，加强对康养服务机构和从业人员的资质审查和持证上岗管理，加大对服务内容、服务流程、服务效果等方面的检查和评估力度，及时发现和整改安全隐患和问题。

（3）优化运营秩序监管。运营秩序是康养产业发展的基础和保障。目前，我国康养产业存在市场主体混乱、经营行为不规范、消费者权益不受保护等问题，影响市场公平竞争和社会信任度。因此，应当优化运营秩序监管，从规范市场主体、规范经营行为、规范服务合同、规范收费标准等方面入手，建立健全市场准入和退出机制，加强对市场主体的信用管理和行业惩戒，加强对经营行为的日常监督和突击检查，加强对服务合同的备案和审查，加强对收费标准的制定和公示。

（4）政府需要加强政策的评估和反馈，及时发现和解决政策实施过程中的问题，完善政策体系，推动康养产业的持续发展。

（5）完善人才政策。一是政府和企业需要制订科学合理的人才培养计划，明确人才培养的目标、内容和方式，以确保康养产业人才的供给。例如，提供康养产业人才的住房和税收优惠，加大康养产业人才的薪酬和福利，吸引更多的优秀人才加入康养产业。加大资金投入和激励支持。加大财政预算安排，优先保障公益性、基础性的康养人才培训项目。全力支持重点人才（团队）项目，建立健全人才专项奖补制度，对符合条件的康养人才给予资金补助。

二是加强顶层设计和统筹协调。建立健全以职业技能培训为核心的康养人才培训体系，制定和完善与康养产业相关的职业标准、职称评审、职业资格认证等制度，明确各类康养人才的定义、分类、要求、权利和义务等内容，构建以法治为保障的康养人才发展环境加强人才培养和引进。拓宽人才引进渠道，吸引高层次人才参与康养产业创新发展。建立康养产业人才培养体系，加强康养产业相关专业的教育和培训，提高人才培养的质量和效率。

三是政府和企业需要建立康养产业人才的职业发展路径，提供康养产业人才的职业培训和发展机会，激发康养产业人才的职业激情和创新精神。制定有效的人才激励政策，提高康养产业人才的待遇和福利，激发他们的工作积极性和创新能力。

四是政府和企业需要加强康养产业人才队伍的建设，通过人才培养、引进、激励和队伍建设，形成康养产业人才的良性循环，并提高康养产业人才的工作效率和创新能力。

（6）加强政策宣传和培训。政府和相关部门应该通过多种渠道（例如，利用网络、媒体、论坛等平台），广泛宣传康养产业政策的内容和意义，加强康养产业政策的解读和说明，提高公众和企业对康养产业政策的认知和理解。政府和相关部门应该加强康养产业政策的培训，提高政策的执行力。例如，定期举办康养产业政策培训班，对政府官员、企业管理者和从业人员进行康养产业政策的培训和教育，提高他们对康养产业政策的掌握和运用能力。

加强康养产业政策的宣传和普及，提高社会各界对康养产业政策的认识和理解，形成政策支持的良好氛围。开展康养产业政策的培训和指导，提高康养产业从业人员的政策执行能力和水平。

政府和相关部门应该加强康养产业政策的评估，提供政策的反馈和改进。例如，定期开展康养产业政策的执行情况调查和评估，及时发现政策的问题和不足，提出政策的改进和完善建议，推动康养产业政策的优化和发展。

政府和相关部门应该加强康养产业政策的创新，提高政策的适应性和有效性。例如，结合康养产业的发展趋势和需求，不断创新康养产业政策的内容和形式，加强康养产业政策的研究和制定，推动康养产业政策的前瞻性和科学性。

（7）促进产学研合作。建立政府引导、市场主导、多方参与的合作机制是康养产业发展的关键。政府应该制定有利于康养产业发展的政策措施，提供财政支持、税收优惠、土地供应等方面的优惠条件，鼓励企业投入科技创新和人才培养。国务院办公厅《关于促进养老托育服务健康发展的意见》提出，加强老年医学、老年护理、社会工作、婴幼儿发展与健康管理、婴幼儿保育等学科专业建设，结合行业发展动态优化专业设置，完善教学标准，加大培养力度。按照国家职业技能标准和行业企业评价规范，加强养老托育从业人员岗前培训、岗位技能提升培训、转岗转业培训和创业培训。加大脱贫地区相关技能培训力度，推动大城市养老托育服务需求与脱贫地区劳动力供给有效对接。深化校企合作，培育产教融合型企业，支持实训基地建设，推行养老托育"职业培训包"和"工学一体化"培训模式。

政府还应搭建产学研合作的平台和载体，加强对合作项目的监督和评估。市场应该发挥资源配置的决定性作用，引导企业根据市场需求和社会效益进行科技创新和技术转化，形成以需求为导向、以效益为目标的合作动力。《广东探索创新养老服务新模式："养老＋旅居＋N"》中介绍的广东省与东北三省、江西省、广西壮族自治区签署《旅居养老合作框架协议》，体现了市场对康养产业发展的引领和推动作用。

学术界和研究机构应该积极参与康养产业的发展，加强与企业的沟通和协调，提供科技支撑和人才培训，实现科研成果的转化和应用。根据《推进"旅游＋康养"产业融合发展》中介绍的长白山区域旅游产业与康养产业已经进行了初步融合，彰显学术界和研究机构对于康养产业发展的支持和贡献。学术界和研究机构的积极参与可以加快科研成果的转化和应用，提高康养产业的创新能力和竞争力。

培育康养产业的创新型人才队伍，提高人才培养质量和水平。康养产业需要具备跨学科、跨领域知识和能力的创新型人才，既要有医学、健康、养老等专业知识，又要有物联网、大数据、云计算、人工智能等信息技术知识，还要有市场分析、项目管理、团队协作等实践能力。因此，要加强对康养产业相关专业的教育改革和课程设置，增加跨学科交叉融合的内容，注重理论与实践相结合，培养学生的创新思维和创业精神。同时，要加强对在职人员的培训和继续教育，提高其专业水平和技能水平，促进其适应康养产业的发展需求。构建康养产业的标准体系和评价体系，提高产业规范化和可持续性。康养产业是一个涉及多个领域、多个层次、多个主体的复杂系统，需要有统一的标准和规范来指导和规范其发展。因此，要加快制定和完善康养产业相关的国家标准、行业标准、地方标准，涵盖产品质量、服务质量、安全性、可靠性、互操作性等方面，形成一套科学合理、适用广泛的标准体系。同时，要建立和完善康养产业的评价体系，包括市场评价、社会评价、环境评价等方面，建立一套客观公正、动态更新的评价体系，为康养产业的监督管理和持续改进提供依据。

加强康养产业的关键核心技术攻关，突破制约发展的瓶颈问题。康养产业涉及医疗、健康、养老等多个领域，需要综合运用物联网、大数据、云计算、人工智能等新一代信息技术，开发智能化、微型化、高灵敏度的生物传感技术，大容量、微型化的电池技术和快速充电技术，高性能、低功耗的微处理器和轻量级操作系统等关键核心技术，提升健康管理、康复辅助、养老监护等产品和服务的智慧化水平。同时，要加强对多模态行为监测技术、跌倒防护技术、高精度定位技术等适用于养老照护的新技术的研发和应用，提高老年人的安全性和舒适性。加强康养产业与高校、科研机构的合作，推动康养产业的科技创新和技术进步。建立康养产业产学研合作平台，加强资源共享和信息交流，提高康养产业的整体竞争力。

（8）加强国际合作与交流。为了加强与国外康养产业的合作与交流，我国应该建立国际合作平台，如国际康养产业博览会、国际康养产业论坛等，吸引国外康养产业的企业和专家来我国交流与合作。我国应该与国外的康养产业相关机构和企业开展合作项目，如技术引进、人才培训、市场开发等，实现资源共享和互利共赢。积极开展康养产业的国际合作与交流，引进国外先进的康养产业理念、技术和管理经验。

我国应该组织康养产业的企业和专家到国外进行考察和学习，了解国外康养产业的发展趋势和先进经验，同时也邀请国外的康养产业专家来我国进行交流与培训。我国应该积极参与国际康养产业相关的组织和标准制定，如世界健康组织、国际康养产业联盟等，提高我国在国际康养产业中的话语权和影响力，提高康养产业的国际竞争力，推动我国康养产业走向国际，形成国际竞争优势。

1.3　中国康养产业发展政策研究展望

1.3.1　现状剖析

康养产业政策研究是一个多学科交叉的领域，需要集合法律、经济、管理、医学等多方面的知识和人才。目前，相关研究团队和人才的数量和质量都还不足，这制约了研究的发展。中国康养产业发展政策研究现状是一个涉及多个领域和层面的综合性课题，目前已有一些学术机构和专家对其进行了探讨和分析。《中国康养产业发展报告（2021）》蓝皮书从三次产业、股权性质以及重点行业三个角度对康养企业的发展情况进行详细分析，认为需求多样化与供给多样化的深度融合是未来发展的重要趋势，建议加强产业引导规划，继续夯实产业基础。《中国康养产业发展报告（2022—2023）》站在全国康养产业走向高质量发展基础上，重点关注当前康养领域的标准化进程，对我国康养产业标准化呈现出的特点、难题以及发展趋势进行调研分析，并结合国内发展较为成熟的康养领域和康养主体，分析案例特征、归纳发展经验。该报告从康养社区、康养企业、地方政府和国际城市四个不同角度，对近年来康养产业发展良好的区域和市场主体进行案例剖析，为我国各级政府和康养企业以康养标准促进产业高质量发展提供经验借鉴。李俏和陶莉（2023）则立足农村广阔天地，研究从主体、资本、人才、技术的角度构建政策协同的路径，加强顶层设计、突出康养特色、创新职业培训、推进科技创新，实现农村康养产业的可持续和高质量发展。同时，围绕农村康养产业发展，还应加强对城乡互益性养老服务机制的研究，探讨建立衔接有序、功能互补的城乡养老服务网络的可能路径。

研究表明，中国康养产业政策已经经历了从初步的养老服务政策到更为全面和综合的康养产业政策的演变。政策的发展和完善反映了政府对康养产业重要性的认识逐渐加深，以及对康养产业发展的持续支持和推动。政府正在积极探索新的政策工具和机制，以更有效地推动康养产业的发展。这些创新和实践为康养产业提供了更为有力的发展环境，也为其他产业提供了政策创新的参考。政策与市场响应的研究揭示了政府政策与市场之间的密切关系。政府政策在很大程度上影响了市场的发展方向和速度，而市场的需求和反馈又反过来影响了政府的政策制定。这种互动关系要求政府在制定政策时更加注重市场需求和实际情况，以确保政策的有效性和针对性。政策效应与评估的研究表明,政府出台的康养产业政策在一定程度上已经取得了积极的效果,但也存在一些问题和不足,如政策执行不力、政策与实际需求不匹配等。这些问题和不足需要政府进一步加以解决和改进,以提高政策的实施效果。虽然政府已经出台了一系列支持康养产业发展的政策,但政策的不完善、执行力度的不足、政策导向的不明确、监管的不到位以及人才政策的缺失等问题仍然制约着康养产业的发展。这些问题和挑战需要政府和社会各界共同努力,采取有效措施加以解决。政府需要继续完善康养产业政策体系,加大政策支持力度,推动产业创新和发展,以更好地满足人民群众的康养需求。

我国康养产业发展政策的相关研究呈现以下特点。

一是研究主体多元化,涉及政府部门、高校院所、社会组织、企业机构等。

二是研究主题多样化,涵盖了康养产业的概念、特征、分类、发展模式、发展路径、发展趋势、发展评价等方面,体现了对康养产业的全面认识和深入探讨。

三是研究视角多元化,从经济学、管理学、社会学、法学等不同学科的角度,分析了康养产业的内在逻辑、运行机制、制度环境、社会效应等问题,关注国内外经验的借鉴,关注地域差异的特点,关注行业整合的趋势,关注群体的差异性需求体现了对康养产业的多维度和跨学科的研究。

四是调研方式多样,运用文件分析等多种方式进行调研。研究方法多样化,运用了文献分析法、实证分析法、案例分析法、比较分析法、系统分析法等不同的研究方法,结合大数据、互联网等新技术手段,提高了研究的科学性和创新性。

五是调研成果丰富,形成了多篇学术论文,形成了专论报告,提出了一系列有针对性和可操作性的政策建议和发展策略,为政府部门、社会组织和企业实体提供了参考和借鉴,为推动我国康养产业高质量发展作出了积极贡献。

1.3.2　研究展望

目前相关研究还存在一些不足和问题，需要进一步完善和深化。比如，在康养产业的概念界定和分类体系、创新驱动和康养产业的创新平台、康养产业的国际合作与交流等方面，还缺乏统一的标准规范、科学的方法工具、有效的机制支撑，等等。目前，关于中国康养产业发展政策的研究虽然已经取得了一些成果，但仍然存在一些不足和问题，这些问题主要表现在以下几个方面。

1. 研究深度和广度不足

现有研究大多集中在政策分析和评价层面，缺乏对康养产业发展机制、政策效应和影响因素的深入研究。同时，研究主题和内容相对单一，缺乏多学科、多维度的交叉研究，导致研究的广度和深度都有待提高。

2. 研究方法和技术的局限性

现有研究主要依赖于传统的文献分析和案例研究方法，缺乏创新的研究方法和技术的应用，如大数据分析、模型模拟等。这些局限性影响了研究的准确性和科学性，也制约了研究的发展。

3. 实证研究和数据支持不足

虽然一些研究尝试进行实证分析，但由于缺乏足够的数据支持和有效的数据获取途径，实证研究的数量和质量都较为有限。这导致了研究结果的可靠性和普遍性都存在一定的问题。

4. 政策应用和实施研究缺失

现有研究大多集中在政策制定层面，缺乏对政策应用和实施过程的研究。政策的实施效果和存在的问题很大程度上取决于政策的执行力度和执行机制，因此，缺乏这方面的研究会影响政策的实施效果。

5. 人才和研究团队的不足

综上所述，中国康养产业发展政策的研究虽然已经取得了一定的进展，但仍然面临着研究深度和广度不足、研究方法和技术的局限性、实证研究和数据支持不足、政策应用和实施研究缺失以及人才和研究团队的不足等问题。这些问题需要研究者和政策制定者共同努力，加强研究方法和技术的创新，提高研究的深度和广度，完善数据获取和分析体系，加强政策应用和实施研究，培养和引进更多的研究人才，以推动中国康养产业发展政策研究的进一步发展。

1.4　本　章　小　结

本章重点对中国康养产业发展现状进行了综述。从国家大力支持发展康养产业的价值和意义入手，阐述了积极应对人口结构变化对国家与政府管理带来之新挑战、践行习近平总书记以人民为中心的发展思想重要举措、实现《"健康中国 2030"规划纲要》的重要途径、新时代新经济的重要组成部分等内容。同时着重对中国康养产业发展政策现状、特点、存在的问题进行了总结和列举，并针对存在的问题提出完善康养产业政策体系、加强政策执行力度、提高政策导向明确性、加强政策监管、完善人才政策、加强政策宣传和培训、促进产学研合作、加强国际合作与交流等较为系统的应对之策，最后对中国康养产业发展政策予以研究展望。

第2章 康养产业政策概况

2.1 产业政策的概念与内涵

产业政策（industrial policy）是一个被广泛使用的经济术语，其源头可以追溯到 17 世纪英国的贸易保护和产业保护政策。在 20 世纪 70 年代到 80 年代，全球经济变化的速度不断加快，但是政策调整能力却日渐萎缩。一些国家开始对产业政策进行调整和优化，例如日本、美国等通过产业政策调整，并取得了成功，从而引起了各国对产业政策的思考和研究。

2.1.1 产业政策的概念

产业政策是引导国家产业发展方向、推动产业结构升级、协调产业结构发展，能够促进国民经济健康、可持续发展的政策。产业政策依据从制定角度来讲，是由政府部门通过产业界和学术界的研究而制定和实施的对产业的形成和发展进行干预的政策，可实现弥补市场缺陷，有效配置资源，代表的是国家利益和产业利益。

2.1.2 产业政策的内涵

产业政策具有鲜明的时代特征，因此具有广泛的内涵。例如：帕克

（Pack，2020）认为产业政策是通过政府干预或者是公共政策支持一些产业部门，从而改变生产结构、创造经济增长点。诺曼（Noman，2016）则认为产业政策是影响资源配置、积累和技术选择的公共政策，其主要内容为促进学习和技术升级。彭内德（Peneder，2017）则认为产业政策是为了提高产业的竞争力而制定的政策，为了实现生活标准持续提高的过程中，经济体系具有更强的演变发展能力而进行政府干预的政策。其参与产业政策制定的主要包括：一是政府部门。政府部门是政策制定的主体，其主要作用是进行组织产业政策的研究、制定、发布和实施，政府部门作为产业政策的主管部门和参与部门。二是产业部门。产业部门是产业政策的执行和评估部门，主要包括国有企业、行业协会等。三是学术部门。学术部门主要是通过基础理论研究结合实际情况的产业结构与产业发展提出政策建议，并进行政策评价，主要包括高校、研究院所等（Buchanan & Tullock，1962）。

2.1.3　产业政策的理论依据

近年来，随着经济全球化的发展，科学技术的进一步提高，互联网、大数据、云计算、人工智能、区块链等技术加速创新，产业政策的理论依据也得到了进一步的完善和扩展，通过引入演化经济学逐步形成在系统创新框架下的技术创新动态理论。

1. 依据政策的必要性分为反对理论政策和支持产业理论政策

（1）反对理论。反对理论主要是指市场机制主导论与产业结构的"不可选择性"和公共选择理论与政府失效这两类。

一是市场机制主导论与产业结构的"不可选择性"。相关产品在市场上占据重要地位，还有一些行业的领导者占据市场主导者地位，这些市场和市场主导者在新产品的研发、分销渠道的宽度、物品价格、产品促销力量等方面处于主导地位，因此产业政策不能对市场经济利益进行很好协调。由于市场引导信号不同，在市场机制主导下的产业结构要进行转型升级，分为由市场需求偏好变动而引起的产业结构变动理论与生产技术方法不同、优化结构不同和生产者的收益不同而引起的产业结构变动理论。并且产业结构和谐问题也是国家经济进展进程中的主要矛盾之一，产业结构和谐进展就意味着产业结构本身和谐，产业结构具有优越性和先进性，也意味着区域之间在产业进展上具有高度合理的分工。这就要求企业、部门和宏观经济层面的产业系统动态、全面地学习升级和优化。

二是公共选择理论与政府失效。詹姆斯·布坎南和戈登·塔洛克（James M Buchanan & Gordon Tullock，1962）发表的《同意的计算——立宪民主的逻辑基础》是公共选择理论的重要著作，认为政府与其管控的集团之间存在有利益关系，那么企业与政府直接就会存在政策的偏向性和阻碍性，可能会影响市场机制的正常发挥导致"政府失效"。其实政府决策相对于市场决策而言存在更加复杂的问题，因为在宏观和微观上进行全面监控和管理，这就使得政府在制定和执行合理的产业政策上存在很大的困难。由于企业与政府之间存在一定的经济利益，在市场上就存在相应的制约性，导致政府制定的市场政策失效。

（2）支持产业理论政策。支持产业理论政策主要是由于新古典经济理论发展的产业政策得到了更好的利用，并且一些后进国家的赶超发展中也体现了产业政策重要性。市场的"外部性""垄断""信息不完备、不对称"均会导致市场的失灵。1980 年马歇尔（Marshall）提出了市场"外部性"的概念，并且庇古（Pigou）通过福利经济学的角度对"外部性"问题进行了系统的研究，发现外部性可能会导致市场失灵，需要政府进行政策的干预。鲍莫尔（Baumol，1952）也从社会成本与私人成本间差异的角度研究发现政府的干预有助于实现社会资源合理配置，从而优化市场经济机制，并实现社会福利最大化。

2. 依据产业政策理论逻辑也分为传统的市场失灵和结构协调难题

（1）传统市场失灵。传统的市场失灵是指企业为追求利益最大化时，产品的数量、成本、销售、竞争、信息等方面在现实当中得不到满足，就会引起市场被扭曲或者是市场不完备，从而不能体现市场资源配置的竞争性，达不到社会的有效性，即存在传统市场失灵。

（2）市场协调失灵。在市场经济机制协调过程中存在着市场失灵，即在市场经济机制中市场经济各项活动均存在着相互依赖性，这就导致市场经济是一个复杂的综合体，在市场经济存在市场失灵时，开始对现实经济的市场政策进行查漏补缺，然而却没有引导经济的正向增长。导致市场协调失灵的两个主要原因分别是规模报酬递增和需求互补性。其中规模报酬递增指的是生产过程中投入的要素等比例增加，产出增加的比例大于投入增加的比例，会导致市场协调失灵；而市场需求互补性则是因为在市场经济中各个项目独立的经济政策，那么在多项目共同投资时存在利益关系，导致难以制定多项目共同投资决策，就会存在市场协调失灵。

3. 技术创新动态理论

在一个动态的世界中，生产技术的发展、消费的观念和偏好等使得经济系统的发展不是唯一不变的，而是演化发展的，那么静态配置效率不能够保证最优的实际收入。古典经济学主要是涉及资本主义的本质及相关问题，而整个学科的基本理论原则没有得到明确的统一。随着社会资本的发展演变为新古典经济学。新古典经济学是一种静态效率，主要为纠正市场失灵不能够在经济系统中实现的经济目标。在研究动态发展的同时从结构动态演化条件下观察经济增长发展出演化经济学，不仅反映经济系统在宏观层面的演化，还反映了微观个体变异的累积中结构变化，也是随时间变化适应经济系统的一种方法。基于演化经济学的产业政策逻辑，在产业政策、教育政策、贸易政策等政策中均可以进行动态结构分析从而提高经济系统的动态演化能力，达成社会目标，提升经济竞争力。

2.1.4 产业政策的原则

1. 政策组合原则

所谓"政策组合"原则，是指为促进创新以及解决创新过程中的问题，形成的一整套具有目标的一致性和运行协调性的政策工具的组合。政策组合没有"最优"模型，政策工具的选择和政策组合的设计必须基于对"问题"的明确。主要包括对原有制度规则进行系统变革、打破既有系统中的行为者网络、形成"破旧"和"立新"的组合效应。

2. 立法透明度原则

透明度原则在未发展成为一项原则之前，源于自然科学领域里物理学的透明度，主要是物体的透明、透亮的程度。自 WTO 确认为透明度原则后被广泛地用于社会科学领域，如"财务透明度、仲裁透明度、立法透明度、信息透明度"等（宾雪花，2018）。其基本含义是"就像人们能够毫不费力地透过干净的玻璃窗看透事物一样"。最开始法律上的透明度原则涉及进出口货物的关税透明度，《关税及贸易总协定》第十条规定缔约国有效实施的关于海关对产品的分类或估价，关于税捐或其他费用的征收率，关于对进出口货物及其支付转账的规定、限制和禁止，以及关于影响进出口货物的销售、分配、运输、保险、存仓、检验、展览、加工、混合或使用的法令、条例等一般援用的司法判决及行政决定，都应迅速公布，以使各国政府及贸易商对它们熟悉。产业政策作为发展中国家追赶、赶超发达国家的一项重要的经济政策，应根据经济、文化、政治等因素完善产业政策立法透明度，构建符合国际性规则或区域性规则的产业政策。

3. 不违反市场经济的基本原则

产业政策的制定不能违反市场经济的基本原则，产业政策对产业的发展起到了积极的作用。但是由于在法律地位上，产业政策既不是法律，也不是行政法规和部门规章，只是一个规范性文件，在强制性方面存在一定问题，所以对于政策要依据市场原则去制定出符合市场的政策才可以发挥政策的作用。

2.1.5　新时代对产业政策的新要求

1. 统筹城乡发展要求产业政策从城市偏向转为城乡公平统一

统筹城乡发展既是建设现代法治市场经济的要求，也是新时代乡村振兴的要求，又是全方位对内对外开放的要求，还是城市化加速推进的要求，统筹城乡发展的新发展观对产业政策有以下新的要求。

（1）产业政策要有利于城乡劳动力公平竞争。

（2）产业政策要有利于企业和生产要素在城乡之间自由流动。

（3）产业政策要有利于产业在城乡之间合理布局。

2. 统筹区域发展要求产业政策有利于产业在不同区域间合理布局

现代法治市场经济要求不同区域之间公平竞争，新阶段要求全国各区域共同富裕。不同区域公平竞争和共同富裕即统筹区域发展，其要求产业政策做到以下几点。

（1）产业区域布局政策要符合建立全国统一市场的要求。

（2）产业向部分区域聚集要建立在市场公平竞争的基础上。

（3）非竞争性产业可考虑向落后地区倾斜。

3. 统筹经济社会发展要求产业政策"以人为本"。

产业政策尽管直接针对的是产业，但产业发展最终是为人服务的，是以满足人的各种需要为基本归属的，要符合"以人为本"的要求。坚持"以人为本"的发展观要求产业政策做到以下几点。

（1）产业政策要有利于更多的人参与产业发展和分享产业发展的成果。

（2）产业政策要有利于经济与社会的统筹或协调发展。

4. 统筹人与自然和谐发展要求产业政策符合可持续发展的原则

统筹人与自然的和谐发展是实现可持续发展的必由之路，统筹人与自然的和谐发展实现可持续发展对产业政策应遵循以下原则。

（1）产业政策要鼓励节约资源和集约利用资源，限制浪费资源和过度利用资源。

（2）产业政策要鼓励保护环境，禁止破坏环境。

2.2 康养产业政策发展历史回顾

康养产业（health care industry）是一个多产业的复杂综合体，蕴含拉动经济发展的巨大潜力，一头连接民生福祉、一头连接经济社会发展，其覆盖面广、产业链长，涉及健康、养老、医疗、旅游、体育、文化、科技信息、绿色农业等多领域，是现代服务业的重要组成部分。发展康养产业，是落实国家健康战略的重大举措，是应对人口老龄化的必然选择，是推动经济增长和社会发展的创新引擎，是促进经济转型发展的重要支撑。生活节奏的加快、人口老龄化、社会压力、亚健康、雾霾与疾病、慢病与压力的关注、忧虑等和经济增长下对高品质生活、医疗康复、健康活力的核心诉求之间的矛盾催生了医疗旅游、养老服务等康养业态。据世界卫生组织统计，全球符合真正健康的人群只占5%，经过医院诊断患有各种疾病的人群占20%，而处于亚健康状态的人群占75%。人类健康问题也成为当前人类所关注的重要问题之一。"没有全民健康，就没有全面小康"。党的十八大以来，以习近平同志为核心的党中央坚持以人民为中心的发展思想，发出建设健康中国的号召，确立新时代卫生与健康工作方针，卫生健康事业发展取得显著成就。党的十九大报告明确指出，实施健康中国战略。人民健康是民族昌盛和国家富强的重要标志。要完善国民健康政策，为人民群众提供全方位全周期健康服务，发展健康产业。党的二十大报告首次聚焦"发展养老事业和养老产业"，提出"实施积极应对人口老龄化国家战略，发展养老事业和养老产业，优化孤寡老人服务，推动实现全体老年人享有基本养老服务。深化医药卫生体制改革，促进医保、医疗、医药协同发展和治理。促进优质医疗资源扩容和区域均衡布局，坚持预防为主，加强重大慢性病健康管理，提高基层防病治病和健康管理能力"。指出推进健康中国建设，把保障人民生命健康放在优先发展的战略位置。健康中国战略背景下，健康新产业、新业态、新模式涌现并且其外延不断扩大，康养产业进入快速发展的黄金期，成为了健康中国战略的重要支撑。

2.2.1　康养产业政策发展重要里程碑

1. 康养理念的起始阶段

2010 年，攀枝花在全国率先提出了"康养"的概念，2012 年，创造性地提出"阳光康养旅游"概念，启动创建"中国阳光康养旅游城市"。2014 年，成功举办首届中国康养产业发展论坛，正式列为国家级"康养产业发展试验区"。在 2013 年出台的《国务院关于加快发展养老服务业的若干意见》中提出要"促进养老服务与医疗、家政、保险、教育、健身、旅游等相关领域的互动发展"。将健康服务业的产业链扩大至"医疗服务、健康管理与促进、健康保险以及相关服务，涉及药品、医疗器械、保健用品、保健食品、健身产品等支撑产业"（张雷，2015）。何莽（2021）首次对"康养"概念的边界和内涵进行了清晰阐释，从多个维度对"康养"进行了全面解析，将"康养"诠释为健康、养生和养老的统一。健康维度，包括"健康—亚健康—临床"等状态，致力于让人维持良好的健康状态，以增强生命自由度；养生维度，致力于"身体—心理—精神"三个层面全面养护，以增强生命丰度；而养老维度，是对"孕—婴—幼—少—青—中—老"全生命周期的养护，不仅致力于生命长度，更关注生命质量。将"康养"看成"以养为手段、以康为目的"的活动，认为康养的核心功能在于尽量提高生命长度、丰度和自由度。

2."康""养"的融合阶段

2015 年，国务院发布《关于推进医疗卫生与养老服务相结合的指导意见》推动了医疗卫生与养老服务在服务体系和保障体系上的全面融合。2016 年国家印发《"健康中国2030"规划纲要》，健康中国上升为国家战略，其核心指导思想是：实现从以治病为中心向以健康为中心转变，从以"治已病"为中心向以"治未病"为中心转变，从疾病管理向健康管理转变。《国务院办公厅关于进一步扩大旅游文化体育健康养老教育培训等领域消费的意见》等进一步将旅游、文化、体育、健康、养老、教育培训等相关产业实现融合发展。2016 年 8 月习近平总书记在全国卫生与健康大会上指出："要把人民健康放在优先发展的战略地位，以普及健康生活、优化健康服务、完善健康保障、建设健康环境、发展健康产业为重点，努力全方位、全周期保障人民健康。"2016 年 12 月，全国首所康养学院在攀枝花正式挂牌成立。

3."康养产业"的正式提出

2017 年发布的《国务院关于支持山西省进一步深化改革促进资源型经济转型发展的意见》首次出现"康养产业"一词，支持地方产业的转型升级并助力乡村振兴的发展。2018 年发布《乡村振兴战略规划（2018—2022年)》，将发展康养产业作为提升农村养老服务能力和发挥乡村自然资源的一个重要技术产业支持，建设美丽乡村和幸福中国。并且对森林康养、中医康养、旅游康养等进行了细致划分。

2.2.2　康养产业政策的特点

1. 发展新型智慧健康服务产业

近年来，随着我国人口老龄化程度加深，催生出智慧健康养老产业市场。人工智能、大数据、云计算、物联网等信息技术与健康养老的结合，出现了很多新业态、新模式，同时鉴于居家养老需求及国家政策的推动，吸引了众多创业者，数百上千种产品被开发，仅工信部等发布的《智慧健康养老产品及服务推广目录（2020 年版）》中，就包含 118 款智慧健康养老产品。工信部等部门预计，到 2025 年我国老年用品产业总体规模将超过 5 万亿元。如基于互联网、物联网、大数据、云计算等先进技术，融合养老产业运营理念，上海电信打造了一套包含"硬件 + 平台 + App"的智慧养老整体解决方案。

2. 围绕建设健康城市和助力乡村振兴

康养产业可以为健康城市乡村振兴提供重要产业支撑，也契合新时代生态文明建设的根本即遵循"两山"理论。保障与健康相关的用地需求和建立健全公共设施体系、把健康理念和健康发展融入城乡规划、建设、治理的全过程，促进城市与人民健康协调发展。《中国康养产业发展报告（2021）》聚焦于康养业态，研究发现生态环境好、人口密度低、具有一定风貌和文化特色的乡村，通过引入研学、旅居、疗愈和运动等康养业态，实现了文旅康养与农业农村的融合发展，既孕育出新型康养模式，也为乡村振兴提供了支撑。

3. 围绕"康养 +"模式发展

在康养产业发展的过程中，主要是聚焦康养产业，发展"康养 +"模式，尤其在 2017 年出台的《关于促进健康旅游发展的指导意见》提出，建设一批各具特色的健康旅游基地，从而发展为"康养＋旅游"，除此之外还有"康养＋农业""康养＋文化""康养＋体育""康养＋医疗"等多产业结合模式，例如攀枝花着重将阳光康养与运动休闲、健康养生、旅游度假、医疗养老等相结合，主要开发出"康养＋农业""康养＋工业""康养＋旅游""康养＋医疗""康养＋运动"五种阳光康养模式。晋城打造的"康养＋"多业态融合发展的"晋城模式"通过文化、旅游、康养产业融合发展、加快文化旅游康养等产业集群建设，并且以康养为牵引，与旅游、医疗、农业、养老、现代服务业等配套产业相融合，推动地区康养产业和经济发展。

4. 新开设康养休闲旅游服务专业

对于康养休闲旅游板块的专业性人才需求日益增多，越来越多的院校开放了此类专业的课程。2021 年全国首套"康养休闲旅游服务系列教材"在四川省旅游学校正式发布。通过发展探索休闲旅游等相关产业促进社会资本的融资，通过休闲产业发展，促进消费，拉动内需，带动经济更好发展。

5. 提供对全生命周期的康养服务

针对各年龄阶段目标客户人群有的放矢、精准发力、分类实施，形成丰富多彩、环环相扣的康养服务内容和项目，提供全方位、全周期的康养服务，开展妇孕婴幼康养、青少年康养、中老年康养等。如攀枝花提出以"养身、养心、养智"的理念，打造全域、全时、全龄康养产业。

2.3　康养产业政策体系

康养产业因其关联性强、覆盖领域广的特征，极易与文化事业、旅游产业、绿色农业融合创新，迸发出新的生机活力。康养产业体系涵盖面广，内容丰富，主要包括康养社区（地产开发模式）、文旅田园康养（旅游度假模式）、健康产业城（园）（产业聚集模式）、养老基地、养老院（机构养老模式）、医康养综合体（医康养结合模式）、康养产业研究、养老地产开发研究、养老建筑设计、养老智能化设计、智慧康养等十余个方面。

2.3.1 康养产业政策体系说明

康养政策体系是聚焦国家重大政策和公共服务需求，以构建康养政策体系培育专业化康养人才发展高质量康养服务，包括社区治理与基层养老、康养产业发展与康养政策体系、信息技术与智慧养老、人口结构变化与老龄化、医养健结合与生命质量、康养职业标准与资格认证制度、康养服务与社区发展、康养服务的区域协同体制政策与实践等。从老龄社会政策、康养理论、康养和社会保障政策、康养设施管理、人才培养跨区域合作、智慧养老和社区服务、老年医疗和护理以及临终关怀等多层次、宽范围对我国应对老龄社会的理念政策、方式经验面临的问题和相关建议的研究。

2.3.2 康养产业政策索引

各地区的康养产业政策一般都是因地制宜，并对康养相关产业制定相关的康养政策。

表2-1和表2-2分别为国家、省级制定的康养政策。

表2-1 国家制定的康养政策摘编

序号	发文机关	发布时间	政策名称
1	国家旅游局	2016年1月	《国家康养旅游示范基地标准》
2	国家林业局	2016年2月	《关于启动全国森林体验基地和全国森林养生基地建设试点的通知》

序号	发文机关	发布时间	政策名称
3	国家林业局	2016 年 4 月	《中国生态文化发展纲要（2016—2020 年）》
4	国家林业局	2016 年 5 月	《林业发展"十三五"规划》
5	中共中央、国务院	2016 年 10 月	《"健康中国 2030"规划纲要》
6	国务院办公厅	2016 年 12 月	《关于全面放开养老服务市场提升养老服务质量的若干意见》
7	工业和信息化部、民政部、国家卫生计生委	2017 年 2 月	《智慧健康养老产业发展行动计划（2017—2020 年）》
8	国家卫生计生委、国家发展改革委、财政部、国家旅游局和国家中医药局	2017 年 5 月	《关于促进健康旅游发展的指导意见》
9	国家卫生健康委、民政部、全国老龄办等	2019 年 10 月	《关于深入推进医养结合发展的若干意见》
10	国务院办公厅	2020 年 12 月	《关于促进养老托育服务健康发展的意见》
11	中共中央、国务院	2021 年 3 月	《中华人民共和国国民经济和社会发展第十四个五年规划和 2035 年远景目标纲要》
12	工业和信息化部、民政部、国家卫生健康委	2021 年 4 月	《智慧健康养老产业发展行动计划（2021—2025 年）》
13	中共中央、国务院	2021 年 11 月	《关于加强新时代老龄工作的意见》
14	国务院	2022 年 2 月	《"十四五"国家老龄事业发展和养老服务体系规划》
15	国家卫生健康委、教育部、科技部等	2022 年 3 月	《"十四五"健康老龄化规划》
16	国家卫生健康委等	2022 年 3 月	《关于推进家庭医生签约服务高质量发展的指导意见》
17	国家卫生健康委	2022 年 4 月	《全国护理事业发展规划（2021—2025 年）》
18	国家卫生健康委	2022 年 4 月	《关于印发医养结合示范项目工作方案的通知》
19	国家卫生健康委、国家发展改革委等	2022 年 4 月	《关于开展社区医养结合能力提升行动的通知》

续表

序号	发文机关	发布时间	政策名称
20	国家卫生健康委、市场监管总局	2022 年 5 月	《国民营养计划 2022 年重点工作》
21	国家卫生健康委	2022 年 9 月	《0～6 岁儿童孤独症筛查干预服务规范（试行）》
22	国家统计局	2022 年 3 月	《中国居民及重点人群健康素养监测统计调查制度》
23	中共中央办公厅、国务院办公厅	2023 年 5 月	《关于推进基本养老服务体系建设的意见》

表 2 - 2　　　　　　　　　　省级康养政策索引

序号	地区	政策名称
1	黑龙江省	《哈尔滨市加快推进养老服务业发展实施意见的实施细则》
2	吉林省	《长春市人民政府办公厅关于全面放开养老服务市场提升养老服务质量的实施意见》
3	河北省	《石家庄市市级养老服务体系建设补助资金管理办法》
4	内蒙古自治区	《呼和浩特市民政局　呼和浩特市财政局关于申报 2018 年社会办养老机构床位运营补贴一次性建设补贴和责任保险补贴的通知》
5	山西省	《太原市民办养老机构建设与运营补助资金管理暂行办法》
6	河南省	《郑州市资助民办养老机构实施办法》
7	山东省	《济南市加快发展养老服务业市级专项资金资助项目实施方案》
8	安徽省	《合肥市社会养老服务体系建设实施办法》
9	浙江省	《杭州市民政局　杭州市财政局关于做好养老机构市级财政资金补助工作的通知》
10	湖南省	《长沙市养老福利机构财政扶持资金管理实施细则》
11	广东省	《广州市民政局　财政局关于印发广州市民办养老机构资助办法的通知》
12	四川省	《关于加快养老服务业创新发展的实施意见》《四川省医疗卫生与养老服务相结合发展规划（2018—2025 年）》

序号	地区	政策名称
13	江西省	《江西省"十三五"大健康产业发展规划》
14		《"健康江西2030"规划纲要》
15		《江西省旅游产业高质量发展三年行动计划（2019—2021年)》
16		《江西省养老服务体系建设发展三年行动计划（2019—2021年)》
17		《关于促进江西森林康养产业发展的意见》
18		《江西南城"建昌帮"中医药振兴发展实施方案》

2.4　我国康养政策与法规分析

2.4.1　全国性康养政策与法规特点

1. 目标明确

通过创建全国康养示范点，进行总结推广好的经验和做法，发挥辐射带动作用，引导鼓励各地深入推进康养产业的发展，建立完善的康养政策体系，吸引更多社会力量积极参与康养产业发展，不断提高康养服务能力和水平，更好地满足人类健康服务需求。

2. 标准完善

由国家统筹、全社会参与、分工明确、责任到位、推动有力、群众认可、评价良好，例如2014年国土资源部提出《养老服务设施用地指导意见》通过合理界定养老服务设施用地范围、依法确定养老服务设施土地用途和年期、规范编制养老服务设施供地计划、细化养老服务设施供地政策、鼓励租赁供应养老服务设施用地、实行养老服务设施用地分类管理、加强养老服务设施用地监管、鼓励盘活存量用地用于养老服务设施建设、利用集体建设用地兴办养老服务设施九方面问题分别作出相关具体规定（廖永林等，2014），明确养老服务设施设备用地规划，对推进养老服务体系建设具有重要作用。

3. 政策支持

在"健康中国"正式成为中国发展的核心理念下，康养产业已经成为新常态下服务产业发展的重要引擎，近年来，国家出台了系列利好政策。国家政策是由主要部门牵头、相关部门配合、政策支持、评价良好。例如，2015 年为推进医疗卫生与养老服务有机结合，努力缓解医疗资源紧张和老年人看病、住院的压力。积极探索推动医疗服务由治疗康复向健康管理、由侧重于疾病救治向预防性干预转变。通过完善市场机制、健全服务体系，保障特殊困难老年人的健康养老服务需求。转变观念，加快发展产业化、集群化、个性化的新型健康养老服务业，努力实现老有所养、病有所医，从而扩大内需、拉动消费、增加就业，有利于推动经济持续健康发展和社会和谐稳定，对稳增长、促改革、调结构、惠民生和全面建成小康社会具有重要意义。同时，为推进健康中国建设，全面建成小康社会、基本实现社会主义现代化，2016 年国家提出《"健康中国 2030"规划纲要》，以"共建共享、全民健康"为主题，通过普及健康生活、完善健康保障、建设健康环境、发展健康产业、健全支撑与保障和强化组织实施六个方面推进健康中国建设，其核心指导思想是：实现从以治病为中心向以健康为中心转变，从以"治已病"为中心向以"治未病"为中心转变，从疾病管理向健康管理转变。

积极促进健康与养老、旅游、互联网、健身休闲、食品融合，催生健康新产业、新业态、新模式，把握健康领域发展规律，以农村和基层为重点，转变服务模式，推动中西医药相结合型医疗卫生服务体系，推动健康服务，提高人民健康水平。同年，为促进居民消费扩大和升级，带动产业结构调整升级，加快培育发展新动力，增强经济韧性，民政部、国家发展改革委、国土资源部等部门联合出台《关于支持整合改造闲置社会资源发展养老服务的通知》充分挖掘闲置社会资源，引导社会力量参与，将城镇中废弃的厂房、医院等，事业单位改制后腾出的办公用房，乡镇区划调整后的办公楼，以及转型中的党政机关和国有企事业单位举办的培训中心、疗养院及其他具有教育培训或疗养休养功能的各类机构等，经过一定的程序，整合改造成养老机构、社区居家养老设施用房等养老服务设施，增加服务供给，提高老年人就近就便获得养老服务的可及性，为全面建成以居家为基础、社区为依托、机构为补充、医养结合的多层次养老服务体系目标提供物质保障。

4. 宏观调控

国家政策起到宏观调控的作用，例如为应对人口老龄化，推动老龄事业的可持续发展，健全养老体系，2017 年《"十三五"健康老龄化规划》坚持"以人为本，改善民生；政府引导，社会参与；因地制宜，突出重点；整合资源，统筹兼顾"为原则，着力加强全社会积极应对人口老龄化的各方面工作，着力完善老龄政策制度，着力加强老年人民生保障和服务供给，着力发挥老年人积极作用，着力改善老龄事业发展和养老体系建设支撑条件，确保全体老年人共享全面建成小康社会新成果。在《2017 年全国土地利用计划》进一步明确，要加大对养老、医疗和现代服务业等民生社会事业项目的土地利用计划支持，为国家民生社会事业、康养产业、康养项目用地予以充分保障。而《关于加快推进养老服务业放管服改革的通知》则通过优化养老服务体系、便捷产业手续以提供高效便捷的不动产登记服务，支持申请设立和建设养老机构。

2.4.2 省、地方级康养政策与法规特点

四川省人民政府办公厅出台的《四川省医疗卫生与养老服务相结合发展规划（2018—2025 年）》（以下简称《规划》），其目的在于推动医疗

机构与养老服务相结合发展，全面提升养老服务中的医疗服务能力和保障水平。明确提出将建立健康养老服务体系，使老年医疗卫生服务网络更加完善。根据《规划》，到 2025 年，四川将全面建成健康养老服务体系，全省二级以上综合医院和二级以上中医医院开设老年病科比例均达80% 以上，治未病科室标准化率达 100%。全省 100 张以上床位的养老机构，除与医疗机构整合设置的，均内设医疗机构，医养结合产业增加值达到 3200 亿元；人均期望寿命提高到 78.2 岁。《规划》指出四川要将大力推进老年康复医院、老年病医院、老年护理院、临终关怀医院等医疗机构建设，扩增老年医疗、康复护理、临终关怀等服务供给。《规划》还提出了集群发展，构建"一核两带三区三中心"的医养结合格局。

《山西省康养产业促进条例》（以下简称《条例》）主要是鼓励康养产业与相关产业相融合，把山西在自然、人文和旅游方面的资源优势充分转化为康养产业的发展优势。《条例》共 23 条，针对山西省康养产业发展存在的问题，进一步强化政府责任、拓宽产业融合途径，用法治方式引领推动康养产业发展。按照市场化、产业化、特色化、专业化原则，编制全省康养产业发展规划，并组织有关部门制定康养产业标准。

《江西省人民政府办公厅关于推进康养旅游发展的意见》主要围绕提速旅游产业高质量发展，加快旅游强省和中医药强省建设，畅通生态价值实现途径，按照"特色化、品牌化、专业化、市场化"要求，充分挖掘康养旅游资源潜力，完善康养旅游设施，丰富康养旅游产品，繁荣康养旅游文化，提升康养旅游服务，把康养旅游培育成文化和旅游产业的重要增长极，不断满足人民群众多层次多样化康养和旅游休闲需求，为全面建成现代旅游业体系和"健康中国"作出更大贡献。

《贵州省养老服务条例》（以下简称《条例》）是贵州省养老服务领域第一部地方性法规，对贵州省实施积极应对人口老龄化国家战略，完善养老服务体系、规范养老服务工作、推动养老事业和产业协同发展具有重要和深远的意义。《条例》主要从规划与建设、基本养老服务、居家社区养老服务、机构养老服务、医养与康养、扶持保障、监督管理、法律责任八个方面规划贵州省的养老服务。

2019 年由中国标准化研究院和攀枝花市市场监督管理局率先发布了《攀枝花市康养产业标准体系》，明确了 22 项康养产业地方标准，为全国康养产业发展，提供了一个"攀枝花样板"。标准覆盖运动康养、旅游康养、居家康养、医养结合四个领域，其中涉及养老的 4 项标准已在全省推广应用。该体系的构建，在全国范围内首次实现了标准化工作与康养产业发展的有机融合，完成理论与实践的重大突破。

2.4.3　意义与价值分析

（1）政策背景中的意义。政府出台的重点政策是根据实际中存在的问题而规划和发布的，具有较高的指导意义和适用性。

（2）对实施主体的意义。重点政策的实施对于实施主体必然是有利的，否则政策失去了存在的价值和应用的意义。

（3）对比施策前后的效果。政策实施的价值是对比出来的，结合案例分析，在政策实施之前与政策实施之后利用科学合理的评价体系去评估政策的科学性和合理性。利用政策背景、实施主体和手段前后对比等方法深入了解政策出台的实际意义，理解政策出台的价值。

2.4.4　其他重要康养相关政策法规的分析

康养产业作为朝阳产业，可以扩大内需，助力国内国外形成"双循环"发展格局。康养产业发展具有拉动消费、增加就业、改善民生等多种经济社会效益。而制定康养相关政策法规依据市场需求，通过挖掘地区文化、体育、旅游、农业等资源发展康养产业，建立适合于地区的康养政策，培育与发展康养人才，满足人民日益增长的康养需求。例如，《老年医疗护理服务试点工作方案》通过增加提供老年医疗护理服务的医疗机构和床位数量、加强老年医疗护理从业人员培养培训、增加多层次老年医疗护理服务供给、创新多元化老年医疗护理服务模式、开展老年人居家医疗护理服务试点、探索完善老年医疗护理服务价格和支付机制等六方面发展老年医疗护理服务，使老年医疗护理服务机制体制不断完善，老年医疗护理服务呈多元化模式，增加差异性和多层次的老年医疗护理服务供给，有利于发展老年医疗护理服务的政策措施逐步健全。

2.5　本章小结

本章着重介绍了康养产业政策概况。产业政策是由政府部门通过产业界和学术界的研究而制定和实施的对产业的形成和发展进行干预的政策。实现弥补市场缺陷，有效配置资源，代表的是国家利益和产业利益。而依据产业政策理论逻辑也分为传统的市场失灵和结构协调难题两类，产业政策的原则包括政策组合原则、立法透明度原则、不违反市场经济的基本原则。产业政策的建立需要统筹城乡发展，要求产业政策从城市偏向转为城乡公平统一、统筹区域发展要求。产业政策有利于产业在不同区域间合理布局、统筹经济社会发展要求，产业政策"以人为本"、统筹人与自然和谐发展、要求产业政策符合可持续发展的原则。康养理念的起始阶段、"康""养"的融合阶段、"康养产业"的正式提出是康养产业发展重要的里程碑。康养产业政策的特点主要包括发展新型智慧健康服务产业、围绕建设健康城市和助力乡村振兴、围绕"康养＋"模式发展、新开设康养休闲旅游服务专业、提供对全生命周期的康养服务等。本章也详细介绍了我国现行康养政策与法规分析、国家级康养政策与法规特点与康养产业政策的价值评议等。

第3章 康养产业财税政策

3.1 康养产业财税政策概述

康养产业近年来在国家政策层面实现了从"事业性"到"产业型"的转型，完成了对"养老服务业""健康服务业""护理服务业""康养旅游""森林康养"等产业发展的政策支持，并初步形成了康养基地筑台、康养地产先导、康养农业强势、康养旅游示范、康养医疗支撑、康养智能创新、康养金融保障的产业发展总态势。《国家标准化发展纲要》明确提出，要加强健康和养老领域标准化工作，提高健康和养老服务的质量和水平，这为康养产业发展提供了政策保障，有利于吸引更多资本和资源投入到这一领域。从政策导向来看，政府对康养产业的财税政策和扶持政策会逐步加大，为康养产业的发展提供有力保障。

3.1.1 康养产业财税政策体系梳理

康养产业财税政策体系是为了促进康养产业的发展而制定的一系列财政和税收政策。康养产业财税政策体系是一个多元化、层次化的体系，主要包括土地供应政策、资金补助政策、税费减免政策和金融贴息政策。

这些政策共同构成了一个完整的、系统的政策体系，旨在通过多方面的支持和激励，推动康养产业的健康发展。土地供应政策解决了康养产业发展的空间问题；资金补助政策和税费减免政策分别从财政和税收两个方面，为康养产业提供了资金支持；而金融贴息政策则通过金融手段，解决了康养产业的融资问题。这四大政策相辅相成，共同推动了康养产业的健康发展。

1. 土地供应政策

土地供应政策主要是为了解决康养产业发展中的土地需求问题。政府鼓励合理确定土地供应规模和方式，优先保障公益性养老机构的用地需求，并支持社会力量参与养老服务设施的建设。对于符合条件的养老机构用地，政府可以采取划拨、租赁、出让等方式供应，并给予一定的土地价格优惠。这一政策有助于降低康养产业的土地成本，提高土地利用效率。

2. 资金补助政策

资金补助政策是为了解决康养产业发展的资金问题。政府加大对养老服务设施建设和运营的财政支持力度，对公益性养老机构给予建设补助、运营补助、人员补助等。对于经济困难的高龄、失能老年人，政府给予床位补贴、护理补贴等。此外，符合条件的社会力量参与养老服务设施建设和运营的项目，也可以获得一定比例的财政奖励或补贴。这一政策有助于缓解康养产业的资金压力，提高服务质量和水平。

3. 税费减免政策

税费减免政策主要是为了减轻康养产业的税收负担。政府对从事非营利性养老服务的机构和个人，给予增值税、营业税、所得税等方面的减免或免征优惠。对于从事营利性养老服务的机构和个人，政府根据其社会效益和经济效益，给予一定期限和幅度的税收优惠。这一政策有助于提高康养产业的盈利水平，激发企业的发展活力。

4. 金融贴息政策

金融贴息政策是为了解决康养产业发展的金融问题。政府支持金融机构开发适合康养产业特点的信贷、担保、保险等金融产品和服务，为康养产业提供优惠的金融支持。对于符合条件的康养产业项目，政府给予一定比例和期限的财政贴息或风险补偿。这一政策有助于降低康养产业的融资成本，提高融资效率。

3.1.2 康养产业财税相关政策

康养产业财税相关政策见表 3-1。

表 3-1　　　　　　　　康养产业财税相关政策

序号	发文机关	发布时间	政策名称	要点
1	国务院	2013年9月	《关于加快发展养老服务业的若干意见》	完善投融资政策。培育和扶持养老服务机构和企业发展。各级政府要加大投入，安排财政性资金支持养老服务体系建设。积极利用财政贴息、小额贷款等方式，加大对养老服务业的有效信贷投入。民政部本级彩票公益金和地方各级政府用于社会福利事业的彩票公益金，要将50%以上的资金用于支持发展养老服务业，并随老年人口的增加逐步提高投入比例
2	财政部、国家税务总局、国家发展改革委、民政部、商务部、国家卫生健康委	2019年6月	《关于养老、托育、家政等社区家庭服务业税费优惠政策的公告》	规定了养老服务机构可以享受的企业所得税、增值税、契税、房产税、城镇土地使用税以及多项费用的减免征待遇
3	工业和信息化部、民政部、国家卫生健康委	2021年10月	《智慧健康养老产业发展行动计划（2021—2025年）》	智慧健康养老产业的发展愿景、基本原则、主要任务和保障措施

序号	发文机关	发布时间	政策名称	要点
4	国务院	2021 年 5 月	《关于进一步促进社区养老和家政服务业加快发展的措施》	部署了加大财政金融支持力度、优化营商环境、加强人才培训和标准规范等方面的措施，以促进社区养老和家政服务业的高质量发展
5	国务院	2022 年 2 月	《"十四五"国家老龄事业发展和养老服务体系规划》	要素保障能力持续增强。行业营商环境持续优化，规划、土地、住房、财政、投资、融资、人才等支持政策更加有力，从业人员规模和能力不断提升，养老服务综合监管、长期护理保险等制度更加健全

3.2 康养产业财税政策评述

康养产业是指以健康和养老为主要目的，提供康复、保健、休闲、旅游等服务的产业。康养产业是一个涉及多个领域和行业的综合性产业，具有较大的发展潜力和社会效益。为了促进康养产业的发展，国家和地方政府出台了一系列的财税政策，康养产业财税政策体系是我国政府为推动康养产业发展而制定的一系列优惠政策，这些政策涉及土地供应、资金补助、税费减免和金融贴息等多个方面。这些政策旨在通过降低康养产业的经营成本和负担，激发市场主体的投入和创新活力，进而推动康养产业的健康发展。

1. 对于养老服务机构，国家给予了房产税、城镇土地使用税等方面的免税优惠

具体来说，土地使用权出让收入优惠政策。根据《财政部 国家税务总局关于对老年服务机构有关税收政策问题的通知》，对政府部门和企事业单位、社会团体以及个人等社会力量投资兴办的福利性、非营利性的老年服务机构，暂免征收企业所得税，以及老年服务机构自用房产、

土地、车船的房产税、城镇土地使用税、车船使用税。而且根据 2019 年
5 月 29 日召开的国务院常务会议部署进一步促进社区养老和家政服务业
加快发展的措施，决定对养老、托幼、家政等社区家庭服务业加大税费
优惠政策支持，对承受或提供房产、土地用于上述服务的，免征契税、
房产税、城镇土地使用税和城市基础设施配套费、不动产登记费等 6 项
收费。

2. 企业所得税优惠政策

对于企业所得税来说，除了上述《财政部　国家税务总局关于对老
年服务机构有关税收政策问题的通知》对政府部门和企事业单位、社会
团体以及个人等社会力量投资兴办的福利性、非营利性的老年服务机构
暂免征收企业所得税规定以外，在近年的财税征收实践中，还根据
《中华人民共和国企业所得税法》第二十六条第四项规定，对符合条件的
民办福利性、非营利性养老机构取得的收入，按规定免征企业所得税。
根据 2014 年《国家税务总局关于扩大小型微利企业减半征收企业所得税
范围有关问题的公告》，对符合规定条件的小型微利企业（包括采取查账
征收和核定征收方式的企业），均可按照规定享受小型微利企业所得税优
惠政策。包括企业所得税减按 20% 征收（减低税率政策），以及《财政
部　国家税务总局关于小型微利企业所得税优惠政策有关问题的通知》
规定的优惠政策（减半征税政策）。根据 2017 年《财政部　税务总局关
于扩大小型微利企业所得税优惠政策范围的通知》第一条规定，养老服
务机构符合小微企业条件的，其取得的养老服务收入所得减按 50% 计入
应纳税所得额，按 20% 的税率缴纳企业所得税。根据 2018 年《财政部　税
务总局关于进一步扩大小型微利企业所得税优惠政策范围的通知》，将
小型微利企业的年应纳税所得额上限由 50 万元提高至 100 万元，对年
应纳税所得额低于 100 万元（含 100 万元）的小型微利企业，其所得
减按 50% 计入应纳税所得额，按 20% 的税率缴纳企业所得税；根据
《财政部　税务总局关于实施小微企业普惠性税收减免政策的通知》，对

小型微利企业年应纳税所得额不超过 100 万元的部分，减按 25% 计入应纳税所得额，按 20% 的税率缴纳企业所得税；对年应纳税所得额超过 100 万元但不超过 300 万元的部分，减按 50% 计入应纳税所得额，按 20% 的税率缴纳企业所得税等。

3. 个人所得税优惠政策

根据《个人所得税专项附加扣除暂行办法》，自 2019 年 1 月 1 日起，在计算个人所得税应纳税所得额时，可以按规定扣除子女教育、继续教育、大病医疗、住房贷款利息、住房租金、赡养老人这六项专项附加，体现了政府对于个人和家庭的减负和激励。这些政策有利于减轻个人和家庭的财务负担，增加他们的可支配收入，提高他们的消费能力和意愿，促进教育、医疗、住房、养老等相关产业的发展。

4. 增值税优惠政策

根据《关于养老、托育、家政等社区家庭服务业税费优惠政策的公告》，自 2019 年 6 月 1 日至 2025 年 12 月 31 日，对提供社区养老服务的收入免征增值税，并减按 90% 计入所得税应纳税所得额。同时，对承受或提供房产、土地用于上述服务的，免征契税、不动产登记费等。这些政策有利于降低社区养老服务的成本和价格，增加社区养老服务的供给和需求，促进社区养老服务业的发展。对于社区家庭服务业，国家给予了增值税、消费税、企业所得税等方面的减免或退还优惠。具体来说，对于符合条件的社区家庭服务业，按照规定享受增值税、消费税等相关优惠政策；对于从事社区家庭服务业的小微企业，按照规定享受企业所得税等相关优惠政策。

5. 对于康养休闲小镇，国家给予了土地供应、金融支持等方面的优惠政策

具体来说，对于符合条件的康养休闲小镇项目，按照规定享受土地

供应、金融支持等相关优惠政策。

以上对于税收的优惠政策对康养产业的发展产生了积极影响，有助于降低产业经营成本和负担，增加了康养产业的收入和利润空间，进而激发了市场主体的投入和创新活力。例如，对于养老服务机构，国家给予了房产税、城镇土地使用税等方面的免税优惠，这有助于降低养老服务机构的运营成本，提高其服务质量和水平。

总之，康养产业财税政策体系对康养产业的发展产生了积极影响。这些政策能有效激励康养机构扩大投资和提高服务质量，增加康养设施的建设和更新，提高康养设施的使用效率和满意度，提高康养机构的竞争力和创新力。这些财税政策对康养产业发展有着积极的影响和作用。另外，这些政策扩大了康养产业的规模和覆盖范围，提高了其服务质量和水平，满足了人民群众日益增长的健康和养老需求。同时，这些政策也对社会经济和民生福祉有着重要的贡献。例如，这些政策促进了就业创业、增加了居民消费、改善了生态环境等。

虽然可以看出上述康养税收的优惠政策的积极作用，但是政策的不足与困难也是可以预见的。这些财税政策在制定和实施过程中也存在一些不足和困难。一方面，由于这些政策没有经过顶层的规划和整体协调，各地区和各部门之间的政策内容和标准可能会出现重叠或相互矛盾的情况。另一方面，这些政策执行不到位和监管不严，导致部分市场主体存在违规或滥用的行为。同时，这些政策也对康养产业发展造成一些不利影响。例如，这些政策引发恶性竞争、导致资源浪费、滋生腐败等。

因此，这些政策需要能够得到进一步的完善与优化，建议从以下几个方面进行改进和创新。

（1）加强顶层设计和统筹协调，建立康养产业财税政策的制定、执行、监管和评估的协同机制，形成政策的合力和效率。

（2）防范风险和挑战，分析康养产业财税政策的影响和后果，及时调整和完善政策内容和措施，应对可能出现的困难和问题。

（3）统一标准规范和分类管理，明确康养产业的定义、范围、分类和标准，制定符合不同类型和层次的康养产业的财税政策。

（4）落实执行监管和问责制，加强对康养产业财税政策的宣传、培训、指导和服务，严格对违规或滥用的市场主体进行查处和惩罚。

3.3　康养产业财税政策前瞻

康养产业财税政策以其独特的优势和价值，成为推动康养产业发展的重要手段。为了更好地发挥财税政策的作用，需要加强顶层设计，统一标准规范，确保政策的执行和监管到位，防范各种风险，推动康养产业健康、快速和可持续发展。同时，政府应该加大政策宣传力度，提高企业和公众的政策认知度，形成政府、企业和社会共同推动康养产业发展的良好局面。随着政策的不断创新和完善，科技的深度融合，绿色和可持续发展的推进，康养产业将迎来更为广阔的发展空间。康养产业将成为推动经济发展、改善民生、保护生态环境的重要力量，为构建人类健康、和谐、可持续的生活方式作出更为积极和有效的贡献。未来康养产业财税政策的发展主要包括以下几个方面。

1. 政策创新与完善

未来，康养产业财税政策将更加创新和完善。政府将进一步研究和制定更为精准和有效的政策，以满足康养产业多元化和个性化的发展需求。政策将更加注重顶层设计，统一标准规范，确保政策的执行和监管到位。

2. 科技融合与产业升级

康养产业将更加注重与科技的融合，推动产业升级。康养产业财税政策将鼓励科技创新，支持康养产业与互联网、大数据、人工智能等新技术的深度融合，推动产业向更高端、更智能、更绿色的方向发展。

3. 绿色发展与可持续性

康养产业财税政策将更加注重绿色和可持续发展。政府将通过税收优惠、财政补贴等措施，鼓励企业采用绿色环保的生产方式，推动康养产业的可持续发展，保护生态环境。

4. 多元化与个性化服务

康养产业将更加注重多元化和个性化服务的提供。康养产业财税政策将激励企业提供更为丰富和多样化的康养服务，满足不同人群的个性化需求，提高服务质量和满意度。

5. 国际合作与交流

康养产业将更加开放，加强国际合作与交流。康养产业财税政策将支持康养产业走出去，引进国外先进的管理经验和技术，推动国际合作项目的实施，提升中国康养产业的国际竞争力。

6. 社会效益与经济效益双提升

康养产业的发展将更加注重社会效益和经济效益的双提升。政府将通过康养产业财税政策，引导企业在追求经济利润的同时，更加注重社会责任，为社会和民众带来更多实实在在的福祉。

3.4 本章小结

康养产业财税政策是国家为推动康养产业健康发展而制定的一系列经济手段。这些政策涵盖了税收优惠、财政补贴、投融资支持、土地供应等多个方面，旨在为康养产业的发展创造有利条件，激发企业活力，推动产业创新和升级。康养产业财税政策对于降低企业运营成本、增加企业收入、扩大产业规模、提高服务质量等方面都产生了积极影响。这些政策不仅推动了康养产业的发展，还对社会经济和民生福祉作出了重要贡献，如促进就业、增加消费、满足多元化康养需求、改善生活环境等。然而，康养产业财税政策在制定和实施过程中也面临着一些问题和挑战，如缺乏顶层设计、标准不统一、执行不到位、监管不严等。这些问题可能会对康养产业的发展产生不利影响，需要政府及时调整和完善相关政策，确保政策的有效性和可行性。展望未来，康养产业财税政策将更加创新和完善，更加注重绿色和可持续发展，更加开放和国际化。政府将继续通过财税政策，推动康养产业与科技的深度融合，提供更为多元化和个性化的康养服务，满足人们日益增长的康养需求，为构建更为健康、和谐、可持续的社会作出更大贡献。

第4章 康养产业金融政策

4.1 康养金融投资政策

康养产业金融投资政策是为了推动康养产业的发展，通过金融手段，提供资金支持和投资保障。这些政策通常会涉及康养产业的投融资、信贷支持、风险管理等方面。解决老年群体的养老问题，解决普通老百姓的康养休闲问题，需要全社会持续共同努力，特别需要创新、完善金融服务体系助推康养产业健康持续发展，发挥金融机制在社会资源配置中的调节作用。应该积极探索创新康养特色金融产品服务、持续优化康养保险资金运用、拓展康养服务业的融资渠道等手段发展康养金融，让金融服务康养，用金融改变康养。

4.1.1 康养金融投资政策体系梳理

康养金融投资政策体系主要包括康养产业模式、国家政策和投资主体三方面构成。

1. 康养产业模式

（1）建设专业化康养社区。康养社区即以养老空间为基础、融入养生功能，主要服务于老年人和亚健康人群、实现多种功能复合化的社区。

康养社区不仅仅是一种集中的居住空间形态，它更是一种社群体系下的微缩社会共治。将养老设施、养老公寓和养老住宅等多种具有居住功能的居住社区作为养老社区，还可以结合老年活动中心、康体中心和医疗服务中心等各类配套设施。联合政府、医疗服务中心、民营企业等多方资源，通过完善相关配套设施，满足多种人群的健康服务需求，提供全方位康养的服务。普通社区配建康养中心可以为社区居民提供就近看护和医疗服务，提高普通社区的住房出售率，带动整个楼盘的销售。

（2）开发康养保健产品。通过开发康养相关保健产品，带动当地经济效益，为孕妇、婴幼儿、青少年和中老年等各年龄段人群研发相应的产品，提高全民身体健康素质。

（3）发展康养旅游一体化模式。以大健康产业为引擎，将健康、教育、旅游、养老、文化、体育六大服务产业融合，形成现代服务业集群，构建产学研城一体化的综合开发架构。在开发旅游地产的同时，加入健康养生、康复保健、长寿文化等理念。合理开发农业观光、娱乐度假、休闲养生等产业链，并且积极探索候鸟型养老模式，吸引老人度假养老。

（4）康养医疗产业融合发展。2022年国家卫生健康委、国家发展改革委等11部门联合印发的《关于进一步推进医养结合发展的指导意见》指出，鼓励医疗卫生机构依法依规在养老服务机构设立医疗服务站点，提供嵌入式医疗卫生服务。推动医疗卫生机构将上门医疗服务向养老机构拓展，为符合条件入住养老机构的老年人提供家庭病床、上门巡诊等服务。预计未来我国康养医疗结合模式行业将呈现规模化、品牌化和高端化趋势。

（5）结合商业设施建设发展。在城市繁华区域搭配建立康养机构，使其在康养机构居住的人民享受便利的商业和休闲设施。

（6）建立优质品牌康养机构。建立优质的康养机构，打造品牌效应，提高硬件设施、服务管理系列等高标准要求，形成规模化、规范化的康养机构。

（7）中外合资开发建设康养机构。通过与国外知名专家和团队合作，引进先进的文化理念和经验知识，找寻适合的发展模式，建立中外合资康养机构。

2. 国家政策

（1）《乡村振兴战略规划（2018—2022年）》。2018年9月26日，国务院印发《乡村振兴战略规划（2018—2022年）》提出，要深入挖掘农业农村的生态涵养、休闲观光、文化体验、健康养老等多种功能和多重价值。开发相关农村康养产业项目并鼓励乡村建设发展养老服务。

（2）《健康中国2030规划纲要》。2016年10月25日，中共中央、国务院发布《"健康中国2030"规划纲要》明确提出，形成多元筹资格局，鼓励金融等机构创新产品和服务，完善扶持措施。要积极促进健康与养老、旅游、互联网、健身休闲、食品融合，催生健康新产业、新业态、新模式的发展规划，到2020年健康服务产业规模目标突破8万亿元，2030年有望突破16万亿元，健康产业已经成为新常态下服务产业发展的重要引擎。目前，我国进入新发展阶段，开始构建以国内大循环为主体、国内国际双循环相互作用的新发展格局，为康养产业发展提供了新的机遇。国家开发银行2020年数据显示，中国政企投资基金8000亿元，国开行提供1.5万亿元，发改委财政部亚洲开发银行提供60亿美元支持康养产业发展，并且多地政府也积极响应。

3. 投资主体

根据中国康养产业发展论坛组委会和中国民族品牌产业发展峰会组委会联合发布的《2019中国康养产业发展报告》，2019年中国共有41家上市公司布局康养产业，按照市值对其进行分类，包括21家百亿市值的企业与20家数十亿市值的企业。从布局领域来看，主要涉及养老服务、智慧养老、养老地产及旅居和养老用品四个领域。经过3年产业发展，2022年布局康养产业的上市公司增加至43家，包括1家千亿市值企业，17家百亿市值企业和25家数十亿市值的上市公司。三年前上市公司布局养老服务领域以并购、新建养老机构为主，2022年以后布局该领域的上市公司组建增多，且开始创新"养老院＋康养医院""养老院＋护理院"的布局模式。另外，布局养老地产的企业数量逐步减少，由2019年的12家减少为2022年的6家。全国地产发展放缓，加之国家对会员制的限制和非法集资的严控，导致对养老地产市场需求收紧，养老地产盈利周期进一步加长，上市公司开始谨慎布局养老地产领域。盘点2022年布局康养产业的上市公司，已有10家上市公司将康养业务独立核算，在年报中进行收入列支，这意味着康养业务的成长性和盈利性进一步增强，具备市场竞争力，可支持业务长期可持续发展。以下对若干投资主体进行简介。

（1）国企、央企。通过打造以市场化方式推动康养产业高质量发展的"国企方案"，实现企业自身跨越式发展并发挥引领带动示范作用。如2022年，北京健康养老集团有限公司正式成立，其战略定位是：整合资源大力发展普惠型养老服务，打造北京健康养老产业"主力军"。主要包括普惠养老、健康养老、医养结合、资产经营四大板块。同年，新组建的大连康养产业集团有限公司正式揭牌。明确企业发展将"形成以健康管理为基础、养老服务为核心、医疗服务为支撑的全生命周期养老服务链，推动大连市银发经济发展"。

（2）保险类企业。当前保险公司在所有致力于养老养生地产开发的企业中最具备优势。保险公司寿险具备雄厚的资金实力，以及寿险产品的品类，再加上目前市场上尝试推行的"以房养老"的倒按揭产品，都为保险公司提供了量身定做的商业模式。具有长期投资，基本无融资需求，同时保险公司可以围绕康养产业设计相关产品，通过运用中长期资金和康养产业投资回收周期构建良好的匹配性。新浪财经市场资讯显示，截至2022年底，市场上已有13家保险公司投资近60个养老社区项目。2023年仅中国平安、中国太保、中国太平、泰康保险四家保险公司就有超10个养老社区已经或者即将开业，保险公司布局养老社区正步入加速度。

（3）房地产开发企业。一些房企专业化转变，进入康养地产规模化、标准化、连锁化有序扩张阶段。房地产商在开发大型居住区楼盘时，可以建立构建康养机构和康养住宅，形成混合居住模式，带动康养产业发展。近些年，绿城、万科、保利、绿地等知名房地产开发商纷纷进军康养产业。这些大规模的房企巨头，需要面对当前的市场困局，在房地产领域内，重新寻找新的成规模的高增长市场，而康养地产，可能是其为数不多的选择之一。

（4）医疗企事业机构。医疗机构可以在企业装修设计、环境营造和软件开发与康养机构合作，提供专业建议，实现优势互补，合作共赢。

（5）民间资本。民政部、国家发展改革委等10部门联合印发《关于鼓励民间资本参与养老服务业发展的实施意见》以鼓励民间资本参与养老服务业发展为核心，助力为老年人提供更加优质便捷的医疗服务。为促进民间资本规范有序地运作，国家配套了完善投融资政策和落实税费优惠政策。民营养老机构是养老产业的重要资金来源，同时也是专业从事养老社区运营的商业机构。如上海亲和源股份有限公司，其运营的养老社区采取"销售＋持有运营"方式运作，在持有运营方面主要采取会员制发售。亲和源早期自主进行养老社区的开发和运营管理，而近年来则把更多精力用于社区管理。

（6）境内外财务投资者的投资。境内外的各种财务投资者在养老产业发展和项目开发上，表现得比较活跃。其中，境外资金的主体常为外国企业或者个人资金。目前，不少地方都有境外人士投资社会养老服务项目的成功案例。这些境外投资以《中华人民共和国合伙企业法》以及国务院2009年颁发的《外国企业或者个人在中国境内设立合伙企业管理办法》为法律依据。

（7）社会福利基金的支持。社会福利基金的使用范围包括用于资助为老年人、残疾人、孤儿、革命伤残军人等特殊群体服务的社会福利事业。养老服务项目和必要的更新改造项目，属于社会福利基金的使用范围。近年来，我国通过发行彩票筹集的社会福利基金规模快速扩张。

《经济日报》2018 年统计数据显示，1987 年我国福利彩票发行第一年销售 1700 万元。根据《中国福利彩票发展报告（2022）》，2021 年，福利彩票销售 1422.55 亿元，筹集彩票公益金 443.63 亿元；截至 2021 年底，我国累计发行福利彩票 2.4977 万亿元，筹集彩票公益金 7456 亿元。考虑到我国未来老龄化不断加速，对养老服务设施需求快速增长，为加快养老服务设施建设和发展，社会福利基金应加大对养老项目开发、养老服务设施建设的支持力度，为养老事业和养老产业发展提供又一个稳定的资金来源渠道。

4.1.2 康养金融投资政策摘编

世界卫生组织提出"投资健康，构建安全未来"。健康经济的目标是人类进入大健康经济时代，即黑发 50 年白发 50 年的长寿时代。这是具有周期长、阶段多、需求多元化等特点，且买方市场进入新时期、新常态。康养问题本质上是带有典型金融特征的一个课题，存在着跨期、跨地域资源配置的一个基本需求。近年来，我国相继出台了《国家积极应对人口老龄化中长期规划》《关于深入推进医养结合发展的若干意见》《智慧健康养老产业发展行动计划（2021—2025 年)》等相关政策。从国家管理的制度政策以及具体管理部门的优化等多个角度对社会养老问题进行新的计划和安排。这些政策的推出和实施，为提升我们国家的康养产业的整体发展，为国民养老问题的解决和优化提供了更多的基础性的参考和指引。有序的金融政策环境是实现康养产业发展的一个重要基础，可以有效保障金融资本的进入，并为相关康养企业良性的发展提供可能。

亲和源集团董事长奚志勇呼吁"未来养老"模式要不断适应和满足"白发浪潮"精细化服务需求，一方面渴望政策进一步提供发展空间，另一方面也呼唤金融创新，能提供切实的助推。深度老龄化是目前面临的一个重要民生问题，要促进养老发展必须跳出"单打独斗"思维，探索跨界合作，多方合力推动。对于养老社区、养老公寓等市场需求正变得越来越大，但这些项目属于"重资产"，目前的行业"痛点"是投资大、回报慢、融资难。对康养产业不能总是满足于"说一说、议一议"，而应当鼓励大胆地"试一试，做一做"，在创新探索中推动行业发展。中国科创金融联盟秘书长徐江亭则建议：一是完善顶层设计，切实做好养老规划和政策制定；二是创新金融工具，积极拓展投融资渠道；三是搭好行业平台，实施精准对接。科研支持、技术分析、管理咨询、专业运营、财务顾问等应该形成产教融合的康养产业集群，共同打造产业智库高地、创新高地、资本高地，以此促进金融介入养老，使康养产业不断地满足百姓的养老需求。

下面对与康养相关的金融投资政策进行一定的摘录，以方便读者查询。

1. 国务院办公厅关于印发《促进残疾人就业三年行动方案（2022—2024 年）》的通知

《促进残疾人就业三年行动方案（2022—2024 年）》以有就业需求和就业条件的城乡未就业残疾人为主要对象，发挥政府促进就业的作用，加大残疾人职业技能培训力度，不断提升残疾人就业服务质量和效益，稳定和扩大残疾人就业岗位。2022—2024 年共实现全国城乡新增残疾人就业 100 万人，残疾人就业创业能力持续提升。保障残疾人就业培训、就业服务、补贴奖励等相关资金投入，更好促进残疾人就业创业，要制定残疾人就业补贴奖励重点项目实施办法，合理确定补贴和奖励标准、条件等内容。统筹用好各类残疾人就业创业扶持资金，避免交叉使用。对各类就业帮扶、培训基地建设按规定给予扶持，并加大对超比例安排残疾人就业用人单位的奖励力度。

2. 中共中央、国务院《关于加强新时代老龄工作的意见》

《关于加强新时代老龄工作的意见》要求，要加强综合性医院老年医学科建设，2025 年二级及以上综合性医院设立老年医学科的比例达到

60% 以上。通过新建改扩建、转型发展，加强老年医院、康复医院、护理院（中心、站）以及优抚医院建设，建立医疗、康复、护理双向转诊机制。加快建设老年友善医疗机构，方便老年人看病就医。

3.《中国儿童发展纲要》

《中国儿童发展纲要》指出，每千名儿童拥有儿科执业（助理）医生达到 1.12 名、床位增至 3.17 张，建立完善以区县妇幼保健机构为龙头，乡镇卫生院、社区卫生服务中心为枢纽，村卫生室为基础的基层儿童保健服务网络，每所乡镇卫生院、社区卫生服务中心至少配备 1 名提供规范儿童基本医疗服务的全科医生，至少配备 2 名从事儿童保健的专业医生。完善儿童急救体系，加快儿童医学人才培养，提高全科医生的儿科和儿童保健专业技能，提高儿科医务人员薪酬待遇。

4.《"十四五"特殊教育发展提升行动计划》

《"十四五"特殊教育发展提升行动计划》提出，要巩固完善特殊教育经费投入机制，落实并提高义务教育阶段特殊教育学校和随班就读残疾学生均公用经费补助标准。到 2025 年将义务教育阶段特殊教育生均公用经费补助标准提高至每生每年 7000 元以上，有条件的地区可适当提高补助水平，各地应落实学前、高中阶段生均拨款政策，继续向特殊教育倾斜。地方财政可设立特殊教育专项补助经费，加强特殊教育基础能力建设。

5.《"十四五"国家老龄事业发展和养老服务体系规划》

《"十四五"国家老龄事业发展和养老服务体系规划》提出，要稳步推进长期护理保险试点工作，明确了两批共 49 个试点城市，在制度框架、政策标准、运行机制、管理办法等方面作出探索。商业养老保险、商业健康保险快速发展，养老服务体系不断完善。在"十三五"期间，全国各类养老服务机构（包括养老机构、社区养老服务机构，下同）和设施从 11.6 万个增加到 32.9 万个，床位数从 672.7 万张增加到 821 万张。各级政府持续推进公办养老机构建设，加强特困人员养老保障，对经济困难的高龄、失能（含失智，下同）老年人给予补贴，初步建立农村留守老年人关爱服务体系。

6. 《中华人民共和国国民经济和社会发展第十四个五年规划和 2035 年远景目标纲要》

《中华人民共和国国民经济和社会发展第十四个五年规划和 2035 年远景目标纲要》指出，把积极应对人口老龄化的实施作为国家战略，做好健康养老产业顶层政策方向，推进养老事业和养老产业协同发展，健全基本养老服务体系，大力发展普惠型养老服务，支持家庭承担养老功能，构建居家社区机构相协调、医养康养相结合的养老服务体系，加强对护理型民办养老机构的政策扶持，养老机构护理型床位占比提高到55%。发展银发经济，开发适老化技术和产品，培育智慧养老等新业态。包括支持 500 个区县建设连锁化运营、标准化管理的示范性社区居家养老服务网络，支持 300 个左右培训疗养机构转型为普惠养老机构、1000 个左右公办养老机构增加护理型床位，支持 150 个城市利用社会力量发展综合托育服务机构和社区托育服务设施等"一老一小"服务项目。

7. 国家卫生健康委办公厅《关于开展老年医疗护理服务试点工作的通知》

《关于开展老年医疗护理服务试点工作的通知》指出，国家卫生健康委在北京市、天津市、山西省、吉林省、上海市、江苏省、浙江省、安徽省、山东省、湖北省、广东省、广西壮族自治区、海南省、四川省、陕西省等 15 个省份试点老年医疗护理服务。增加提供康复医疗服务的医疗机构和床位数量、加强康复医疗学科能力建设、加强康复医疗专业人员培养培训、创新开展康复医疗多学科合作模式、加快推动居家康复医疗服务发展、积极推动康复医疗与其他服务的融合发展和探索完善康复医疗服务价格和支付机制。

8. 中共中央、国务院印发《国家标准化发展纲要》

《国家标准化发展纲要》指出，标准是经济活动和社会发展的技术支撑，是国家基础性制度的重要方面。标准化在推进国家治理体系和治理能力现代化中发挥着基础性、引领性作用。新时代推动高质量发展、全面建设社会主义现代化国家，迫切需要进一步加强标准化工作。到 2035年，结构优化、先进合理、国际兼容的标准体系更加健全，具有中国特色的标准化管理体制更加完善，市场驱动、政府引导、企业为主、社会参与、开放融合的标准化工作格局全面形成。围绕普及健康生活、优化健康服务、倡导健康饮食、完善健康保障、建设健康环境、发展健康产业等方面，建立广覆盖、全方位的健康标准。开展养老和家政服务标准化专项行动，完善职业教育、智慧社区、社区服务等标准，加强慈善领域标准化建设。

9. 工业和信息化部、民政部、国家卫生健康委关于印发《智慧健康养老产业发展行动计划（2021—2025 年）》的通知

《智慧健康养老产业发展行动计划（2021—2025 年）》指出，智慧健康养老产业是以智能产品和信息系统平台为载体，面向人民群众的健康及养老服务需求，深度融合应用物联网、大数据、云计算、人工智能等新一代信息技术的新兴产业形态。协同推进技术融合、产业融合、数据融合、标准融合，推动产业数字化发展，打造智慧健康养老新产品、新业态、新模式，为满足人民群众日益增长的健康及养老需求提供有力支撑。推进建设区域智慧健康养老服务综合信息系统平台，依托区域养老服务中心，推进养老补贴、养老服务、行业监管信息化，实现老年人信息的动态管理。鼓励各地建设区域性健康养老大数据中心，建立健全居民电子健康档案、电子病历、老龄人口信息等基础数据库，重点发展

远程医疗、个性化健康管理、互联网＋护理服务、互联网＋健康咨询、互联网＋健康科普等智慧健康服务。

10. 商务部、中央网信办、国家发展改革委印发《"十四五"电子商务发展规划》

《"十四五"电子商务发展规划》要求，积极构建"互联网＋养老"模式，实现个人、家庭、社区、机构与养老资源的有效对接和优化配置。创新家政服务业发展模式，运用数字化手段推进家政行业精细化分工和共享发展。推动发展无接触式交易服务，支持交通出行服务的在线化和智能化，促进分时租赁服务的规范化和协同化，推广无人车配送进产业园区和居民小区。优化完善前置仓配送、即时配送、网订店取、自助提货等末端配送模式，提升末端配送精准服务能力。

11. 中华人民共和国主席令《中华人民共和国乡村振兴促进法》

《中华人民共和国乡村振兴促进法》指出，要全面实施乡村振兴战略，支持特色农业、休闲农业、现代农产品加工业、乡村手工业、绿色建材、红色旅游、乡村旅游、康养和乡村物流、电子商务等乡村产业的发展，支持发展农村普惠型养老服务和互助性养老。国家鼓励社会资本到乡村发展与农民利益联结型项目，鼓励城市居民到乡村旅游、休闲度假、养生养老等。

12. 国家林业和草原局印发《全国林下经济发展指南（2021—2030年)》的通知

《全国林下经济发展指南（2021—2030年)》指出，依托资源优势，立足康养需求，建设差异化发展、优势互补的森林康养产业集群，形成多层次、多元化、多类型的森林康养产业格局。建设一批环境优良、服务优质、管理完善、特色鲜明、效益明显的国家森林康养基地，鼓励地方开展省级森林康养基地建设，积极创建森林康养特色小镇、森林康养人家。立足地方社会经济发展水平、消费需求、传统文化及森林资源等本底条件，因地制宜开展保健养生、康复疗养、健康养老、休闲游憩、健身运动、健康教育等森林康养服务，重点突出、科学定位，构建特色突出、差异化发展的森林康养产业体系。丰富森林康养产品，着力提升森林康养产品供给能力，向社会提供多层次、多种类、高质量的森林康养服务。积极发展森林浴、森林食疗、药疗等服务项目，科学设置森林瑜伽、有氧太极等运动康养课程，有效结合森林认知、野外课堂等自然科普课程，促进森林康养与健康养生、康复养老、中医药等领域融合发展。根据康养资源特点，突出产品特色、地域特色和文化特色，提倡专业化、特色化森林康养服务。

13. 农业农村部、国家乡村振兴局发布《社会资本投资农业农村指引（2021 年）》

《社会资本投资农业农村指引（2021 年）》指出，鼓励社会资本发展休闲农业、乡村旅游、餐饮民宿、创意农业、农耕体验、康养基地等产业，充分发掘农业农村生态、文化等各类资源优势，打造一批设施完备、功能多样、服务规范的乡村休闲旅游目的地。

14. 民政部、市场监管总局联合印发《关于强化养老服务领域食品安全管理的意见》

《关于强化养老服务领域食品安全管理的意见》就养老服务领域食品安全工作作出部署，首次将社区老年餐桌、老年食堂等纳入监管范围，要求其应当依法取得食品生产经营许可，依照法律法规和食品安全标准从事食品经营行为，保证食品安全。

国家医疗保障局发布新增山西、内蒙古等 15 个省区作为普通门诊费用跨省直接结算试点。截至目前，全国已有 27 个省（区、市）开展普通门诊费用（不含门诊慢特病）跨省直接结算试运行。新增试点包括山西、内蒙古、辽宁、吉林、黑龙江、福建、江西、山东、湖北、广西、海南、陕西、宁夏、青海、新疆共计 15 个省区，首批开通统筹地区 89 个、定点医药机构 663 家。

根据国家医疗保障局办公室《关于联通京津冀、长三角、西南五省普通门诊费用跨省直接结算服务的通知》，对北京、天津、河北、上海、江苏、浙江、安徽、重庆、四川、云南、西藏等 11 个省（区、市）的统筹地区，以及贵州省本级和黔西南布依族苗族自治州全部接入国家异地就医结算系统并联通普通门诊费用跨省直接结算服务。开通 1.02 万家跨省直接结算定点医疗机构和 1.18 万家定点药店，具体信息可通过国家医保服务平台 App 查询。

2013 年以来，国家陆续出台多项政策支持康养产业发展，包括《促进民间投资健康发展若干政策措施》《关于开发性金融支持社会化养老服务体系建设的实施意见》等几十项相关政策，多涉及金融服务大健康产业的内容，提出资本要积极进入健康领域，以金融手段促进康养产业高水平、高质量发展。

2016 年全国卫生与健康大会提出："中央和地方财政要健全稳定可持续的卫生与健康投入机制，引导金融机构加大信贷、债券等融资支持，努力把健康产业培育成为国民经济的重要支柱产业。"

4.2　康养保险政策

随着国民健康意识的提升，除基础医保以外，越来越多人开始通过商业健康险、个人养老金等手段寻求更为完善的医疗保障，用以抵御因病致贫、返贫的风险。这类人群的壮大正在逐渐形成新的市场需求。我国政府也陆续出台战略纲领及配套支持政策以持续推动康养金融行业的发展，完善我国多层次医疗保障体系的建设。保险业要立足保险专业优势，积极实践养老金融改革发展任务，着力满足人民群众多层次养老保障需求，深入挖掘康养"蓝海"的市场潜力，主动融入康养产业，构建以保险为核心的康养生态模式，进一步发挥商业养老保险的功能作用。

在第十五届中国保险文化与品牌创新论坛暨第五届中国保险康养产业创新论坛上，深圳大学风险管理与保险系副教授王晓玲在论坛上发布了《2022 年中国保险康养产业发展研究报告》，报告主题是聚焦保险养老服务产业，并分别从"保险＋健康管理""保险＋养老社区""保险＋养老金融"三个方面，对产业发展及面临的相关问题进行了梳理。保险企业不但为消费者提供养老和健康保障产品，还为康养产业细分领域的发展提供融资支持。因此，保险企业在康养领域并不是要去兜底风险，而是要根据客户的需求，从保险和康养服务产品的视角来实现突破，满足大众的多层次康养服务的需求。

4.2.1　康养保险政策体系梳理

1."保险＋养老"模式

（1）保险服务与养老业务结合模式。很多保险企业将传统保险业务与现有的养老模式相结合，形成两个产业融合的良好生态系统。此模式中养老和保险二者相互促进、相互融合。保险企业通过自身的经济补偿和给付功能有效地将两者结合起来。在支付端，保险企业及时为客户提供经济补偿，同时加强与养老机构的合作，实现对成本的控制，增强保险企业在该领域的核心竞争力；在理赔端，寿险企业与养老机构合作，可以迅速获得被保险人的治疗结果，并及时作出赔付。

（2）保险企业参与养老产业所需产品类型。保险企业提供的保险产品应具有全面性与综合性，既需要对老年人的健康、身体进行保障，还应保障老年人资产保值增值，以提高老年人的生活质量。保险产品需实现保险事故发生时的医疗选择功能、保险事故发生后的护理功能、生命周期资产保值增值功能。

（3）"保险＋健康管理"模式。近年来，消费者对健康管理的概念不再陌生，健康体检、健康咨询、疾病预防等不同的健康管理服务逐渐走进越来越多人的生活，保险产品的开发方向也开始慢慢转变为"产品＋服务"的模式。由于保险行业和健康管理的可联结性，健康管理得到保险产品的青睐。近年来保险公司与健康管理机构协同发展，逐步形成了一些有典型性、代表性的发展模式。归纳起来主要有三种：第一种是以人保健康为代表的外包模式；第二种是以中国人寿为代表的战略合作模式；第三种是以中国平安为代表的自建体系的发展模式。这些模式都为行业中的保险公司与健康管理机构协同发展提供了有益探索。

2. 我国现有模式介绍

在政策支持和保险业转型升级的大背景下，"保险＋健康管理"模式已经成为众多保险公司寻求保险服务升级的积极尝试。其中现有的几种模式颇具代表性。

（1）健康互动式保险。该模式是由保险企业自营的健康管理公司与科技公司合作运营，同时也是一项"健康互动式保险计划"，主要依托专业的数据采集、数据挖掘、数据运营能力，搭建数字化移动健康管理平台，为客户提供"保险＋健康管理"一揽子健康管理方案。其运作模式是主要从健康干预入手，通过实时追踪、持续地干预和服务，引导客户养成健康的生活方式，为客户提供个性化智能健康管理解决方案。

（2）"互联网＋健康保险＋健康管理"管理式医疗。该模式以互联网技术为基础，帮助客户在线进行健康管理。目前，该模式的功能主要体现在通过平台的线上问诊、线下门诊、2小时送药等O2O服务，打造健康管理链条，多环节、闭环式管理用户健康。在对应产品中设有专门的健康咨询，客户可以通过描述健康问题获得在线医生的及时反馈；而在健康头条板块，客户可以翻阅随时更新的健康资讯，以获取健康信息；同时，健康数据和健康评测板块，记录客户的健康数据，并根据客户每天运动的步数给予一定的奖励。

3. 海外模式

（1）"健康保险＋健康管理"经营模式。该模式有三个主要环节：健康管理服务公司（面向团体客户提供个性化服务）、信息科技公司（专注于医疗行业内信息系统研发和运维，提供信息系统、数据管理和咨询服务）以及药品福利管理公司（负责满足客户便利化的购药需求，同时也是管理协调机构）。这三个环节共同构建了健康管理产业链，其中专业保险公司的健康管理部门在健康管理、系统建设和药品服务领域的专业化发展为联合健康集团旗下保险公司的发展起到了巨大的推进作用，不仅可以提升保险公司的服务能力，成为保险公司的业务助推器，还可以协助保险公司加强医疗行为监控，有效降低赔付成本，成为保险主业的风险助控器。

（2）"活力健康保险计划"。海外险企业也积极利用科技赋能保险，通过健康管理使客户和保险公司都能在健康生活方式中获益。例如该模式的代表性产品"活力健康保险计划"能够实时评估个人的风险因素，并根据应用程序记录客户的生活行为数据，同时提供线上私人健康视频咨询、免费运动指导方案以及相关配套服务，以一种新的模式创造优质客户。这种互动式保单不仅可以很好地扩大可保对象、解决风控难题，而且有利于推动保险公司提供精准保障、提升服务质量，并有效地改善被保险人健康水平，真正地在保险公司和客户之间实现双赢。

4.2.2　康养保险政策摘要

银保监会通过《保险资金投资不动产暂行办法》等文件，明确保险资金可以采取债权、股权或者物权形式投资养老不动产。目前，保险资金投资养老社区平稳有序推进，已进入较快发展阶段。《2020 年中国保险业发展报告》显示，截至 2020 年末，共有中国人寿、泰康人寿、太平人寿等 10 家保险机构投资了 49 个养老社区项目，分布于全国 24 个省区市，计划投资金额 950 亿元，涉及床位数 8.9 万个。其中，泰康人寿养老社区项目已投入运营。截至 2020 年末，18 家保险机构在全国 31 个省区市开展了大病保险业务，已完成续约的项目覆盖了 12.2 亿城乡居民，累计赔付超过 4000 万人。全国大病保险患者实际报销比例在基本医疗基础上平均提升了 10~15 个百分点，最高保险金额超过 110 万元，有效缓解了城乡居民"因病致贫""因病返贫"的问题。截至 2021 年 3 月末，全国 PPP 综合信息平台项目管理库中共有养老服务领域项目 104 个、投资额 614 亿元，其中已签约落地项目 69 个、投资额 399 亿元。

《国务院办公厅关于政府向社会力量购买服务的指导意见》《政府购买服务管理办法》等文件的印发，为推动政府购买服务、引导社会力量参与提供相关公共服务提供了政策依据。地方政府可在上述政策框架内，将康养服务中属于政府职责范围、适合采用市场化方式提供的事项，纳入政府购买服务范围，引导社会力量参与提供。

《关于加强康养产业政策落实力度建立配套实施机制的提案》从深化发展康养产业的角度，建议加强康养产业政策落实力度，建立配套实施机制，发挥优惠政策对企业发展康养产业的激励和牵引作用。第一，建立健全制度保障，完善组织协调机制，健全政府康养协调合作机制，出台保险行业康养配套政策，完善专项康养融资对接机制，引导各省主要金融保险机构组建省级养老服务产业发展基金，健全省级康养融资专项对接长效机制；第二，优化保险供给支持，定向赋能康养发展，鼓励发展特色康养保险产品，扩大政府购买康养服务试点，搭建保险信息公共服务平台；第三，引入金融资本活水，充分发挥市场力量。

4.3 康养产业金融政策评述

康养产业是面向有健康需求的人群，通过创新性地整合医疗、养老、健康、中医药、旅游、体育和文化等相关产业资源，为社会提供康养产品和服务的各相关产业部门组成的业态总和，具有产业关联性强、覆盖领域广的特征。康养产业金融政策则是为促进医养康养协同发展、构建多元化康养服务体系、健全康养全产业链、推动智慧康养产业发展提供有力的基础保证，也是注重于构筑资本与产业之间的桥梁，通过科研项目的研究、科学技术的支持与分析、管理服务与咨询、专业运营方案设计、财务顾问等制定综合的一套解决方案，形成产融结合的康养产业集群。康养金融产业的发展与国家政策紧密结合，也是老龄化的必然选择，更是大数据时代的科技引领。要打造康养产业的产业资本和技术创新，以此促进金融介入康养产业，不断地满足老百姓的康养需求。

4.4 康养产业金融政策前瞻

4.4.1 以市场和政策为导向

1. 保险科技实现行业间数据信息共享

寿险企业已通过参与智慧养老模式获得了部分数据的共享，但仍需要提高。一是通过"管理式医疗＋保险科技"的结合，保险机构介入管理医疗服务体系；二是利用穿戴设备等科技手段，通过定位、监测等功能加强对老年人的照顾；三是利用大数据平台将养老产业的市场数据和寿险企业数据进行整合、处理和分析。

2. 创新养老保险产品与增值服务，满足养老需求扩容

寿险企业与养老产业的融合需要提供更多的产品服务，以满足养老保障的需要。健康保险、养老保险等产品与养老产业密切相关，寿险企

业要想在养老行业占据市场份额，保险产品创新是重要手段。因此在未来，一是要利用保险科技整合的健康信息，做好疾病风险的分析；二是要开发创新型及普惠型的长期护理保险产品，还要涵盖康复服务、精神服务以及日托服务等，创新长期护理保险与其他保险结合形成混合保单形式，用更综合全面的方式抵御失能风险及长寿风险。

3. 优化寿险企业养老产品服务的政策导向

政府要加强养老产品服务的顶层设计，完善养老产品服务的配套政策，具体可以采取以下三点来填补保险产品供给不足的缺口。一是在涉及诸多利益主体的险种上开展有效工作；二是从费率机制来看，围绕大数据法则并参照寿险企业实际运营成果，调整费率机制监管规则，鼓励寿险企业开发收益合理的保险产品；三是由于老年群体的风险指标已超出一般商业保险的费率标准，对于一些无法通过商业保险保障体系的人群，政府予以寿险企业优惠政策，在政策性与商业性的配合下补充保障缺口。

4.4.2 以客户需求为导向

1. 完善服务内容，提升服务质量

在推动"保险＋健康管理"持续健康发展中要提供能对用户健康水平起到正向作用的供给端。在未来，产品中附加的健康增值服务真正提供实用性强的服务内容，让消费者感受到其价值将是"产品＋服务"模式发展主要因素。

2. 长期互动融入全流程健康管理

我国健康保险市场普遍存在交互性差、产品与服务分离的问题，不少消费者甚至并不清楚产品附加的健康增值服务。而这种情况也直接导

致了健康服务参与度低、完成度更低的不良结果。客户投保后，保险公司便应该给予客户服务邀请或提醒，并作出详尽的说明，以便其可以选择适合自己的健康服务。除此之外，健康管理服务可以利用评估和反馈机制让参与用户了解到自身健康水平的提升。换言之，长期有效的互动将有助于健康管理服务质量的提升，进而降低被保险人疾病发生率。

3. 科技赋能保险行业健康管理

在健康管理领域，保险与科技的深入融合，将扩展健康管理服务空间，使健康管理服务路径更加通畅，同时也会为各项健康管理项目提供优质服务贡献力量。同时，人工智能、大数据、区块链等科技的不断发展可以使健康管理从保险的末端增值服务转向贯穿于全业务流程。大数据金融、信息化金融机构和互联网金融门户等"互联网＋金融"模式的兴起，也是康养产业重要的金融创新模式之一。一是大数据金融与康养产业的融合应用，国内各大保险公司与互联网医疗平台合作，通过从产品和服务端获得的大数据及从用户行业端获得的连续性行为数据进行保险成本控制和产品服务优化，凸显大数据金融在风控融资方面的优势。二是信息化金融机构布局大健康领域，主要体现在泰康在线、平安等联合成立的专业性健康险公司，以及腾讯、阿里等布局的互联网寿险公司，着重互联网健康险领域。金融聚焦大健康产业，应用场景逐步拓展，充分挖掘金融与大健康产业的发展基础和资源优势，推动金融与大健康融合创新。

4.5　本 章 小 结

康养金融投资政策体系主要包括康养产业模式、国家政策和投资主体三方面构成，康养产业模式主要包括建设专业化康养社区、开发康养保健产品、发展康养旅游一体化模式、康养医疗产业融合发展、结合商业设施建设发展、建立优质品牌康养机构、中外合资开发建设康养机构等几方面。国家政策则主要依据《乡村振兴战略》和《"健康中国2030"规划纲要》。投资主体主要包括国央企、保险类企业、房地产开发企业、医疗企事业机构、民间资本、境内外财务投资者的投资、社会福利基金的支持等。本章也对康养金融投资政策进行简要概述。在金融中涉及康养保险政策，康养保险政策主要有"保险＋养老"模式，而我国现有模式则有健康互动式保险、"互联网＋健康保险＋健康管理"管理式医疗；国外模式则有"健康保险＋健康管理"经营模式、"活力健康保险计划"，并对我国康养保险政策进行了简单的汇编。康养产业金融政策通过构建资本与产业的有效对接，为康养产业提供综合性的解决方案，包括科研项目、科技支持、管理咨询、运营设计、财务顾问等服务，促进产融结合的康养产业集群的形成和发展。构建康养产业的资本结构和技术创新，进而吸引金融领域对康养产业的参与，以不断满足广大人民的养老需求。

第5章 康养产业用地政策

随着人口老龄化趋势的到来，党中央高瞻远瞩，开始构建健康中国理念及相应的康养产业，以满足人民群众日益增长的身心健康、养老等需求。早在 2015 年，我国即已相继出台相关政策以服务于康养产业的发展；而2016 年作为一个具有重大里程碑意义之年，"康养产业"的概念被正式界定，以国家战略层面的高度列入"十三五"规划中。在概念界定的基础上，详尽地阐明了其中诸如"健康""养老""养生"等内涵。与此同时，中共中央、国务院印发了《"健康中国 2030"规划纲要》，对康养产业的规模确定了远景目标——到 2030 年健康服务业总规模达 16 万亿。

随着国家战略布局的展开，与康养产业直接相关的土地使用方法、途径，最大限度地合理利用政策红利，达到低成本取得土地的使用权，避免走弯路，也就成为非常紧迫亟须解决的问题。鉴于康养用地政策的文字内容比较零散，且有一个历史发展变化的过程，本章对康养土地政策以及相关的康养设施建设政策、康养产业用地政策进行提纲挈领式的梳理，以方便读者在从事康养产业开发时进行查询，若需要了解更多其他详情，可直接在政府网站中查阅。由于土地政策、设施建设政策、产业用地政策往往在同一文件中同时出现，为避免文繁，行文琐碎，本章整合在一起梳理，统一称作"康养用地政策"。

5.1 康养土地政策体系梳理

所谓体系，一般指按照一定的规则或规律，形成的具有相互联系，相依互存的整体。大的体系，于其中往往会有多个相互联系的子体系。康养土地政策的诞生，是由国家顶层设计的整体思路所决定的，在定下思想理念、指导方针、方向、目标、内涵之后，然后再由有关部门制定一系列的具体的土地政策规范。大而言之，以上所有这些都可以纳入康养土地政策体系中，因此先梳理国家关于健康中国、康养理念的思考，其次再梳理具体的康养用地政策。

5.1.1 国家关于建设健康中国的宏观思考与布局

根据姚栋（2005）的介绍，我国人口老龄化有三个发展的阶段，分别是1949—1975年生育高峰时的人口年轻化阶段；1975—1995年向老年型发展的成年型阶段；1995—2045年老年人口规模、老龄化程度急速增长，将正式成为老年型国家的阶段。我国很早就关注到了人口老龄化的趋势，开始慎重地思考并研究这一问题。

2015年3月，全国两会期间，"健康中国"第一次列入《政府工作报告》（以下简称《报告》）。同年10月，党的十八届五中全会首次提出推进健康中国建设，"健康中国"上升为国家战略，明确提出了推进健康中国建设任务，《报告》提出，健康是群众的基本需求，我们要不断提高医疗卫生水平，打造健康中国，由此揭开了顶层设计的序幕。

2016年8月，中共中央、国务院召开全国卫生与健康大会，并发布《"健康中国2030"规划纲要》，提出了健康中国建设的目标和任务。

2017年，中共中央作出实施健康中国战略的重大决策部署，党的十九大报告指出，人民健康是民族昌盛和国家富强的重要标志，要完善国民健康政策，为人民群众提供全方位全周期健康服务。

2018年6月以来，在国务院领导下，由国家卫生健康委牵头会同教育部、体育总局等部门组成专班，分领域开展专题研究，起草编制了《关于实施健康中国行动的意见》《健康中国行动》《实施和考核方案》。

2019年7月，国务院印发了《关于实施健康中国行动的意见》（以下简称《意见》），依据《意见》，成立了健康中国行动推进委员会，并发布《健康中国行动（2019—2030年)》，国务院办公厅印发了《健康中国行动组织实施和考核方案》。

5.1.2　具体的康养用地政策

关于康养用地政策，国家层面近年来考虑得比较全面，主要涉及以下几个方面。

1. 意见或通知型

第一，2013年9月《国务院关于加快发展养老服务业的若干意见》。

《国务院关于加快发展养老服务业的若干意见》指出，我国养老服务和产品供给不足、市场发育不健全、城乡区域发展不平衡等问题还十分突出。我国已经进入人口老龄化快速发展阶段，2012年底我国60周岁以上老年人口已达1.94亿，2020年达到2.64亿，2025年将突破3亿。积极应对人口老龄化，加快发展养老服务业，不断满足老年人持续增长的养老服务需求，是全面建成小康社会的一项紧迫任务，有利于保障老年人权益，共享改革发展成果，有利于拉动消费、扩大就业，有利于保障和改善民生，促进社会和谐，推进经济社会持续健康发展。

《国务院关于加快发展养老服务业的若干意见》要求各地要将各类养老服务设施建设用地纳入城镇土地利用总体规划和年度用地计划，合理安排用地需求，可将闲置的公益性用地调整为养老服务用地。民间资本举办的非营利性养老机构与政府举办的养老机构享有相同的土地使用政策，可以依法使用国有划拨土地或者农民集体所有的土地。对营利性养老机构建设用地，按照国家对经营性用地依法办理有偿用地手续的规定，优先保障供应，并制定支持发展养老服务业的土地政策。严禁养老设施建设用地改变用途、容积率等土地使用条件搞房地产开发。

在设施建设方面，确定了统筹规划发展城市养老服务设施的任务，要充分发展社区公共服务设施的养老服务功能，以及坡道、电梯无障碍设施的建设。

在资本金、场地、人员等方面，进一步降低社会力量举办养老机构的门槛，简化手续、规范程序、公开信息，行政许可和登记机关要核定其经营和活动范围，为社会力量举办养老机构提供便捷服务。鼓励境外资本投资养老服务业。

积极发展养老服务业，鼓励发展养老服务中小企业，扶持发展龙头企业，实施品牌战略，提高创新能力，形成一批产业链长、覆盖领域广、经济社会效益显著的产业集群。健全市场规范和行业标准，确保养老服务和产品质量，营造安全、便利、诚信的消费环境。

第二，2013 年 10 月《国务院关于促进健康服务业发展的若干意见》。

《国务院关于促进健康服务业发展的若干意见》专门针对促进健康服务业发展而制定。指出健康服务业以维护和促进人民群众身心健康为目标，主要包括医疗服务、健康管理与促进、健康保险以及相关服务，涉及药品、医疗器械、保健用品、保健食品、健身产品等支撑产业，覆盖面广，产业链长。加快发展健康服务业，是深化医改、改善民生、提升全民健康素质的必然要求，是进一步扩大内需、促进就业、转变经济发展方式的重要举措，对稳增长、调结构、促改革、惠民生，全面建成小康社会具有重要意义。

在用地保障方面，提出要加强规划布局，各级政府要在土地利用总体规划和城乡规划中统筹考虑健康服务业发展需要，扩大健康服务业用地供给，优先保障非营利性机构用地。新建居住区和社区要按相关规定在公共服务设施中保障医疗卫生、文化体育、社区服务等健康服务业相关设施的配套。支持利用以划拨方式取得的存量房产和原有土地兴办健康服务业，土地用途和使用权人可暂不变更。连续经营 1 年以上、符合划拨用地目录的健康服务项目可按划拨土地办理用地手续；不符合划拨用地目录的，可采取协议出让方式办理用地手续。

第三，2014 年 2 月住房城乡建设部、国土资源部、民政部等四部门《关于加强养老服务设施规划建设工作的通知》。

《关于加强养老服务设施规划建设工作的通知》形成由来：为贯彻落实《国务院关于加快发展养老服务业的若干意见》精神。通知要求，各地要结合老年人口规模、养老服务需求，明确养老服务设施建设规划，并将有关内容纳入城市、镇总体规划，加强区域养老服务设施统筹协调，推进城乡养老服务一体化。

第四，2014 年 4 月国土资源部《养老服务设施用地指导意见》。

《养老服务设施用地指导意见》形成由来：为贯彻落实《国务院关于加快发展养老服务业的若干意见》精神，保障养老服务设施用地供应，规范养老服务设施用地开发利用管理，大力支持养老服务业发展。

主要意见包括以下方面。

（1）合理界定养老服务设施用地范围。

（2）依法确定养老服务设施土地用途和年期。比如土地用途应确定为医卫慈善用地，并依据《土地利用现状分类》（GB/T 21010—2007），进一步规划为公共管理用地、公共服务用地中的医卫慈善用地，可布局和安排养老服务设施用地，其他用地中只能配套建设养老服务设施用房并分摊相应的土地面积。

（3）规范编制养老服务设施供地计划。

（4）细化养老服务设施供地政策。比如非营利性的，采取划拨方式供地，而营利性的，则采取租赁或出让方式等。

（5）鼓励租赁供应养老服务设施用地。

（6）实行养老服务设施用地分类管理。

（7）加强养老服务设施用地监管。

（8）鼓励盘活存量用地用于养老服务设施建设。

（9）利用集体建设用地兴办养老服务设施。

此外，可参阅《〈养老服务设施用地指导意见〉解读》（廖永林等，2014）。

第五，2015 年 2 月 3 日民政部、国家发展改革委等 10 部门《关于鼓励民间资本参与养老服务业发展的实施意见》。

《关于鼓励民间资本参与养老服务业发展的实施意见》分鼓励民间资本参与居家和社区养老服务、鼓励民间资本参与机构养老服务、支持民间资本参与养老产业发展、推进医养融合发展、完善投融资政策、落实税费优惠政策、加强人才保障、促进民间资本规范有序参与、保障用地需求九部分。

在用地政策上，包括以下方面。

（1）拓宽信贷抵押担保物范围，允许民办养老机构利用有偿取得的土地使用权、产权明晰的房产等固定资产办理抵押贷款，不动产登记机构要给予办理抵押登记手续。

（2）对民办养老机构提供的育养服务免征营业税。养老机构在资产重组过程中涉及的不动产、土地使用权转让，不征收增值税和营业税。

（3）民间资本投资养老服务设施所需建设用地，适用国家规定的养老服务设施用地供应和开发利用政策，国土资源管理部门应按照《关于印发〈养老服务设施用地指导意见〉的通知》相关规定，积极做好用地服务工作。

第六，2015 年 3 月 25 日《关于优化 2015 年住房及用地供应结构促进房地产市场平稳健康发展的通知》。

《关于优化 2015 年住房及用地供应结构促进房地产市场平稳健康发展的通知》主要为切实贯彻国务院关于房地产市场分类调控、因地施策的总要求，进一步加强住房及用地供应分类管理，合理优化住房及用地供应规模、结构，支持居民自住和改善性住房需求，促进房地产市场平稳健康发展而制定。

《关于优化 2015 年住房及用地供应结构促进房地产市场平稳健康发展的通知》主要包括以下内容。

（1）合理安排住房及其用地供应规模。

（2）优化住房及用地供应结构。

（3）统筹保障性安居工程建设。

（4）加大市场秩序和供应实施监督力度。

第七，2015 年 11 月 18 日国家卫生计生委、民政部、发展改革委、财政部、人力资源和社会保障部、国土资源部、住房城乡建设部、全国老龄办、中医药局《关于推进医疗卫生与养老服务相结合的指导意见》。

《关于推进医疗卫生与养老服务相结合的指导意见》为贯彻落实《国务院关于加快发展养老服务业的若干意见》和《国务院关于促进健康服务业发展的若干意见》等文件要求而制定。

《关于推进医疗卫生与养老服务相结合的指导意见》明确要求要加强规划布局和用地保障，各级政府要在土地利用总体规划和城乡规划中统筹考虑医养结合机构发展需要，做好用地规划布局。对非营利性医养结合机构，可采取划拨方式，优先保障用地；对营利性医养结合机构，应当以租赁、出让等有偿方式保障用地，养老机构设置医疗机构，可将在项目中配套建设医疗服务设施相关要求作为土地出让条件，并明确不得分割转让。依法需招标拍卖挂牌出让土地的，应当采取招标拍卖挂牌出让方式。

第八，2016 年 10 月民政部、发展改革委等 11 部门联合印发《关于支持整合改造闲置社会资源发展养老服务的通知》。

《关于支持整合改造闲置社会资源发展养老服务的通知》为加快推动养老服务业增加有效供给总量，推动养老服务业发展提质升级，促进居民消费扩大，带动产业结构调整，按照国务院有关部署而制定。《关于支持整合改造闲置社会资源发展养老服务的通知》提出通过鼓励盘活存量用地用于养老服务设施建设、改造利用现有闲置厂房、社区用房等兴办养老服务设施、城市经济型酒店等非民用房转型成养老服务设施等 8 项措施，增加供给总量，提升服务质量，提高老年人就近就便获得养老服务的可及性，推动更好地满足社会日益增长的养老服务需求。为确保各项工作顺利推进，《关于支持整合改造闲置社会资源发展养老服务的通知》在组织保障方面要求各地建立健全整合改造闲置社会资源发展养老服务的工作机制。民政部、发展改革委等部门也将加强对整合改造闲置社会资源发展养老服务的协调指导和监督检查工作。

第九，2016 年 12 月国务院办公厅《关于全面放开养老服务市场 提升养老服务质量的若干意见》。

《关于全面放开养老服务市场 提升养老服务质量的若干意见》形成由来：养老服务业既是涉及亿万群众福祉的民生事业，也是具有巨大发展潜力的朝阳产业。近年来，我国养老服务业快速发展，产业规模不断扩大，服务体系逐步完善，但仍面临供给结构不尽合理、市场潜力未充分释放、服务质量有待提高等问题。随着人口老龄化程度不断加深和人民生活水平逐步提高，老年群体多层次、多样化的服务需求持续增长，对扩大养老服务有效供给提出了更高要求。为促进养老服务业更好更快发展，经国务院同意而制定。

在土地政策方面，《关于全面放开养老服务市场 提升养老服务质量的若干意见》指出要完善土地支持政策，将统筹利用闲置资源发展养老服务，有关部门应按程序依据规划调整其土地使用性质。营利性养老服务机构利用存量建设用地建设养老设施，涉及划拨建设用地使用权出让（租赁）或转让的，在原土地用途符合规划的前提下，允许补缴土地出让金（租金），办理协议出让或租赁手续。企事业单位、个人对城镇现有空闲的厂房、学校、社区用房等进行改造和利用，举办养老服务机构，经有关部门批准临时改变建筑使用功能从事非营利性养老服务且连续经营一年以上的，五年内土地使用性质可暂不作变更。民间资本举办的非营利性养老机构与政府举办的养老机构可依法使用农民集体所有的土地。对在养老服务领域采取政府和社会资本合作（PPP）方式的项目，可以国有建设用地使用权作价出资或者入股建设。

在康养设施方面，《关于全面放开养老服务市场 提升养老服务质量的若干意见》要求通过政府补贴、产业引导和业主众筹等方式，加快推进老旧居住小区和老年人家庭的无障碍改造，重点做好居住区缘石坡道、轮椅坡道、公共出入口、走道、楼梯、电梯候梯厅及轿厢等设施和部位的无障碍改造，优先安排贫困、高龄、失能等老年人家庭设施改造，组织开展多层老旧住宅电梯加装。支持开发老年宜居住宅和代际亲情住宅。各地在推进易地扶贫搬迁以及城镇棚户区、城乡危房改造和配套基础设施建设等保障性安居工程中，要统筹考虑适老化设施配套建设。

除了以上设施建设外，还主张发展智慧养老服务新业态，开发和运用智能硬件，推动移动互联网、云计算、物联网、大数据等与养老服务业结合，创新居家养老服务模式，重点推进老年人健康管理、紧急救援、精神慰藉、服务预约、物品代购等服务，开发更加多元、精准的私人定制服务。支持适合老年人的智能化产品、健康监测可穿戴设备、健康养老移动应用软件（App）等设计开发。打通养老服务信息共享渠道，推进社区综合服务信息平台与户籍、医疗、社会保障等信息资源对接，促进养老服务公共信息资源向各类养老服务机构开放。

另外还支持企业利用新技术、新工艺、新材料和新装备开发为老年人服务的产品用品，研发老年人乐于接受和方便使用的智能科技产品，丰富产品品种，提高产品安全性、可靠性和实用性。上述企业经认定为高新技术企业的，按规定享受企业所得税优惠。及时更新康复辅助器具配置目录，重点支持自主研发和生产康复辅助器具。

第十，2016年12月国土资源部、国家发展改革委、财政部、住房和城乡建设部、农业部、中国人民银行、国家林业局、中国银行保险监督管理委员会《关于扩大国有土地有偿使用范围的意见》。

《关于扩大国有土地有偿使用范围的意见》形成由来：自土地使用制度改革以来，我国已形成较为完善的国有建设用地有偿使用制度体系，对落实"十分珍惜、合理利用土地和切实保护耕地"基本国策，保障城镇化、工业化发展，促进社会主义市场经济体制的建立和完善，发挥了重大作用。近年来，随着我国经济发展进入新常态，国有土地有偿使用覆盖面不到位、制度不健全等问题逐渐凸显，市场配置资源决定性作用没有得到充分发挥。为进一步完善国有土地有偿使用制度，根据《中华人民共和国土地管理法》及相关法律规定，经国务院同意而制定。

《关于扩大国有土地有偿使用范围的意见》在"完善公共服务项目用地政策"提到了养老用地，指出应根据投融资体制改革要求，对可以使用划拨土地的能源、环境保护、保障性安居工程、养老、教育、文化、体育及供水、燃气供应、供热设施等项目，除可按划拨方式供应土地外，鼓励以出让、租赁方式供应土地，支持市、县政府以国有建设用地使用权作价出资或者入股的方式提供土地，与社会资本共同投资建设。

第十一，2019年4月《国务院办公厅关于推进养老服务发展的意见》。

《国务院办公厅关于推进养老服务发展的意见》形成由来：党中央、国务院高度重视养老服务，党的十八大以来，出台了加快发展养老服务业、全面放开养老服务市场等政策措施，养老服务体系建设取得显著成效。但总的看，养老服务市场活力尚未充分激发，发展不平衡不充分、有效供给不足、服务质量不高等问题依然存在，人民群众养老服务需求尚未有效满足。

《国务院办公厅关于推进养老服务发展的意见》第二十八条要求"完善养老服务设施供地政策"，举办非营利性养老服务机构，可凭登记机关发给的社会服务机构登记证书和其他法定材料申请划拨供地，自然资源、民政部门要积极协调落实划拨用地政策。鼓励各地探索利用集体建设用地发展养老服务设施。存量商业服务用地等其他用地用于养老服务设施建设的，允许按照适老化设计要求调整户均面积、租赁期限、车位配比及消防审验等土地和规划要求。

2. 规划或计划型

第一，2015年4月24日《中医药健康服务发展规划（2015—2020年）》。

《中医药健康服务发展规划（2015—2020年）》是为了贯彻落实《中共中央 国务院关于深化医药卫生体制改革的意见》《国务院关于扶持和促进中医药事业发展的若干意见》《国务院关于促进健康服务业发展的若干意见》，促进中医药健康服务发展而制定的。

《中医药健康服务发展规划（2015—2020年）》提出要加强用地保障，各地依据土地利用总体规划和城乡规划，统筹考虑中医药健康服务发展需要，扩大中医药健康服务用地供给，优先保障非营利性中医药健康服务机构用地。在城镇化建设中，优先安排土地满足中医药健康服务机构的发展需求。按相关规定配置中医药健康服务场所和设施。支持利用以划拨方式取得的存量房产和原有土地兴办中医药健康服务机构，对连续经营 1 年以上、符合划拨用地目录的中医药健康服务项目，可根据规定划拨土地办理用地手续；对不符合划拨用地条件的，可采取协议出让方式办理用地手续。

第二，2017 年 3 月《"十三五"健康老龄化规划》。

随着《关于印发"十三五"健康老龄化规划的通知》发布，由国家卫计委、国家发改委、国家中医药局、全国老龄办等 13 部门联合印发的《"十三五"健康老龄化规划》（以下简称《规划》）也随之问世。

《规划》为贯彻落实《中华人民共和国国民经济和社会发展第十三个五年规划纲要》精神，积极应对人口老龄化，维护老年人的健康功能，提高老年人的健康水平而制定。《规划》在部署了九项任务的基础上，强调要加强组织领导，健全政府主导、部门协作、社会参与的工作机制；加大政策支持力度，在投融资、土地供应、落实税费优惠、人才培养、政策保障等方面对老年健康服务工作予以支持和倾斜，出台政府购买服务的具体政策；强化部门分工协作，落实老年健康相关政策，共同为实现健康老龄化规划目标提供支持；发挥社会力量作用，支持社会资本进入老年健康产业市场，鼓励社会力量积极兴办老年健康服务机构，提供老年健康服务；建立检查评估机制，定期监督重大项目、重大工程的实施情况。

第三，《"十三五"国家老龄事业发展和养老体系建设规划》。

2017 年《国务院关于印发"十三五"国家老龄事业发展和养老体系建设规划的通知》发布，与之相应的《"十三五"国家老龄事业发展和养老体系建设规划》（以下简称《规划》）也随之公布于世。《规划》积极开展应对人口老龄化行动，推动老龄事业全面协调可持续发展，健全养老体系，根据《中华人民共和国老年人权益保障法》《中华人民共和国国民经济和社会发展第十三个五年规划纲要》而制定本规划，要求落实好对民办养老机构的投融资、税费、土地、人才等扶持政策。鼓励采取特许经营、政府购买服务、政府和社会资本合作等方式支持社会力量举办养老机构。最主要的特色是单独罗列"第七章　推进老年宜居环境建设"，强调推动设施无障碍建设和改造。

第四，国土资源部《2017 年全国土地利用计划》。

《2017 年全国土地利用计划》明确指出在产业发展调控方面，本年度土地利用计划要积极支持教育、医疗、文化、体育、养老、旅游、冷链物流、铁路土地综合开发等用地，促进产业协调发展。

第五，《"十四五"国家老龄事业发展和养老服务体系规划》。

2022 年 2 月，中华人民共和国中央人民政府发布《"十四五"国家老龄事业发展和养老服务体系规划》，专门罗列"第七项　大力发展银发经济"，要求发展壮大老年用品产业，大致包括以下内容。

（1）加强老年用品研发制造。大力开发满足老年人衣、食、住、行等需求的老年生活用品。针对不同生活场景，重点开发适老化家电、家具、洗浴装置、坐便器、厨房用品等日用产品以及智能轮椅、生物力学拐杖等辅助产品，推广易于抓握的扶手等支撑装置以及地面防滑产品、无障碍产品，发展老年益智类玩具、乐器等休闲陪护产品。针对机构养老、日间托养、上门护理等需求，重点开发清洁卫生、饮食起居、生活护理等方面产品，提升成人尿裤、护理垫、溃疡康复用品等产品的适老性能，发展辅助搬运、翻身、巡检等机器人。发展老年人监护、防走失定位等产品。

（2）促进优质产品应用推广，修订一批关键急需的老年用品和服务技术标准，促进质量提升，规范市场秩序，引导消费者正确选择和使用。建立老年用品产品目录，适时进行评估并动态调整。对自主研发、技术领先、市场认可的产品，优先纳入升级和创新消费品指南。在有条件的街道、社区，发展嵌入式康复辅助器具销售和租赁网点，提供用品展示、预约使用、指导教学、售后维修、回收利用等服务。

（3）鼓励发展产业集群。鼓励国内外多方共建特色养老产业合作园区，加强市场、规则、标准方面的软联通，打造制造业创新示范高地。优先培育一批带动力强、辐射面广的龙头企业，打造一批产业链长、覆盖领域广、经济社会效益显著的产业集群，形成一批具有国际竞争力的知名品牌，推动我国相关产业迈向全球价值链中高端。

规划布局一批银发经济重点发展区域，在京津冀、长三角、粤港澳大湾区、成渝等区域，规划布局 10 个左右高水平的银发经济产业园区。支持北京、天津、上海、海南、重庆在开展服务业扩大开放综合试点中推进国际性、跨区域合作。结合积极应对人口老龄化重点联系城市评选，在全国打造一批银发经济标杆城市，推进在服务业融合发展、制造业转型升级、新技术新业态培育方面的探索创新。建立区域老年用品市场交易平台，支持有条件的地区举办老年用品博览会、展销会。

3. 纲要型

2019 年 9 月国家发展改革委、教育部、住房和城乡建设部等 21 部门联合印发《促进健康产业高质量发展行动纲要（2019—2022 年）》（以下简称《纲要》）。

《纲要》明确，到 2022 年，我国将基本形成内涵丰富、结构合理的健康产业体系，优质医疗健康资源覆盖范围进一步扩大，健康产业的融合度和协同性进一步增强，健康产业的科技竞争力进一步提升，人才数量和质量达到更高水平，形成若干有较强影响力的健康产业集群，为健康产业成为重要的国民经济支柱性产业奠定坚实基础。

围绕重点领域和关键环节，《纲要》将实施 10 项重大工程，即优质医疗健康资源扩容工程、"互联网＋医疗健康"提升工程、中医药健康服务提质工程、健康服务跨界融合工程、健康产业科技创新工程、健康保险发展深化工程、健康产业集聚发展工程、健康产业人才提升工程、健康产业营商环境优化工程、健康产业综合监管工程。其中，《纲要》在推进健康产业营商环境优化工程中明确指出，要"增加土地用房供给"。具体内容包括：规范协议出让供应健康产业发展用地，推动采用长期租赁、先租后让、租让结合、弹性年期出让等方式，增加医疗卫生用地供给；以出让方式供地的，土地价款可以按照合同约定分期缴纳。

《纲要》提出，要鼓励城市合理利用存量用地，探索转型开发、节余土地分割转让、政府收储等方式，盘活土地资源，建设健康产业所需用房。这也说明，在康养产业的用地结构中，除了增量土地外，康养产业用地未来将更注重存量土地的改造。

4. 指引型

第一，2019年4月《产业用地政策实施工作指引（2019年版）》。

《产业用地政策实施工作指引（2019年版）》形成由来：为了深入贯彻习近平新时代中国特色社会主义思想，认真落实习近平总书记在民营企业座谈会上的重要讲话精神及扩大开放的重要指示批示精神，保障各种所有制经济主体平等取得土地要素，有力促进高质量发展，根据土地管理法律法规规章及现行有效的规范性文件，梳理政策实施要点，编制形成《产业用地政策实施工作指引（2019年版）》，指导地方自然资源主管部门特别是市、县自然资源主管部门规范执行产业用地政策，同时供其他行业主管部门和用地者参考。并声明说2016版《产业用地政策实施工作指引》同时废止。

《产业用地政策实施工作指引（2019年版）》第三章第九条指出，依据《国务院办公厅关于进一步激发社会领域投资活力的意见》的规定，各地要将医疗、养老、教育、文化、体育等领域用地纳入国土空间规划和年度用地计划，农用地转用指标、新增用地指标分配要适当向上述领域倾斜，有序适度扩大用地供给。第三章第十条指出，各地制定国有建设用地供应计划，要根据国家对养老、教育、医疗、体育等公共服务设施建设的政策要求，合理确定并保障土地供应规模。依据《国务院关于促进外贸回稳向好的若干意见》的规定，中西部地区要加大加工贸易产业用地保障力度，优先纳入供地计划并优先供应。第三章第十二条指出，依据《国务院办公厅关于推进养老服务发展的意见》《国务院办公厅转发卫生计生委等部门关于推进医疗卫生与养老服务相结合指导意见的通知》，社区居家养老（医疗、体育、文化）服务设施应纳入土地供应条件的情形。第三章第十六条指出，产业用地可以采取长期租赁、先租后让、租让结合、弹性年期方式供应。以长期租赁方式使用土地的，应按照《规范国有土地租赁若干意见》的规定执行，租赁期限不得超过 20 年。以租让结合方式使用土地的，租赁部分单次签约时限不得超过 20 年，可以续签租赁合同。根据《关于扩大国有土地有偿使用范围的意见》的规定，对于能源、环境保护、保障性安居工程、养老、教育、文化、体育以及供水、燃气供应、供热设施等项目，除了可以通过划拨方式供应土地外，还鼓励采用出让或租赁的方式供应土地。此外，支持市、县级政府将国有建设用地使用权作为出资或入股的方式提供土地，与社会资本合作共同投资建设。这意味着政府正在寻求更加灵活和多样化的方式来供应土地，以满足不同项目的需求，并鼓励与社会资本的合作，共同推动相关项目的建设和发展。支持各地以土地使用权作价出资或者入股方式供应标准厂房、科技孵化器用地。同时，《国务院办公厅关于全面放开养老服务市场提升养老服务质量的若干意见》等规定，养老机构可依法依规使用农村集体建设用地发展养老服务设施。

《产业用地政策实施工作指引（2019 年版）》第四章第二十四条指出，落实产业用地政策时，对相关项目是否属于国家支持发展产业难以确认的，市、县自然资源主管部门应会商产业主管部门，对项目性质予以认定。第四章第二十六条指出，对于落实产业用地政策供应的宗地，相关规范性文件有限制改变用途、限制转让或分割转让等规定的，原则上应当将限制要求写入划拨决定书或有偿使用合同，在分割转让审批中予以落实。其中，对经批准的用地，相关规范性文件规定该类用地禁止改变用途、容积率等土地使用条件用于其他建设的，自然资源主管部门要予以严格监管。依据《国务院办公厅关于推进养老服务发展的意见》规定，探索允许营利性养老机构以有偿取得的土地、设施等资产进行抵押融资。依据《国务院办公厅关于进一步激发社会领域投资活力的意见》

规定，探索允许营利性的养老、教育等社会领域机构以有偿取得的土地、设施等财产进行抵押融资。

第二，2015 年 4 月 7 日《养老产业专项债券发行指引》。

为贯彻《国务院关于加快发展养老服务业的若干意见》精神，加大企业债券融资方式对养老产业的支持力度，引导和鼓励社会投入，国家发展改革委办公厅印发《养老产业专项债券发行指引》。其中第五条指出，要支持发债企业按照国土资源部《养老服务设施用地指导意见》有关规定，以出让或租赁建设用地使用权为债券设定抵押。

5. 国家法律层面

《中华人民共和国老年人权益保障法》第四十条规定，地方各级养老服务设施建设必须纳入到城乡规划和土地利用总体规划，公益性的则可依法使用国有划拨土地或者农民集体所有土地。并进一步规定养老服务设施用地，非经法定程序不得改变用途。

6. 土地使用类别的细分

根据《土地利用现状分类》（GB/T 21010—2007）的规定，土地规划为公共管理用地和公共服务用地中的医卫慈善用地时，可以为养老服务设施分配和规划用地。而在其他类型的用地上，只能作为配套的养老服务设施建筑，并需要按比例分摊土地面积。

2017 年 11 月《土地利用现状分类》（GB/T 21010—2017）颁布发行，将"084 医卫慈善用地"细分为"0805 医疗卫生用地"和"0806 社会福利用地"，体现了对"健康中国"设计思想的响应。

5.2　康养用地政策评述

康养用地政策的制定经历了顶层思路设计、国家层面以意见、通知、规划、纲要、指引的形式，同步在法律、土地使用类别方面进行辅助。其中《国务院关于加快发展养老服务业的若干意见》文件起到了重要的引领作用，诸如《养老服务设施用地指导意见》《关于加强养老服务设施规划建设工作的通知》《关于推进医疗卫生与养老服务相结合的指导意见》《养老产业专项债券发行指引》等文件均为贯彻《国务院关于加快发展养老服务业的若干意见》精神而制定。

从文件的发布机构来看，从国务院、国务院办公厅、自然资源部，到多部门共同发布。最典型的比如《促进健康产业高质量发展行动纲要（2019—2022 年）》由国家发展改革委等 21 个部门联合制定。

在康养用地政策的特点提炼上，目前已经有学者进行了梳理，比如刘挺（2018）归纳了四点。

第一，供应方式和供应主体多样。

国有用地在传统上只有划拨、出让、租赁等方式。康养用地政策却明确指出土地可以先租后让（参见《养老服务设施用地指导意见》《产业用地政策实施工作指引》），也可以由政府作价出资、入股（参见《关于扩大国有土地有偿使用范围的意见》）。

第二，土地出让不设置任何门槛。

比如以招标、拍卖或者挂牌方式供应养老服务设施用地时，不得设置要求竞买人具备相应资质、资格等影响公平公正竞争的限制条件。

第三，土地利用监管严格。

政策层面强调养老用地的公共属性，防止房地产化。规定了必须整体转让或转租，严格规定老年酒店类的商业用地不属于养老用地，而养老用地也不允许变成其他用地属性。养老用地内建设的老年公寓每套用房限定在 40 平方米以内。出租居住用房一次最长不得超过 5 年。

第四，鼓励利用存量土地和房产改造成养老机构，设置了诸多优惠条件（参见《关于支持整合改造闲置社会资源发展养老服务的通知》）。

国家层面的各项政策越来越翔实，在传统上有创新，尽量满足康养建设中的各项要求，出发的基调之一就是为从事康养建设提供更多的土地资源支持，减少费用成本支出。然而我们也发现若干问题并提出若干前瞻性的希冀。

第一，通过拍卖的方式会造成养老用地的价格成本激增好多倍，在给政府创收的同时，最终的成本要由消费者承担。目前我国养老院每月每人/床的费用动辄三四千，一线城市更高，这是还不算其他费用支出的情况下的价格，这对于大多数家庭的老人而言，仅靠自己的退休养老金是远远不够的，而若要子女承担一部分，势必又会加重子女的经济负担，国家放开二胎、三胎，企图扭转人口老龄化趋势的想法必然就成为空谈。这个道理和房地产开发一样，政府采取竞拍的方式，造成住宅性质的土地价格激增，最终都要传导到消费者身上，而导致后续一系列的社会民生问题。关于此，刘挺（2018）也通过实例指出了这一严峻的问题。他认为症结在于国家要求出让时不允许设置限制条件导致成交价格畸高，2014 年深圳竞拍的两宗用地溢价率竟然分别达到了 484% 和 600%，比当年深圳市商业用地成交的平均楼面单价还要高，由于养老产业当前盈利难度大，土地成本太高导致企业无法正常运营。最终，一家竞得者在 2015 年退还了竞得的土地。

如果任由拍卖方式的存在，会造成养老市场经营成本水涨船高，广大消费者面临高昂的养老费用，举步维艰，最终形成一连串的新的社会问题。应当取消这种方式，而是由政府连同资深的行业部门专家学者进行全方位的考察，采取"邀请＋申请＋合同"的制度，即政府选定后邀请，对方申请（或对方先申请，政府后考察邀请），最后双方签订合同的方式，保证运营能力强，平台起点高，人力设施资源优秀，富有经验的企业公司购买养老用地，在价格上要按照当地当年商业用地的一半执行，大幅降低选定企业公司的用地成本，并在合同规定将来各项业务的价格规范标准，提供给消费者物美价廉的服务项目。

第二，集体土地举办养老机构的政策不明确，对是否一定要为非营利性质的表述有些模糊，若集体土地只能用于非营利性养老项目，农村集体经济组织将缺乏联营的动力，不利于养老产业发展和土地盘活。

第三，还有一个问题在历年政策中没有顾及。在若干通知、意见中要求在居住区或社区要按相关规定在公共服务设施中保障医疗卫生、文化体育、社区服务等健康服务业相关设施的配套，但却没有意识到这些体育设施用地的位置，提供给居民健身娱乐消遣的用地不应当紧邻住宅区，应当防范噪声扰民的恶劣事件，不应以牺牲他人的健康来换取另外一些人的健康，应当避免养老与上班族的矛盾，既要敬老养老，也要老而有尊有爱，前者是中华传统美德，后者是作为老者的不可推卸的义务所在。今后的养老用地规划政策中，应考虑到场地设施与住宅区的距离问题，应当专项治理广场舞扰民痼疾，通过规范法律法规以限定广场舞专区，规定人数、使用蓝牙耳机、时间时长，并同时增大惩处力度，建立黑名单制，在日常消费、旅游、医疗、养老等方面进行限制性惩处，并公布于网络平台。

第四，应当将康养人才培养所用的楼房、设施建设用地纳入养老用地的政策中，大幅降低相关费用，以降低最终消费者成本的支出。

5.3　本章小结

康养用地政策的出台和落实是其他康养政策理念实施的基础，正所谓有地才好办事，康养医养、文旅、体育等各个产业的发展都离不开土地资源的保证，因此在某种意义上而言，康养土地政策是我国进行"健康中国"的最为重要的基础和前提条件，只有理清康养土地政策的精神和贯彻落实，才能真正带动康养产业结构的转化与发展，进而推动医疗、养老、养生、文化、旅游、体育等多业态深度的融合发展。

康养用地政策附于国家地方各个有关康养政策的纲领、意见、通知等中，本章将其抽选出来，方便人们结合文件内容内涵进行深度的学习和把握，更好地服务于康养产业的发展与创新。

第6章　康养产业人才政策

　　康养产业为社会提供康养产品和服务的各相关产业部门组成的业态总和。其人才分为三大类型，第一类为教育研发类，主要指高层次人才，从事康养产业研究、医养结合教学培训等活动；第二类为生产经营类，主要指从事康养产品生产、服务和经营领域的人才，其主体为康养机构的各级经营管理人才；第三类为服务应用类，主要指在基层为老年人提供健康、保健、医疗、康复、护理等服务的从业人员。主体为一线的康养护理员主要聚焦第三类人才。党的二十大报告指出，科技是第一生产力、人才是第一资源、创新是第一动力，提出"实施积极应对人口老龄化国家战略，发展养老事业和养老产业，优化孤寡老人服务，推动实现全体老年人享有基本养老服务"，康养产业迎来机遇期。人口老龄化是21世纪世界面临的严峻挑战。民政部网站数据显示，截至2022年底，全国60周岁及以上老年人超过2.8亿，占全国总人口19.8%，其中65周岁及以上老年人达2.1亿，占全国总人口14.9%，人口老龄化形势严峻。全国有各类养老机构和设施38.1万个，其中养老机构4万个、社区养老服务机构和设施34.1万个，床位822.3万张。这些为基本养老服务体系建设奠定了坚实基础。同时，基本养老服务依然是新时代养老服务工作的短板弱项，发展不平衡不充分问题仍然突出，与党中央、国务院部署要求和人民群众的期待还存在一定差距。作为支撑老年人幸福晚年的重要力量，养老护理人才肩负着我国养老服务高质量发展的重要使命。与老年人日益增长的多元化、专业化养老需求相比，我国养老服务人才队伍尤其是高素质专业人才队伍仍存在数量短缺、专业能力不强、社会地位偏低、流失率较高等问题，这成为制约养老服务高质量发展的关键因素，亟待在"十四五"期间破题。同时，家政服务中高端的家政服务员等亦供给不足，所以培养一支规模宏大、结构合理、技能高超、素质优良、服务优质的康养服务技能人才队伍势在必行。

2020 年 9 月，人社部、民政部、财政部、商务部、全国妇联联合发布了《关于实施康养职业技能培训计划的通知》，对从事康养服务的各类人员开展养老护理、健康照护、家政服务、婴幼儿照护等康养服务人才进行培养培训。民政部等 4 部门联合印发《关于实施康养职业技能培训计划的通知》，将养老护理员纳入补贴性技能培训范围，面向所有有意愿从事养老服务的人员开展培训，研究制定养老护理员培训包，提升培训的科学性、系统性和实用性，确定到 2022 年底前完成 200 万名养老护理员的发展目标。

6.1　研究背景及问题的提出

2022 年国家卫生健康委印发《"十四五"卫生健康人才发展规划》中强调，要建设生命健康人才高地，培养造就一批创新型高层次人才。要加强应对人口老龄化人才队伍建设，到 2025 年培训医养结合机构卫生技术人员不低于 10 万人；培养和培训托育服务专业人才不低于 100 万人。在 2020 年至 2022 年，培养培训各类康养服务人员 500 万人次以上，并在全国建成 10 个以上国家级（康养）高技能人才培训基地，加强职业标准、培训师资和教材建设，不断提升康养培训基础能力等。北京、江苏、四川、广州等地，纷纷出台当地的康养职业技能培训计划。

6.1.1　构建"学历教育＋非学历教育＋继续教育＋实习实训"四位一体人才培养模式

《养老护理员国家职业技能标准（2019 年版）》将从业人员的普通受

教育程度由初中毕业调整为无学历要求，放宽了养老护理员入职条件。为进一步降低养老服务行业的准入标准，拓宽其参与渠道，引导物业、医疗、家政等行业的从业人员参与养老服务体系，加快建设专职、兼职和志愿者相结合的养老服务人才队伍。构建"学历教育＋非学历教育＋继续教育＋实习实训"四位一体人才培养模式。鼓励各地依据地方特色建立高校和职业（技工）院校设置康养相关专业和课程，引导其加强康养相关专业建设，加快培养老年医学、康复、护理、营养、心理和社会工作等方面专门人才。支持开展康养产业校企合作、产教融合。鼓励康养行业标杆性企业与高校共建康养微专业定向班，参与康养专业标准化培训课程体系的开发。支持国有企业举办的康养职业教育培训机构申办教育许可证，支持高新区探索成立康养产业学院。

6.1.2　加强康养人才培养

近年来，党中央、国务院高度重视养老护理人才队伍发展，积极探索职业本科教育、高职扩招、"1＋X"证书制度试点等举措，为养老护理人才队伍高质量发展释放了新红利、指明了新方向、打开了新空间。《"十四五"国家老龄事业发展和养老服务体系规划》将养老服务人才队伍扩容列入专栏，提出积极增设养老服务相关本科专业，动态调整养老服务领域职业教育专业目录，扩大养老服务技术技能人才培养规模。积极鼓励职业（技工）院校、社会培训机构和康养机构建立康养服务实训基地以及对从业人员进行技能培训。将老年医学、康复、护理、健康管理、医养照护与管理等专业纳入医疗卫生与养老服务紧缺人才培养目录。将老年医院、综合性医院老年医学科、医养结合等机构的老龄健康服务相关的医生和护士纳入卫生健康紧缺人才培训计划，常态化组织开展专业人员培训。根据教育部公布 2021 年度普通高等学校本科专业备案和审批结果，沈阳医学院等 8 所院校新增备案养老服务管理本科专业，我国开设养老相关本科专业的院校达到 200 余个，养老护理紧缺人才培养进入了"快车道"。如设立苏州康养健康养老服务人员培训基地，支持吴江区江陵街道等地养老护理人才实训基地建设和姑苏区与上海国药康养合作的"养老服务能力建设基地"建设。

6.1.3　落实人才补贴政策

《中共中央　国务院关于加强新时代老龄工作的意见》提出，用人单位要切实保障养老服务人员工资待遇，建立基于岗位价值、能力素质、业绩贡献的工资分配机制，提升养老服务岗位吸引力。筑得好巢穴，引来金凤凰。各地将国家相关政策具体化、数字化，相继建立养老护理人才入职补贴和岗位津贴制度，逐步建立依据职业技能等级和工作年限确定工资待遇的制度，落实在职在岗养老服务人员享受相应的持证奖励、特岗补贴、入职补贴等政策待遇，增强养老护理员的职业认同感和荣誉感。建立相对合理的养老护理员职务晋升机制，探索建立养老服务职业经理人人才库。将健康照护师、养老护理员等康养服务相关职业（工种）纳入急需紧缺职业（工种）目录，按规定落实好职业技能培训相关补贴政策。大力推进养老护理员等康养类职业（工种）、职业技能等级社会化认定工作，满足康养行业技能人才培养评价需求，使养老护理员的职业吸引力正在不断增强。浙江省养老服务专业人员中职毕业奖补 3 万元，中专（高职）奖补 4 万元，本科及以上奖补 5 万元；北京市为本科及以上养老服务人才给予一次性入职补贴 6 万元，专科（高职）5 万元，中职 4 万元，符合规定的人员，按月享受护理岗位奖励津贴。据民政部不完全统计，截至 2021 年年底，建立养老护理员省级补贴、省级岗位补贴制度的省（市）达到 10 余个；建立市级入职补贴、岗位补贴制度的城市达 30 余个。

6.1.4　完善养老服务从业人员激励机制

党的二十大报告指出，人才是第一资源，要把技能人才作为第一资源来对待，特别是要将高技能人才纳入高层次人才进行统一部署。例如，上海市杨浦区在全国率先将养老护理员作为重点人才引进落户。2021 年 7 月，《杨浦区养老服务护理行业拔尖技能人才扶持激励办法（试行）》及《关于提升本区养老服务护理人才队伍整体水平的实施意见（试行）》正式实施，分别从"激励拔尖"及"抬高底部"两方面发力，为养老人才队伍工作打开了一个突破口。户口的落实就是其中一个举措。据政策要求，杨浦养老机构引进的养老护理人才如满足获得省部级及以上政府表彰，或获得中华技能大奖、全国技术能手称号、国务院特殊津贴、世界技能大赛奖项等荣誉，亦或所在养老机构纳入本市人才落户政策重点扶持支持名单的，即可通过"一网通办"系统，提出户口申办。此外，如获得特定职业技能竞赛奖项，为区域养老事业作出突出贡献的，亦可在满足一系列条件后纳入区自主审批户口落沪范围。江苏省还鼓励有条件的地方设立"养老护理员节""养老护理员关爱基金"，按规定组织开展"最美养老护理员""优秀养老护理员"等选树活动，通过精神激励的方法，不断提升养老服务人员的职业荣誉感和社会认同感。

6.2 康养人才培养政策摘编

如何让国内康养专业人才与康养产业高质量发展同频共振，各地多措并举，走出了一条培养高素质康养技能人才的新路。

6.2.1 北京

2020 年，北京市民政局、市财政局联合发布关于做好《北京市养老服务人才培养培训实施办法》贯彻落实工作的通知，要求切实做好护理岗位奖励津贴发放与养老服务人才培训工作，重点工作包括落实护理岗位奖励津贴发放，开展养老服务人才培训，遴选区级养老服务人才培训基地，做好毕业生入职奖励数据归集。根据《北京市养老服务人才培养培训实施办法》，2021 年起，北京市养老服务行业首次将岗位补贴与护理员职业技能等级挂钩，专职从事养老护理服务且取得相关资质的养老护理员将享受每人每月 500 元至 1500 元的岗位奖励津贴。养老护理奖励津贴共设五个等级，五级/初级工、四级/中级工、三级/高级工、二级/技师、一级/高级技师，分别给予每人每月 500 元、800 元、1000 元、1200 元、1500 元的岗位奖励津贴，直接发放给养老护理员本人。2021 年，北京市民政局等三部门关于印发《北京市养老护理员职业技能培训实施方案》的通知，首先适当放宽培训对象范围，即凡在本市养老服务机构从事养老护理服务工作的本市城乡劳动者和外省市来京务工人员，均由养老服务机构统一组织参加养老护理员职业技能培训。将确有就业能力和培训需求，且未按月领取城镇职工基本养老金的人员纳入政策范围，参加职业技能培训的养老护理员不受地域、户籍、年龄、缴纳社保等条件限制。扩展充实培训内容，养老护理员职业技能培训内容在原有基础上，将应急管理知识、消防安全、传染病防控、智慧助老等内容纳入必选培训课程。

6.2.2　上海

2021 年，上海市发布《上海市养老服务发展"十四五"规划》，提出到 2025 年，"符合超大城市特点的养老服务制度成熟定型，高水平的养老服务发展体系不断健全，高品质的养老服务产品充分发展，高质量的养老行业管理全面覆盖，多层次的养老服务供给梯度更加合理"的总体目标。并提出以下十大主要任务，即：健全基本养老服务制度，提供普惠均等的养老服务；优化养老服务供给，推动居家社区机构协调发展；发展农村养老服务，促进城乡养老协调发展；落实健康上海行动，促进医养康养有机结合；聚焦失能失智长者，健全长期照护保障体系；推进人力资源开发，强化养老服务队伍建设；推动养老服务领域数字化转型，提高养老服务品质；激发市场主体活力，促进养老产业加快发展；着眼行业规范发展，完善养老服务综合监管；合理布局养老服务设施，塑造区域空间新格局。在养老服务人才队伍建设方面提出以下具体的发展规划。

1. 扩大养老服务从业人员规模

完善养老护理员稳岗措施，吸引年轻人进入养老服务行业，探索建立与中西部地区劳动力市场对接机制，扩大护理员供给，全市具有职业资格证书或技能等级证书的护理员占比达到80%。建立全市统一的养老护理员信息管理系统，促进养老护理员队伍管理。从老年人照护实际需求出发，研究养老机构医护人员的针对性培养机制。发展老年社会工作，到2025年，每个养老机构、每个街镇养老综合体各至少配备1名社会工作者。

2. 健全养老服务从业人员教育培训体系

加大教育培养力度，鼓励有条件的院校开设老年服务与管理类专业，逐步扩大招生培养规模。深化产教融合、推进校企合作，加强在校生专业能力和职业素养培养。依托各类院校和社会培训机构广泛开展养老护理职业技能培训，鼓励开展养老护理员上岗、转岗、技能提升等各类针对性培训。支持用人单位开展"企校双制、工学一体"的企业新型学徒制培养。建立健全继续教育制度，加强对养老服务机构负责人、管理人员的岗前培训及定期培训。支持建设一批养老服务领域实训型赋能基地，为养老服务人才培养培训提供支撑。

3. 完善养老服务从业人员激励褒扬机制

落实和完善符合条件的养老服务机构吸纳就业及就业见习基地等扶持措施，以及市区两级养老护理职业技能培训等补贴政策。引导建立养老护理员薪酬等级体系，推动建立养老护理员工资集体协商、市场工资价位发布等机制，引导用人单位合理确定护理员工资水平。开展养老护理职业技能大赛以及各类人才资助、宣传等活动，对优秀护理员从待遇改善等方面给予激励，根据国家和本市规定予以表彰，提高养老护理员职业荣誉感和社会认同度。"十四五"时期养老服务人才队伍 2025 年具体目标值：养老护理员技能等级持证率达到 80%；养老服务机构负责人继续教育覆盖率达到 100%；每个养老机构、每个街镇养老综合体各配备 1 名社会工作者，培育 1 万名养老顾问员，为老年人提供解释相关政策、介绍养老服务资源、推荐合适的养老服务项目等便民服务。

6.2.3　四川

四川省对康养产业的发展提供政策上的强大支持，成立了四川省康养所以发展基金会。《四川省医疗卫生与养老服务相结合发展规划（2018—2025 年)》明确提出建立健康养老服务体系，使老年医疗卫生服务网络更加完善。到 2025 年，培养养老从业人员 60 万人次，养老护理员岗前培训率达到 95% 以上。全省 100 张以上床位的养老机构，除与医疗机构整合设置的，均内设医疗机构；长期护理保险制度覆盖 50% 失能、半失能老人。医养结合产业增加值达到 3200 亿元。依据《关于加快养老服务业创新发展的实施意见》对新建并依法设立许可的社会化养老机构，属营利性的每张床位给予 10000 元，非营利性的每张床位给予 12000 元的一次性建设补贴。对利用企业厂房、闲置学校、医疗卫生机构、商业设施等场所依法设立的养老机构，属营利性的每张床位给予 5000 元，属非营利性的每张床位给予 6000 元的一次性建设补贴。纳入区域性养老服务中心试点范围的敬老院，市级财政给予每张床位 5000 元的一次性建设补贴。近年来，四川省巴中市恩阳区还大力开展定向式、订单式养老护理员技能培训，既缓解了养老机构人才紧缺，又促进城乡劳动者就业。

四川省攀枝花市人民政府办公室出台的《攀枝花市养老服务人才队伍建设试点实施方案》（以下简称《方案》）中，提出建立养老服务就业和岗位补贴制度。2018 年起，对入职本市经民政部门许可的养老机构，从事康复护理等养老服务一线工作（非管理岗）并与所在单位签订 5 年及以上劳动合同的护理员，凭所持有的本科、大专、中专等经国家教育部门承认的相关学历证书，入职满 3 年后，由用人单位代为申请就业补贴。补贴标准为：中专学历 2000 元/人，大专学历 3000 元/人，本科及以上学历 5000 元/人，1 年内足额补贴到位。非全日制毕业生按照全日制毕业生补贴金额的 70% 给予补贴。对入职本市经民政部门许可的养老机构一线养老护理岗（非管理岗），连续工作满三年（仍在职）的养老护理员一次性给予艰苦岗位补贴 3000 元，连续工作满五年（仍在职）的养老护理员一次性给予艰苦岗位补贴 5000 元，连续工作满十年（仍在职）的养老护理员一次性给予艰苦岗位补贴 20000 元，连续工作满十五年及以上（仍在职）的养老护理员一次性给予艰苦岗位补贴 40000 元。以上两项补贴需按规定申请福利彩票公益金资助。《方案》还提出了建立养老服务人才培训教育机制。2018 年起，由市民政局定期通过委托有资质的培训机构为在册的养老护理员提供免费技能提升培训。为契合国家实施健康中国战略，服务于攀枝花打造阳光康养产业的发展定位，2016 年 12 月攀枝花率先挂牌成立了全国第一所以康养为特色的学院——攀枝花学院康养学院，努力抢占康养产业发展高地，为康养人才标准化培养建立了快车道。

康养学院基于攀枝花卫生学校 50 余年护理办学经验传承的基础上，专业设置以医学护理为背景，现有护理学、健康服务与管理、助产、康复治疗技术、老年服务与管理、中医康复技术等专业。学院拓展产教融合路径，积极服务地方经济发展。依托"攀枝花康养职业技能实训基地"，学院已经与市民政部门、人社部门等部门联合，坚持每年对社会组织开展养老服务从业人员的规范化、标准化培训，并牵头成功举办了省、市级康养相关技能大赛，赢得了良好的社会评价。注重"康养＋"专业特色培育，逐步将康养的人才培养模式拓展到对全生命周期的养护，成功申报并开展了老年照护、母婴护理、运动营养与咨询、产后恢复等项"1＋X"证书试点工作，成功获批养老护理员、家政服务员、健康管理师、育婴师 4 个职业技能等级认定第三方评价机构。学院致力于为蓬勃发展的康养产业提供人才支持和智力保证，建设高水平康养人才培养基地。

6.2.4　吉林

依据《长春市人民政府办公厅关于全面放开养老服务市场提升养老服务质量的实施意见》对依法登记注册、符合条件的养老机构收住本市户籍老人，按照每人每月 260 元标准给予综合运营补贴（2014 年 8 月 18日以后取得设立许可的符合原一次性建设补贴条件的养老机构设立政策过渡期，过渡期内按照原每人每月 100、150、200 元的运营补贴标准执行，2022 年起执行新综合运营补贴标准）。对提供相同服务的营利性养老机构应享受与非营利性养老机构同等补贴政策。以上所需资金由市区财政各承担 50%。

6.2.5　辽宁

将营利性养老机构纳入补贴范围。根据沈阳市将采取多项措施，鼓励社会力量兴办养老机构，进一步完善养老服务体系，其中之一是扩大养老服务补贴的范围。过去，沈阳只对非营利性养老机构给予补贴，从2019 年起，全市营利性养老机构与非营利性养老机构享受同等补贴政策，不问出身，只要是市场主体就享受待遇，鼓励更多的社会力量进入养老服务领域。同时提高社区居家养老服务设施的建设补贴标准，新增运营补贴和连锁补贴。区域性居家养老服务中心建设补贴由每个 50 万元，调整为按装修改造和设备购置费总额的 50%～80% 予以补助，最高补贴 60万～100 万元；社区养老服务站建设补贴由每个 10 万元，调整到每个10 万～30 万元。根据星级评定结果，给予区域性居家养老服务中心每年5 万～13 万元不等的运营补贴。2018 年，沈阳市可支配的彩票公益金用于养老方面占公益金支出的比重为 54.8%，2019 年拟进一步提高福彩公益金用于养老服务的比例，预算计划增加 3200 万元。

6.2.6 河北

依据《石家庄市市级养老服务体系建设补助资金管理办法》对新建或者通过自有房屋改建的非营利性养老机构，给予每张床位 4000 元一次性建设补贴（租赁房产期限不少于 10 年）。对社会力量通过租赁房产开办非营利性养老机构，给予每张床位 1500 元的一次性建设补贴（期限不少于 5 年）。对持续运营的社会办非营利性养老机构及工商注册的营利性养老机构，按照实际收入老人的数量，给予养老机构运营补贴。补贴标准为自理老人每人每月 100 元，半失能、失能老人每人每月 200 元。

6.2.7 内蒙古

呼和浩特市出台的《呼和浩特市支持居家和社区养老服务发展若干措施》包括以下内容。

1. 床位运营补贴和护理补贴

社会办社区嵌入式养老机构床位运营补贴，按照《养老机构等级划分与评定》（GB/T 37276—2018）评定一级、二级、三级、四级、五级标准分别给予每人每月 100 元、150 元、200 元、250 元、300 元标准补贴。收住本市户籍中度、重度失能失智老人，再分别给予每人每月 200 元、300 元的护理补贴。

2. 开展家庭护理型养老床位补贴

对本市户籍中度、重度失能失智老人上门开展家庭护理型养老床位服务的养老机构、居家和社区养老综合服务中心，享受家庭护理型养老床位综合运营补贴，基准运营补贴分别按每人每月 150 元、200 元的标准发放，二级、三级、四级、五级养老机构运营补贴分别享受基准补贴的 0.9 倍、1 倍、1.1 倍、1.2 倍，即：（1）机构（中心）被评定为二级养老机构，服务中度失能失智享受每人每月 135 元运营补贴；服务重度失能失智享受每人每月 180 元运营补贴。（2）机构（中心）被评定为三级养老机构，服务中度失能失智享受每人每月 150 元运营补贴；服务重度失能失智享受每人每月 200 元运营补贴。

3. 实行助餐补贴

面向本市户籍 60 周岁以上的城乡特困人员、重度失能失智、中度失能失智、失独、空巢（留守）、低保及低保边缘、百岁等老年人给予助餐补贴，每天补助两餐，早餐补助 2 元、午餐补助 4 元。助餐补贴是就餐时可以得到补贴，不是对符合条件的人每天发放助餐补贴。

4. 对提供优质服务企业进行表彰奖励

通过政府购买服务由第三方社会组织每年对提供居家和社区养老服务的机构、社会组织进行评估。对被评估服务质量达到 4A 级以上的居家和社区养老机构、社会组织，根据服务质量和数量给予 3 万~10 万元的奖励。

6.2.8　山西

依据《太原市民办养老机构建设与运营补助资金管理暂行办法》对社会资本投资建设并形成产权的非营利性养老机构，按照每张床位 9000 元的标准给予一次性建设补助；对社会资本投资建设未形成产权的非营利性养老机构，按照每张床位 5000 元的标准给予一次性建设补助。建设补助额度最高不超过其登记注册资金的 30%。对社会资本投资建设的非营利性养老机构，根据其收住老年人的实际运行床位，按自理、半自理、不能自理老人每月每张床位分别补助 100 元、150 元、200 元。对社会资本投资建设并形成产权的营利性养老机构，按照每张床位 4500 元的标准给予一次性建设补助；对社会资本投资建设未形成产权的营利性养老机构，按照每张床位 2500 元的标准给予一次性建设补助。

6.2.9 河南

河南省围绕养老服务人才培养、引进、评价、待遇、使用等环节，加大激励力度，促进护理人员工资合理增长，落实入职补贴、培训补贴、定向培养、工龄补贴、子女就学、住房保障等方面的待遇。依据《郑州市资助民办养老机构实施办法》对在郑州市行政区域内，由企事业单位、社会组织、个人或其他社会力量投资兴办，依法取得《社会福利机构设置批准证书》和《民办非企业单位登记证书》的养老机构。对市区内养老机构自建房屋新增床位数，按每张床位 3000 元标准补贴（按照核定的床位数，每张床位每年补贴 1000 元，三年内完成建设补贴的支付）；改建房屋新增床位按每张床位 2000 元标准补贴（按照核定的新增床位数，每张床位每年补贴 400 元，五年内完成建设补贴的支付）。市属县（市）建设补贴按以上标准，由市、县（市）财政各承担 50%。郑州市财政按照养老机构收住具有本市户籍、年满 60 周岁及以上老人数量，给予养老机构 150 元/（床/月）的床位运营补贴。各县（市、区）财政按照不低于50 元/（床/月）标准对所属地养老机构配套补贴。

6.2.10 山东

山东省强化在职人才培训，鼓励培养养老顾问、养老职业经理、养老护理员师资、老年人能力评估师等各类涉老人才，2022 年年底，培养养老护理员 20 万名。济南市市民政局、市财政局制定下发《济南市加快发展养老服务业市级专项资金资助项目实施方案》（以下简称《方案》），充分引导、激励社会各界参与社会养老服务体系建设。《方案》指出，专项资金资助标准包括 7 个方面。居家养老方面，对孤寡老人、失能和半失能困难老年人，80 周岁以上空巢低收入老年人，实行政府购买养老服务。养老机构方面，在省级财政资助基础上，对依托医疗机构改建、租赁房屋和征地立项建设的养老机构，分别每张床位资助 1000 元、3000 元和 4000 元；从 2014 年起，对入住养老机构的老年人，按自理、半自理和完全不能自理老年人分别按每人每年 360 元、600 元和 720 元的标准发放运营补助。县（市、区）失能半失能老年人养护院建设方面，每处给予 100 万元的资金扶持，县（市、区）按 1∶1 比例配套资金支持。城市街道综合性养老服务设施建设方面，每处给予 20 万元的资金扶持，县（市、区）级按 1∶1 比例配套资金支持。城市社区老年人日间照料中心建设方面，建筑面积达到部级标准，在享受省级补贴（按一、二、三类分别资助 25 万元、20 万元、15 万元）的基础上，市级按照 1∶1 比例配套相应补贴资金；建筑面积达到市级标准，每处补贴 7 万至 10 万元，建成投入运营后，每年运营补贴 3 万元，县（市、区）按 1∶1 比例配套运营补贴资金。农村幸福院建设方面，在省、部级每处资助 6 万元的基础上，市级给予 3 万元资金资助，建成投入运营后，每年运营补贴 1 万元，县（市、区）级按 1∶1 比例配套运营补贴资金。在养老护理员培训方面，市级负责中级护理员培训工作，对参加培训人员每人补贴 2000 元。

6.2.11　安徽

安徽省为促进康养服务，出台了《安徽省人民政府关于加快发展养老服务业的实施意见》《安徽省构建多层次养老服务体系（2018—2020 年）行动计划》《安徽省人民政府关于 2018 年实施 33 项民生工程的通知》等一系列文件。合肥市依据省文件和《合肥市构建多层次养老服务体系（2018—2020 年）行动计划》《合肥市人民政府关于 2019 年实施 31

项民生工程的通知》等，推进养老服务体系建设，创新发展智慧养老，制定《合肥市社会养老服务体系和养老智慧化建设实施办法（征求意见稿)》，指出给予农村养老服务一次性建设补贴。符合条件的县乡镇养老服务指导中心、村级养老服务站，给予 20 万元一次性建设补贴，所需资金由市、县（市）区（开发区）财政按 1∶1 比例分担。县（市）区（开发区）可在此基础上适当提高补贴标准。各个县（市）区和开发区的民政部门有责任组织并实施对乡镇养老服务指导中心和村级养老服务站的运营情况进行第三方评估。这意味着，这些部门需要确保这些养老服务中心和服务站的运营质量和效率，通过第三方的独立评估来保证服务的标准和质量，确保老年人得到适当和高质量的养老服务。运营正常的每年给予 2 万元运营补贴，所需资金由市、县（市）区（开发区）财政按 1∶1 比例分担，县（市）区、开发区可在此基础上适当提高补贴标准。对符合条件的社会办养老机构，按照实际新增床位数给予一次性建设补助（一次性建设补助不包括公办养老机构、公建民营养老机构、公办养老机构改革改制后成立的法人机构、老年医疗机构、老年住宅、老年社区等）。床位数 300 张以下的新建社会办养老机构，正常运营 1 年后，按每张床位 2000 元给予一次性建设补贴；床位数 300 张及以上的新建社会办养老机构，正常运营 1 年后，按每张床位 5000 元给予一次性建设补贴；社会办养老机构新增床位参照执行。所需资金由市级财政承担。社会办养老机构（不包括公办养老机构、老年医疗机构、老年住宅、老年社区等）正常运营第 2 年起，由市民政部门组织实施第三方评估，按实际入住自理型老年人数给予每张床位每年 2400 元运营补贴，为失能失智老年人服务的，给予每张床位每年 3600 元～7200 元运营补贴，所需资金由市级财政承担。

6.2.12 浙江

浙江省开展医养康养联合行动，促使所有护理员都具备基本的康复和急救知识，高级护理员掌握康复和急救技能，同时，开展优秀护理员转型提升为康复护士培养计划，预计 2025 年前培养约 100 人。依据《杭州市民政局　杭州市财政局关于做好养老机构市级财政资金补助工作的通知》对取得《养老机构设立许可证》并依法登记的社会办养老机构集中护养型床位给予建设补助。对上城区、下城区、江干区、拱墅区、西湖区、杭州高新开发区（滨江区）、杭州经济开发区、杭州西湖风景名胜区（以下简称主城区）用房自建的社会办非营利性养老机构的补助标准为每张床位 6000 元，租赁用房的社会办非营利性养老机构的补助标准为每张床位 4000 元，各主城区政府（管委会）按不低于市财政的补助标准给予配套补助；对萧山区、余杭区及五县（市）用房自建的社会办非营利性养老机构的补助标准为每张床位 3000 元，租赁用房的社会办非营利性养老机构的补助标准为每张床位 2500 元，萧山区、余杭区及五县（市）政府按不低于市财政的补助标准给予补助。社会办营利性养老机构按社会办非营利性养老机构补助金额的 80% 予以补助。

6.2.13　湖南

依据《长沙市养老机构财政扶持资金管理实施细则》对 2015 年 1 月 1 日以后新建或扩建的社会办养老机构的新增床位，按每张床位一次性给予 10000 元的建设补贴；对 2015 年 1 月 1 日以后改建的养老机构，按每张床位给予 5000 元的建设补贴。运营补贴标准是，公办民营和社会办养老机构收住本市户籍社会寄养老人，运营补贴按实际入住老人数每床每月补助 160 元。社会办养老机构经批准收住"三无""五保"老人的，区县（市）财政部门按公办养老机构标准全额补贴的基础上，上浮 10%。市级财政分别给予 AAAA、AAA 级城市社区居家养老服务中心（原一、二类日间照料中心）10 万、8 万元的一次性建设补贴，每年 5 万、4 万元的运营补贴；分别给予 AA、A 级城市社区居家养老服务中心（原一、二类居家养老服务中心）每年 3 万、2 万元的运营补贴。区、县（市）级补贴标准应不低于市级。

6.2.14　广东

《广州市民政局　广州市财政局关于印发广州市民办养老机构资助办法的通知》对依法取得《养老机构设立许可证》的机构单位进行护理补贴。对公益性养老机构：收住重度失能老年人（一级护理）的，每人每月补贴500元；收住轻度、中度失能老年人（二级护理）的，每人每月补贴300元；收住能力完好老年人（三级护理）的，每人每月补贴200元。对经营性养老机构：收住重度失能老年人（一级护理）的，每人每月补贴300元，收住轻度、中度失能老年人（二级护理）的，每人每月补贴200元；收住能力完好老年人（三级护理）的，每人每月补贴100元。拥有房屋自有产权的新增床位每张床位补贴15000元，租赁场地的新增床位每张床位补贴10000元，予以一次性支付。医养结合补贴：医养结合机构已实际收住服务对象，并具备医保定点资格的，按照20万元的标准给予一次性补贴；未具备医保定点资格的，按照15万元的标准给予一次性补贴。未具备医保定点资格且已享受相关资助的医养结合机构，取得医保定点资格后，按照5万元的补差标准给予一次性补贴。等级评定补贴：根据《广东省养老机构质量评价技术规范》，被评定为三星级以上等级，且在评定有效期内的养老机构，可享受等级评定补贴。五星级养老机构按照20万元的标准给予一次性补贴，四星级养老机构按照10万元的标准给予一次性补贴，三星级养老机构按照5万元的标准给予一次性补贴。评定为国家级养老机构的，比照前款规定标准的2倍进行补贴。机构延伸服务补贴：各区民政局、财政局应当根据《广州市社区居家养老服务管理办法》规定的有关程序，评估纳入政府购买服务范围的养老延伸服务项目，综合考虑服务项目专业程度、服务人次、服务质量、服务成本等因素给予延伸服务补贴。

广东省深圳市以开展中央财政支持居家和社区养老服务改革试点为

契机，按照"政校行企四方联动、产学研用立体推进"的双元制人才培养模式，通过"学历教育＋社会培训"，在人才入口上扩大来源，在人才存量上提升能力，在行业发展上增强吸引力，逐步走出了一条"慈善助力、校企合作、行业共建、以赛促教"的产学研一体化人才培养道路，为构建高水平养老服务体系、实现"老有颐养"提供了人才支撑。

6.2.15　黑龙江

黑龙江省持续开展养老服务人才培训提升行动，大规模培训养老院院长、养老护理员、老年社会工作者，计划到 2023 年，培养培训养老护理员 6.4 万人次以上。依据《哈尔滨市人民政府办公厅关于全面推进养老服务发展的实施意见》，完善养老机构补贴政策。建立科学、合理、高效的养老机构运营补贴机制，由"补砖头""补床头"向"补人头"转变，修订《哈尔滨市资助民办养老机构补助资金使用指导意见》，对在哈依法登记注册备案的非营利性、仅收住低保和低保边缘家庭经济困难的老年人的营利性、公建民营养老机构，通过养老机构等级评定为一级以上，且在评定有效期内的养老机构，按入住满一个月的老年人实际占用床位数（入住满 15 天不满一个月的按半个月标准计发补助；不满 15 天不计发补助），分别给予一至五级养老机构每床每月 100～500 元的补助，其中省级承担 50%、市本级养老机构补贴资金由市福彩公益金承担 50%、县（市）养老机构补贴资金由本级财政承担 50%。实行特殊困难老年人补贴。对经评估符合条件的城乡"三低"家庭中的失能、半失能老人给予每人每月 50～150 元不等的护理补贴。为"三低"家庭中的独居、空巢及失能半失能老人提供每人每月 200 元标准的政府购买居家养老服务。"三低"家庭中的老人入住民办养老机构，给予养老机构每人每月 100～200 元不等标准的资金补助，继续推行高龄津贴和老年人意外伤害险补贴制度。对特殊困难老年人补贴，要适时扩大范围、提高标准。

6.3 本 章 小 结

　　老龄化社会压力、亚健康、慢病与压力等和经济增长下对高品质生活、医疗康复、健康活力的核心诉求之间的矛盾催生医疗旅游、养老服务等康养业态，折射出巨大的康养服务人员缺口，事关国家发展和民生福祉。党的二十大明确指出人才是第一资源，没有人才就没有高质量发展。为打造一支规模宏大、结构合理、素质优良、技能高超、服务优质的康养服务技能人才队伍，应该进一步加大康养人才扶持力度，实行教育、培训、用人并重一体化推进，社会培养与企业自主培育相结合。康养人才培养主要是构建"学历教育＋非学历教育＋继续教育＋实习实训"四位一体人才培养模式、加强康养人才培训和落实人才补贴。国内各个地区也制定相应的康养人才培养政策，本章综述了 15 个省份不同的康养人才培养政策，体现出我国康养专业人才与康养产业高质量发展同频共振，多措并举，走出了一条培养高素质康养技能人才的新路，值得相互借鉴。

第7章 医养融合政策

7.1 人口老龄化、康养与医养融合概述

7.1.1 人口老龄化问题

人口老龄化将成为贯穿我国 21 世纪的基本国情。截至 2019 年末，我国 65 岁以上人口数量达到 1.76 亿，占总人口的比重为 12.6%，据《世界人口展望 2019》预测，我国 65 岁以上老年人口数量将于 2035 年超过 3 亿，于 2050 年超过 3.66 亿，并于 2060 年达到峰值 3.98 亿，人口老龄化程度将持续加深。人口基数大、发展速度快是中国老龄化的特征。由此导致的人口结构变化将给经济社会发展带来巨大压力，老龄化将使 2035 年的中国经济增速下滑至 4.7%（陈彦斌等，2019）。据全国人口老龄办预测，2015—2050 年我国用于老年人养老、医疗、照料等方面的费用占 GDP 的比例将从 7.33% 升至 26.24%（田晓航，2018），应对人口老龄化的风险和挑战是我国应面对的一个重要的社会问题。

养老问题是人类不得不面对的问题。《礼记·礼运篇》云："故人不独亲其亲，不独子其子。使老有所终，壮有所用，幼有所长，鳏寡孤独废疾者皆有所养。"儒家社会伦理学说中的"大同"社会，要求人们"不独亲其亲，不独子其子"。要让人们在年老时有人奉养，以终天年，年轻

的时候，社会提供条件来发挥自己的作用，让年幼的未成年的孩子在社会的爱护下成长，鳏寡孤独的老人及有疾病残疾的，皆能有所养。"养老"是人们仁爱济世的社会责任，更多的是以"孝道"为传统的家庭责任。

养老事业是近代西方国家福利体系的重要组成部分。第二次世界大战后，英国以《贝弗里奇报告》为基础宣布构建"从摇篮到坟墓"的社会福利。公民"从摇篮到坟墓"的社会福利是一项国家责任与义务，政府成为福利的主要供给方。20 世纪 70 年代，西方多国经济衰退，"福利国家"模式面临挑战。1978 年英国《沃尔芬德的志愿组织的未来报告》中首次在供给方中增加志愿组织服务，福利多元主义思想兴起。罗斯在 1986 年提出社会福利供给应是多元化渠道，福利供给来源不能完全过度依赖市场，也不能完全过度依赖国家，福利来源扩展到国家、市场、社区、非政府组织和家庭。伊瓦思在罗斯的研究范式基础上，从福利来源视角提出"经典福利三角范式"，将福利来源分为三个层面：国家、家庭和市场。纽伯格在"经典福利三角范式"基础上加入会员组织和社会网络。提出"福利五元"概念，将福利供给来源分为政府、市场、家庭、会员组织以及社会网络。主张福利投资多渠道化、福利来源社会化、福利运行市场化以及服务队伍专业化，强调政府可扮演福利服务的规范者抑或购买者的角色（杨哲，2016）。

"经典福利三角范式""福利五元"等理论，对于我国未富先老的老龄化社会问题，具有借鉴意义。"医养融合"就是医疗与养老有机融合，应调动多元社会资源参与养老事业，可以是医疗机构参与养老事业，可以是赋予养老机构必要的医疗功能，也可以是医疗机构与养老机构结合。

7.1.2　康养与医养

武汉轻工大学康养产业研究院院长祝开滨（2022）教授给"康养"的定义是"健康养生"。医养和康养产业发展的基础是"医"，医养是康养的一部分，解决的康养服务体系"防—治—养"中的"治—养"环节。医养更关注健康的状态：亚健康→健康→疾病→康复→健康，而围绕健康状况的循环，医养首先发力的是"医"。康养是要提供全龄化的"防治养"服务。世界卫生组织曾给出过这样一个公式：健康 = 60%（生活方式）+ 15%（遗传因素）+ 10%（社会因素）+ 8%（医疗因素）+ 7%（气候因素）。可以看出，健康的身体来源于健康的生活方式。德国在推进森林康养项目后，国家医疗费用总支付减少 30%，国民健康指数总体上升了 30%，这就是"健康中国"战略提出的根本目的，也是康养的根本目的，让更多的人通过康养，预防疾病，从而生得优、病得少、花钱少、活得长、走得安。

7.1.3　医养融合概念

2013 年 9 月国务院在《关于加快发展养老服务业的若干意见》中明确指出推动"医养融合"养老模式的发展。同时地方政府要促进医疗资源进入养老机构中、社区养老机构中和家庭中，这是中国"医养融合"养老服务雏形。10 月国务院又出台了《关于促进健康服务业发展的若干意见》，提出"在养老服务中充分融入健康理念，加强医疗卫生服务支撑"。以上国家层面文件的陆续出台，均为优化社会养老服务体系，构建"医养融合"的社会养老服务体系提供了重要政策依据。

"医养融合"机构养老服务并非仅仅是政府单方面的责任和义务，也不可能完全依靠市场。"医养融合"机构养老服务的发展需要国家（政府）、市场和社会（包括社区、家庭）的共同努力。"医养融合"养老服务是社会养老服务发展新动态，其概念学术界并没有统一的界定。有学者提出"医养融合"养老服务是在原有机构养老基础上的进一步充实和提高。更是重新审视养老服务在内容结构层面的关系，将老年群体健康养老诉求放在更高层级，以区别于传统养老服务模式。而黄佳豪（2014）教授认为"医养融合"养老概念应涵盖五个方面的元素，即服务主体、服务客体、服务内容、服务传递方式和管理机制。提出"医养融合"养老服务的内涵是由内容体系、结构体系、层次体系及服务体系四个层次组成。具体而言，"医养融合"养老的内容体系是提供老年人的日常生活照料、精神慰藉以及社会活动的参与，尤为重要的是提供疾病预防、健康保健、疾病治疗与康复、临床护理和临终关怀等方面的积极医疗护理服务；结构体系是指对群体覆盖，其不仅仅包括失能、半失能以及失智老年人，而且生活能够自理的老年人更是"医养融合"养老服务重点锁定群体；层次体系是责权关系，养老服务推动要尊重老年人选择意愿、确保老年人的生活质量以及家庭、市场及政府"协同担责"理念；服务体系是指养老服务传递方式，即养老服务嵌入医疗服务之中，抑或医疗服务镶嵌养老服务。"医养融合"养老服务内容体系是基础，结构体系是核心，层次体系是关键，服务体系是追求目标。

7.2　医养融合政策的四个阶段

党的十九大报告指出，增进民生福祉是发展的根本目的。必须多谋民生之利、多解民生之忧，在发展中补齐民生短板、促进社会公平正义，在幼有所育、学有所教、劳有所得、病有所医、老有所养、住有所居、弱有所扶上不断取得新进展。要加快发展多层次、多支柱养老保险体系，……规范发展第三支柱养老保险，……健全老年人关爱服务体系。老有所养、病有所医，是增进民生福祉、健全老年人关爱服务的关键。由于年龄、体质等原因，养老与医疗结合才是真正对老年人关爱，这也是国家关注的"一老一小"政策的体现。"医养融合"2013年被提出，经过近十年的发展，国家、各部委出台了一系列政策，大致分为四个发展阶段。

7.2.1　酝酿萌芽阶段

部分研究认为我国的医养结合政策应追溯到 2013 年。从政策的连续性角度看，笔者认为自 2011 年开始，关于医养结合已经有了相关政策的萌芽。

1. 政策背景

随着人口老龄化程度的不断加深，老年人照料和护理问题日渐突出。为在家庭养老功能不断弱化的前提下，适应传统养老模式转变，满足人民群众日益增长的养老服务需求，我国于 2011 年提出了要加快建立以居家为基础、社区为依托、机构为支撑的社会养老服务体系，发挥专业化养老机构和社区服务的重要作用。

2. 主要政策梳理

2006 年 2 月，《国务院办公厅转发全国老龄委办公室和发展改革委等部门〈关于加快发展养老服务业的意见〉的通知》，将具备条件的养老机构申请医疗机构，将有一定医疗功能的养老机构纳入城镇职工基本医保作了规定。2011 年 12 月，国务院办公厅印发了《社会养老服务体系建设规划（2011—2015 年)》，提出机构养老要具备为老年人提供突发性疾病和其他紧急情况的应急处置救援服务能力，鼓励老年养护机构中内设医疗机构，并提出重点推进医护型养老社会建设。重点规划养老机构为供养型、养护型、医护型三大类，医护型就是医养结合养老机构。紧接着，国务院办公厅又印发了《社区服务体系建设规划（2011—2015 年)》，指出开展面向全体社区居民的包含医疗卫生在内的服务项目，满足老年人、残疾人等社会全体的服务需求，开展老年人保健服务。

3. 政策内容分析

2011 年出台的这两个政策尽管还未明确提出医养结合这一概念，但是在政策内容中已经开始对满足老年人康复护理的需求予以重视。此时，作为社会养老服务体系建设的起步阶段，满足老年人康复护理需求和开展紧急救援工作被视为机构养老的服务功能之一，其目的是建立与人口老龄化进程相适应、与经济社会发展水平相协调的社会养老服务体系，实现"老有所养"的战略目标和"优先发展社会养老服务"的要求。这两个政策的发文机关都是国务院，其他政府部门还没有开展医养结合的相关工作，但是可以看出，有关医疗和养老相融合的理念已经处于萌芽阶段，相关工作已在酝酿之中。

7.2.2 起步探索阶段

1. 政策背景

截至2013年，我国社会养老服务体系初步建立，老龄事业发展取得显著成效，但也暴露出我国养老服务和产品的供给还不够充足等问题。同时，新一轮医药卫生体制改革也取得了阶段性成效，在全民医保、基本医疗卫生制度等方面为人民群众提供了明显实惠。针对上述阶段性特点，我国于2013年9月分别提出应加快发展养老服务业和广泛动员社会力量、多措并举发展健康服务业的要求。

2. 主要政策梳理

2013年9月，国务院印发《关于加快发展养老服务业的若干意见》，正式将"积极推进医疗卫生与养老服务相结合"作为养老服务业发展的六大主要任务之一。针对医养结合明确了探索医疗和养老融合发展的形式，医疗卫生机构应当针对老年人开展的服务内容，健全医疗保险机制和医保报销制度，以及养老机构内应重点引进的人员等问题。这一政策也被称为我国养老服务业发展史上的里程碑式文件，是我国医养结合政策制定的指导性政策，也是医养结合政策的原点（俞修言等，2017）。同月，国务院印发《关于促进健康服务业发展的若干意见》，针对"推进医疗机构与养老机构等加强合作"提出应在养老服务中充分融入健康理念，加强医疗机构和养老机构间的业务协作，增强服务能力，统筹医疗服务与养老服务资源等要求，并鼓励做好健康延伸服务。

3. 政策内容分析

随着我国社会养老服务体系的逐步建立，以及医疗卫生体制改革取得的成效，医疗卫生和养老服务相结合已经成为一个正式的命题，并形成指导性意见。此后，有关医养结合政策的出台也大多以 2013 年这两个文件为指导。可以说，从提出鼓励养老机构中设置医疗机构，到正式提出将医疗卫生服务与养老服务相结合、推进医疗机构与养老机构的合作，我国医养结合工作已经更进了一步。在这一阶段，尽管仍然未明确使用医养结合这一概念，但是已经开始探索建立医疗与养老融合发展的形式，有关医养结合的政策已经处于起步阶段。

7.2.3　发展落实阶段

1. 政策背景

随着老龄化程度的进一步加深，老年人的医疗卫生服务和养老服务需求叠加的趋势更加明显，且对于健康服务和养老服务的需求更加多层次、多样化。这与有限的医疗卫生和养老资源以及彼此相对独立的服务体系构成了矛盾。但与此同时，随着社会经济的发展，互联网、云计算等技术的发展也为医疗服务和养老服务提供了基础。鼓励多元投资，加快市场培育，创新服务模式，提升中医药对国民经济和社会发展的贡献率，也为医养结合工作的开展带来了一定的机遇。

2. 主要政策梳理

2014 年，国家发展改革委联合民政部、财政部等九个部门共同发布的《关于加快推进健康与养老服务工程建设的通知》正式出现了医养结合的表述，指出养老服务体系包括社区老年人日间照料中心、老年养护院、养老院和医养结合服务设施、农村养老服务设施四类项目。2015年2月，民政部等十个部门共同发布《关于鼓励民间资本参与养老服务业发展的实施意见》，鼓励民间资本参与养老服务业发展，在相关机构的政策支持、医保支付、人员待遇、人才培养等方面提出要求，并指出促进医疗卫生资源进入社区和居民家庭。3月，国务院办公厅印发《全国医疗卫生服务体系规划纲要（2015—2020年）》正式明确了"医养结合"的概念，并以专门的篇幅对推进医疗机构与养老机构的合作、发展社区健康养老服务方面提出了要求。在此前文件的基础上增加了统筹医疗服务与养老服务资源、研究制定专项规划、形成健康养老服务网络，推动开展医疗远程服务和移动医疗、健康延伸服务等要求。4月，国务院办公厅发布《中医药健康服务发展规划（2015—2020年）》，积极发展中医药健康养老服务，推动中医医院参与养老服务及养生保健、医疗、康复、护理服务，并开展中医药健康养老服务试点项目。10月，国家发展改革委办公厅联合财政部办公厅发布《关于申报2015年外国政府贷款备选项目的通知》指出，符合规定的医养结合项目可申请外国政府贷款支持，用于购买医疗设备、建设养老服务设施、开展人员培训等工作。11月，国家卫生计生委和国家中医药管理局联合发布《进一步规范社区卫生服务管理和提升服务质量的指导意见》，鼓励社区卫生服务机构与养老服务机构开展多种形式的合作，加强与相关部门配合，协同推进医养结合服务模式。紧接着，国务院办公厅转发了国家卫生计生委等八个部门联合发布的《关于推进医疗卫生与养老服务相结合的指导意见》（以下简称《指导意见》），正式落实有关医养结合的相关要求，进一步推进医疗卫生与养老服务相结合，对基本原则、发展目标、重点任务、保障措施、组织实施等进行了说明。《指导意见》中，首次明确提出了"医养结合机构"的概念，指兼具医疗卫生和养老服务资质和能力的医疗研究与报告卫生机构或养老机构，此外，还提出"医养结合体制机制和政策法规体系""医养结合服务网络"，并在养老机构和医疗服务机构的合作模式、融资和财税价格政策、规划布局和用地保障、人才队伍建设等方面提出了更进一步的要求。可以说，这一文件明确了医养结合的诸多概念，是医养结合政策中的一个重要里程碑。

3. 政策内容分析

如果说在前两个阶段，医疗与养老还是两个独立的命题，那么在这一阶段，养老服务与医疗服务、健康服务已经紧密地结合在一起。将医疗服务与养老服务相结合已经不仅仅是简单地满足老年人的医疗需求，同样也是建设健康中国的题中应有之义。在发文机关上，民政部、国家发展改革委、国家卫生计生委等各个行政部门开始陆续出台或牵头出台相应的政策，落实医养结合工作，教育部、财政部、人力资源社会保障部等部门均有参与。在政策内容上，逐步细化和深化，涉及范围更加广泛，既有宏观性政策，也涉及具体落实方面的政策。关于医养结合的相关概念也在这一阶段得到了明晰和规范，医养结合政策取得了长足发展，相关工作得到了良好落实，为下一步工作的开展奠定了基础。

7.2.4　深化完善阶段

1. 政策背景

2016 年是"十三五"开局之年，是加快推进健康中国建设，促进人口均衡发展的重要一年。也是加快医药卫生体制改革，稳妥有序实施全面两孩政策，进一步健全全民医疗保障体系，实现深化医药卫生体制改革阶段性目标的攻坚之年，也是到 2020 年实现人人享有基本医疗卫生服务目标的关键之年。

2. 主要政策梳理

2016 年 1 月，国家卫生计生委印发《2016 年卫生计生委工作要点》，提出启动医养结合项目试点，作为加快推进医药卫生体制改革中的一部分。2月，国务院印发《关于中医药发展战略规划纲要（2016—2030年）的通知》，发展中医药健康养老服务，促进中医医疗资源进入养老机构、社区和居民家庭，探索设立中医药特色医养结合机构，建设一批医养结合示范基地。3月，国家卫生计生委办公厅联合民政部办公厅印发《医养结合重点任务分工方案》，明确了医养结合的工作重点以及负责单位。4月，民政部和国家卫生计生委联合印发了《关于做好医养结合服务机构许可工作的通知》。对于拟申办医养结合服务机构的简化申办流程等方面提出要求，明确"首接责任制"，并提出政策支持的要求。5月，国家卫生计生委办公厅和民政部办公厅联合发布《关于遴选国家级医养结合试点单位的通知》，启动国家级医养结合试点工作，通过遴选试点城市（区），探索建立符合国情的医养结合服务模式。12月，国务院印发《"十三五"卫生与健康规划》，推动医疗卫生与养老服务融合发展，进一步明确医养结合工作中的任务和负责单位。

2017年1月，国务院办公厅印发《中国防治慢性病中长期规划（2017—2025年）的通知》，将慢性病全程防治管理服务与居家、社区、机构养老相结合。同年3月，国家卫生计生委等13个部门联合印发了《"十三五"健康老龄化规划》，国务院印发了《关于落实〈政府工作报告〉重点工作部门分工的意见》，推动服务业模式创新和跨界融合，发展医养结合等新兴消费，并明确了落实部门。4月，国务院办公厅印发《关于推进医疗联合体建设和发展的指导意见》，指出为患者提供一体化、便利化的疾病诊疗—康复—长期护理连续性服务。5月，国务院办公厅印发《深化医药卫生体制改革2017年重点工作任务的通知》，继续推动国家级医养结合试点工作，并明确牵头和负责单位。随后，国务院办公厅印发《关于支持社会力量提供多层次多样化医疗服务的意见》，提出推动发展多业态融合服务，促进医疗与养老融合，支持兴办医养结合机构。6月，国务院印发《国民营养计划（2017—2030年）》，指导医养结合机构和养老机构营养配餐，推动多部门协作机制，实现营养工作与医养结合服务内容的有效衔接。11 月，国家卫生计生委办公厅印发《"十三五"健康老龄化规划重点任务分工的通知》，对加强医疗卫生服务体系中服务老年人的功能建设，以及大力发展医养结合服务等任务提出了目标。对建立健全医疗卫生机构与养老机构合作机制，研究出台老年人健康分级标准，建设综合性医养结合服务机构示范基地和社区示范基地，建设医养结合监测平台并开展监测和评估工作，探索建立中医药特色的医养结合机构等方面提出要求。同月，国家卫生计生委办公厅又印发《关于养老机构内部设置医疗机构取消行政审批实行备案管理的通知》，推进医疗领域"放管服"改革，对部分养老机构内设医疗机构取消行政审批，实行备案管理。

2019 年 4 月，国务院办公厅印发《关于推进养老服务发展的意见》，为了解决养老服务工作中的"堵点"和"痛点"，消除发展的障碍，完善市场机制，政府致力于不断完善以居家养老为基础、社区为依托、机构为补充、医养相结合的养老服务体系。同时，政府也计划建立和完善针对高龄和失能老年人的长期照护服务体系，并强化以信用为核心、质量为保障的服务管理体系，同时注重放权和监管。

政府大力推动养老服务的供给结构持续优化，扩大社会有效投资，持续改善养老服务的质量，并充分释放养老服务消费的潜力。目标是到2022 年，在确保所有人享有基本养老服务的基础上，能够有效满足老年人多样化和多层次的养老服务需求，显著提高老年人及其子女的满意度、幸福感和安全感。随后，《健康中国行动（2019—2030 年)》发布。这一行动计划是基于党的十九大对实施健康中国战略的重大决策部署。这一部署充分展现了党对于维护人民健康的坚定决心，强调了健康的重要性，并为未来的健康发展提供了明确的方向和目标。国务院办公厅印发《关于实施健康中国行动的意见》，健全老年健康服务体系，完善居家和社区养老政策，推进医养结合，探索长期护理保险制度，打造老年宜居环境，实现健康老龄化。

2020 年 4 月，《中共中央关于坚持和完善中国特色社会主义制度推进国家治理体系和治理能力现代化若干重大问题的决定》指出，加快建立基本养老保险全国统筹制度。积极应对人口老龄化，加快建设居家社区机构相协调、医养康养相结合的养老服务体系。2020 年 11 月，《中共中央关于制定国民经济和社会发展第十四个五年规划和二〇三五年远景目标的建议》，推动养老事业和养老产业协同发展，健全基本养老服务体系，发展普惠型养老服务和互助性养老，支持家庭承担养老功能，培育养老新业态，构建居家社区机构相协调、医养康养相结合的养老服务体系，健全养老服务综合监管制度。2020 年 12 月，国务院办公厅印发《关于促进养老托育服务健康发展的意见》，深化医养有机结合。发展养老服务联合体，支持根据老年人健康状况在居家、社区、机构间接续养老。为居家老年人提供上门医疗卫生服务，构建失能老年人长期照护服务体系。有效利用社区卫生服务机构、乡镇卫生院等基层医疗资源，开展社区医养结合能力提升行动。针对公共卫生突发事件，提升养老机构应急保障能力，增设隔离功能并配备必要的防控物资和设备，加强工作人员应急知识培训。

2021 年 3 月，《政府工作报告》在加强基本民生保障方面指出，推进养老保险全国统筹，促进医养康养相结合，稳步推进长期护理保险制度试点。2021 年 3 月，国家发展改革委、民政部、国家卫生健康委印发《"十四五"积极应对人口老龄化工程和托育建设实施方案》，为推进实施积极应对人口老龄化国家战略，以"一老一小"为重点完善人口服务体系，扩大养老托育服务有效供给，提升服务质量，完善服务体系，不断满足人民日益增长的美好生活需要。支持医疗机构开展医养结合服务。普惠养老城企联动专项行动。支持医疗机构开展医养结合服务，建设项目原则上床位数应在 50 张及以上，床均面积控制在 30～50 平方米，床位数可根据老年人需求或机构实际条件进行适当调整，可同时申请设备包。2021 年 11 月，《中共中央　国务院关于加强新时代老龄工作的意见》指出，深入推进医养结合。卫生健康部门与民政部门要建立医养结合工作沟通协调机制。鼓励医疗卫生机构与养老机构开展协议合作，进一步整合优化基层医疗卫生和养老资源，提供医疗救治、康复护理、生活照料等服务。鼓励基层积极探索相关机构养老床位和医疗床位按需规范转换机制。根据服务老年人的特点，合理核定养老机构举办的医疗机构医保限额。2025 年年底前，每个县（市、区、旗）有一所以上具有医养结合功能的县级特困人员供养服务机构。符合条件的失能老年人家庭成员参加照护知识等相关职业技能培训的，按规定给予职业培训补贴。创建一批医养结合示范项目。加强人才队伍建设。大力发展相关职业教育，开展养老服务、护理人员培养培训行动。2021 年 12 月，国家卫生健康委、全国老龄办、国家中医药局发布了《关于全面加强老年健康服务工作的通知》，做实老年人基本公共卫生服务。各地结合实际开展老年健康与医养结合服务项目，重点为失能老年人提供健康评估和健康服务，为居家老年人提供医养结合服务，有条件的地方要逐步扩大服务覆盖范围。在老年人健康教育、功能维护、心理健康、家庭医生签约、多病共治能力、居家医疗、用药保障、友善医疗、老年护理等 14 个方面作了规定。2021 年 12 月，《国务院关于印发"十四五"国家老龄事业发展和养老服务体系规划的通知》指出，"十三五"期间，医养结合服务有序发展，照护服务能力明显提高，2020 年全国两证齐全（具备医疗卫生机构资质并进行养老机构备案）的医养结合机构 5857 家，床位数达到 158 万张。深入推进医养结合。

2022 年 3 月，国务院办公厅发布《关于印发"十四五"中医药发展规划的通知》，发展中医药老年健康服务。推动养老机构开展中医特色老年健康管理服务。在全国医养结合示范项目中培育一批具有中医药特色的医养结合示范机构，在医养结合机构推广中医药适宜技术。2022 年 3 月，《关于开展社区医养结合能力提升行动的通知》指出，依托符合条件的医疗卫生、养老等乡镇社区服务机构，有效利用现有资源，提升居家社区医养结合服务能力，推动基层医疗卫生和养老服务有机衔接，切实满足辖区内老年人健康和养老服务需求。2022 年 4 月，国务院办公厅发布《关于印发"十四五"国民健康规划的通知》强调，提升医养结合发展水平。进一步增加居家、社区、机构等医养结合服务供给。开展医养结合示范项目，提升服务质量和水平。2022 年 7 月，国家卫生健康委等 11 部委局发布《关于进一步推进医养结合发展的指导意见》，从发展居家社区医养结合服务、推动机构深入开展医养结合服务、优化服务衔接、完善支持政策、多渠道引才育才、强化服务监管六大方面 15 项具体任务，推进医养结合工作。大致包括以下内容。

第一，发展居家社区医养结合服务。居家养老是中国的主要养老方式，社区又是居家养老的基本社会保障组织（张继元，2021）。"居家 + 社区（村）服务 + 医疗"是最接地气的中国式养老模式，积极提供居家医疗服务，增强社区医养结合服务能力。

第二，推动机构深入开展医养结合服务。支持医疗卫生机构开展医养结合服务。鼓励医疗卫生机构依法依规在养老服务机构设立医疗服务站点，提供嵌入式医疗卫生服务。支持医疗资源丰富地区的二级及以下医疗卫生机构转型，开展康复、护理以及医养结合服务。提升养老机构医养结合服务能力。各地要指导支持养老机构、医疗卫生机构开展签约合作，为养老机构提供预约就诊绿色通道、上门巡诊等服务，做实合作机制和内容，提高医养结合签约服务质量。鼓励大型或主要接收失能老年人的养老机构内部设置医疗卫生机构，支持内设医疗卫生机构加强能力建设，提升诊疗服务质量。

第三，优化服务衔接。加强医疗养老资源共享。各地要推动社区医疗卫生、养老服务、扶残助残等公共服务设施统筹布局、资源共享。积极发挥信息化作用。实施智慧健康养老产业发展行动。

第四，完善支持政策。完善价格政策。公立医疗卫生机构为老年人等人群提供上门医疗服务，采取"医药服务价格 + 上门服务费"的方式收费。提供的医疗服务、药品和医用耗材，适用本医疗卫生机构执行的医药价格政策。上门服务费可由公立医疗卫生机构综合考虑服务半径、人力成本、交通成本、供求关系等因素自主确定。加大保险支持。及时将符合条件的养老机构内设医疗卫生机构纳入医保定点管理。盘活土地资源。医疗卫生用地、社会福利用地可用于建设医养结合项目。落实财税优惠。有条件的地方可通过相关产业投资基金支持医养结合发展。

第五，多渠道引才育才。加强人才培养培训。加快推进医疗卫生与养老服务紧缺人才培养，将老年医学、护理、康复、全科等医学人才，养老护理员、养老院院长、老年社会工作者等养老服务与管理人才纳入相关培养项目。引导医务人员从事医养结合服务。壮大失能照护服务队伍。

第六，强化服务监管。加强行业监管。将医养结合服务纳入医疗卫生行业、养老服务行业综合监管和质量工作考核内容，将养老机构内设医疗卫生机构纳入医疗卫生机构"双随机、一公开"监督抽查范围，将医疗卫生机构开展养老服务纳入养老机构"双随机、一公开"监督抽查范围，引导相关机构持续优化医养结合服务。落实传染病防控和安全生产责任。

3. 政策内容分析

在这一阶段，相关政策真正开始了从宏观设计到具体实施，从宏观设计逐渐向具体操作层面延伸，可行性、可实施的工作逐渐增多。各地医养结合工作扎实起步，以多种形式围绕老年人的健康养老需求提供综合连续的医养结合服务。政策文件的具体内容也更加细致，如将老年人作为重点人群纳入家庭医生签约服务、探索建立示范基地、鼓励社会力量提供医疗服务、研究出台健康分级标准、开展监测和评估工作等。具体的医养结合的工作重点以及负责单位的明确，也使得医养结合工作在落实方面更进了一步。与此同时，同一行政部门内的不同司局之间也开始了广泛的合作，其他相关工作也开始向医养结合方面延伸，并有了科学明确的分工，如在营养工作、慢病防治、医联体建设、社区养老等方面均引入医养结合服务等。在医养结合机构的准入方面，相关行政审批方面的措施越来越细化，手续更加简便，可操作性越来越强。医养结合相关工作也已经上升到繁荣壮大健康产业、释放内需潜力，建设健康中国、全面建成小康社会等重要地位。

7.3 医养融合机制及政策新进展

日本是世界上老龄化最严重的国家之一，中日两国不仅有相似的老龄化进程，更有相近的社会和文化基础，学习日本近年来在医疗与长期照护合作方面的成功经验，将会为我国建立医养康养相结合的养老服务体系带来借鉴与启发。

7.3.1 医养融合的主阵地是社区

中国养老以居家养老为主体，养老机构养老为补充，医养机构养老为特色的模式。"居家养老 + 社区服务 + 医疗保障"，在自己最熟悉的地域环境养老，是老年人的优先选择。我国老年人大多数都在居家和社区养老，形成"9073"的格局，就是90%左右的老年人都在居家养老，7%左右的老年人依托社区支持养老，3%的老年人入住机构养老（国家卫生健康委，2021）。医养结合的主阵地是社区。以家庭为核心，以社区为依托，以专业化服务为依靠，以解决日常生活困难为主要内容，为居住在家的老年人提供社会化服务。政策方向，应该围绕居家养老为核心，完善社区养老服务功能和专业化社会服务体系，以社区为平台，推进医养结合。

以日本为例。日本建立了社区综合照护体系。从以机构为主的长期照护制度向以社区为主的综合照护体系转变。日本的介护保险制度实行初期以提供机构服务为主，然而，在接受长期照护服务的人群中，轻度护理需求者占比接近50%，且不断增加，这导致长期护理费用居高不下，护理机构数量及人员严重不足，日本通过三年一度的介护保险制度改革逐步建立了社区综合照护体系。该体系以帮助老年人在习惯居住的社区自立生活为目的，各市町村根据地区实际情况实施社区自治，服务涉及住所、医疗、长期照护、预防保健及生活援助等多个方面。可见，该体系旨在以社区为单位强化居家养老功能，提供复合化、多功能化的居家护理服务。社区综合照护体系尤其重视医疗和长期护理的一体化和合作化，2011 年和 2012 年，日本开展居家医疗合作试点，2013 年，设立社区医疗再生临时交付金，用于推进居家医疗合作事业，2015 年，介护保险改革将居家医疗、长期护理合作作为社区综合照护体系的重点业务在全国推广，2018 年，它被定为全国市町村推进社区综合照护体系构建过程中必须履行的义务。

关于推进社区医养融合方面，2017 年 5 月 5 日，国务院办公厅《关于印发深化医药卫生体制改革 2017 年重点工作任务的通知》，要求继续推动国家级医养结合试点工作，推进社区居家层面医养结合。2019 年 11 月，中共中央、国务院印发《国家积极应对人口老龄化中长期规划》，明确提出打造高质量的为老服务和产品供给体系。健全以居家为基础、社区为依托、机构充分发展、医养有机结合的多层次养老服务体系，多渠道、多领域扩大适老产品和服务供给，提升产品和服务质量。2021 年 9 月，国务院《关于印发中国妇女发展纲要和中国儿童发展纲要的通知》，强调要加快建设居家社区机构相协调、医养康养相结合的养老服务体系，大力发展普惠型养老服务。2021 年 11 月 18 日，中共中央、国务院《关于加强新时代老龄工作的意见》，提出要构建居家社区机构相协调、医养康养相结合的养老服务体系和健康支撑体系，大力发展普惠型养老服务，促进资源均衡配置。2022 年 3 月，国家卫生健康委等 9 部委发布《关于开展社区医养结合能力提升行动的通知》（以下简称《通知》），决定开展社区医养结合能力提升行动。《通知》从提升医疗和养老服务能力、发挥中医药作用、加强队伍建设、提高信息化水平、改善设施条件五个方面做了安排，社区卫生服务机构、乡镇卫生院要加强老年人健康教育、健康管理、慢性病防控等服务，进一步做实老年人家庭医生签约服务，提高服务质量和水平，为符合条件的老年人提供慢性病长期处方服务和居家医疗服务。发展中医药康复服务，推广适用于基层、社区的小型化、专业化的中医康复设备和康复适宜技术。支持医务人员参与居家社区医养结合服务，扩大服务队伍。在社区养老机构、特困人员供养服务设施（敬老院）内设医疗卫生机构中工作的医务人员，可参照执行基层医务人员相关激励政策。加强医务人员继续医学教育，组织有关人员参加医养结合人才能力提升有关培训。发挥"互联网＋医疗健康""互联网＋护理服务""互联网＋养老服务"作用，开展智慧健康养老服务，可依托医联体上级医院建立远程医疗服务系统。有条件的社区卫生服务机构、乡镇卫生院或社区养老机构、特困人员供养服务设施（敬老院）等可利用现有资源，内部改扩建社区（乡镇）医养结合服务设施，重点为失能、慢性病、高龄、残疾等老年人提供健康教育、预防保健、疾病诊治、康复护理、安宁疗护为主，兼顾日常生活照料的医养结合服务。城区新建社区卫生服务机构可内部建设社区医养结合服务设施。新建和改扩建社区医养结合服务设施内的养老服务区应设置在独立建筑或建筑分区内，严格实行分区管理。

关于推进家庭医生签约服务方面，现今家庭医生签约服务是社区居家养老，推进社区医养结合的较好方式的观点已经成为社会共识。2022年3月，国家卫生健康委、财政部等6部委局发布《关于推进家庭医生签约服务高质量发展的指导意见》（以下简称《指导意见》），从总体要求、扩大服务供给、丰富服务内容、优化服务方式、完善保障机制五个方面提出要求。其主要目标，准确把握工作节奏，在确保服务质量和签约居民获得感、满意度的前提下，循序渐进积极扩大签约服务覆盖率，逐步建成以家庭医生为健康守门人的家庭医生制度。从2022年开始，各地在现有服务水平基础上，全人群和重点人群签约服务覆盖率每年提升1~3个百分点，到2035年，签约服务覆盖率达到75%以上，基本实现家庭全覆盖，重点人群签约服务覆盖率达到85%以上，满意度达到85%左右。《指导意见》提出，有序扩大家庭医生队伍来源渠道，支持社会力量开展签约服务，强化家庭医生培养培训体系；提升医疗服务能力，提高基本公共卫生和健康管理服务质量，保障合理用药，开展上门服务，优化转诊服务，加强中医药服务，加强中医药服务；推广弹性化服务协议，加强全专结合医防融合，鼓励组合式签约，推进"互联网＋签约服务"，提供健康咨询服务，提供健康咨询服务。

7.3.2　医养融合的机制与社会保障体系

社会保障体系建设是推进医养结合的关键环节。以日本为例，日本通过介护保险制度为需求者提供长期照护服务，其介护保险属于社会保险范畴，保险人是市町村，受保人是 65 周岁以上的第 1 类被保险人和 40～64 岁的第 2 类被保险人。当被保险人发生长期照护需要时，市町村会对其进行"要介护认定"，以确认护理等级和护理计划。日本的护理等级分为要介护 1～5 级、要支援 1～2 级七个等级，其中要介护 3 级以上利用者可享受机构服务，要介护 1～2 级利用者可享受居家服务和社区紧贴型服务，要支援利用者可享受护理预防服务和社区紧贴型护理预防服务。利用者根据个人所得收入支付护理费用的 10%～30%，剩余费用由介护保险制度负担；保险制度负担的部分中，国家财政负担 25%，都道府县和市町村各负担 12.5%，其余根据人口比例，第 1 类被保险人负担 23%，第 2 类被保险人负担 27%（任雅婷等，2021）。

我国的养老社会保障制度建设方面，2017 年 7 月，国务院办公厅出台《关于加快发展商业养老保险的若干意见》指出，商业养老保险是多层次养老保障体系的重要组成部分，同时，还确立了商业养老保险发展的目标，一是创新商业养老保险产品和服务，二是促进养老服务业健康发展，三是推进商业养老保险资金安全稳健运营，四是提升管理服务水平。《2021 年政府工作报告》提出：在加强基本民生保障方面，推进养老保险全国统筹，规范发展第三支柱养老保险。完善全国统一的社会保险公共服务平台。同时，继续实施失业保险保障扩围政策。促进医养康养相结合，稳步推进长期护理保险制度试点。2022 年 4 月，国务院办公厅出台《关于推动个人养老金发展的意见》，为推进多层次、多支柱养老保险体系建设，促进养老保险制度可持续发展，满足人民群众日益增长的多样化养老保险需要。推动个人养老金发展坚持政府引导、市场运作、有序发展的原则。参加人每年缴纳个人养老金的上限为12000元。国家制定税收优惠政策，鼓励符合条件的人员参加个人养老金制度并依规领取个人养老金。

在推进医疗照护合作业务发展过程中，日本各级政府分工明确，中央政府及厚生劳动省负责顶层设计；都道府县层级政府负责详细传达国家政策、培养人才并协助某些规模较小的自治体建立并推进业务；而市町村作为业务实施主体，须根据地区实际情况制定医护合作政策并推进业务落地实施，这是值得我们借鉴学习的地方。

根据我国现行行政体制，医养结合政策涉及民政、卫生计生和人力社保等多个部门，由于各部门身份定位模糊，在推动医养结合、构建新型医养体系中存在认知不统一、管理混乱等问题，政策碎片化严重。针对上述"多头管理"障碍，国家应尽快建立由卫生部门牵头的多部门统筹协调工作机制，厘清和明确相关部门的职责权限。如民政部门建立全国统一的医养结合机构的准入、监管、评估机制；工商部门探索完善医养服务定价标准；人社部门可将符合条件的医养机构纳入城乡基本医疗保险定点范围；统计部门可有效整合老龄化及医养服务相关数据，为政策制定提供参考依据。同时，国家应推动长期护理保险制度在全国范围内实施，并做好与医疗保障体系的衔接，从制度上明确医疗服务与养老护理服务的界限。

7.3.3 医养结合的人才队伍建设问题

日本在人才队伍方面的建设也是值得借鉴的，不仅建立了医生、护士、照护福利士、社会化福利士等多工种协作机制，还通过新设复合型专业资格、复合型人才岗位等方式推动专业层面的医养结合。

我国应尝试探索复合型医养服务人才的职业设置与人才培育。目前我国医养服务人才队伍中只有医生、护士等较为成熟的医疗、医护人才体系，养老护理员等专业人才体系尚不成熟，且面临着严峻的专业化程度低、数量不足等问题，亟须提高专业化与专业人才整合。我国在推行长期照护保险时，由于现阶段的照护计划所需专业性不强，并没有建立照护经纪人职位。随着我国养老服务专业化的不断推进，医养结合服务的进一步丰富和多样化，未来可以考虑建立中国版的照护经纪人制度。而日本参考芬兰经验正在讨论的保健医疗共通基础资格制度，不仅是服务终端的医养专业技能整合，还是解决医养服务人才短缺的新思路。我国养老专业人才教育体系刚刚起步，我们可以参考日本及芬兰的经验，探讨建立整合初级医疗护理与长期照护的中国版护理共通基础资格制度（张继元，2021）。

7.4　相关康养政策

继我国提出建设"美丽中国""平安中国"之后，2015 年"健康中国"被首次写入政府工作报告之中，要求以普及健康生活、优化健康服务、完善健康保障、建设健康环境、发展"健康产业"为重点，加快推进健康中国建设，从此"健康中国"正式上升为国家战略，开启了"大健康"时代的新蓝海。

7.4.1　相关康养政策梳理

"康养"是健康、养老、养生的统称。主要指通过运动、健身、休闲、度假、养生、养老、医疗等功能实现，使人在身体、心灵、生活、社会适应性等方面都处于健康良好的状态（姜婷婷，2019）。

2013 年 9 月，国务院办公厅印发《关于促进健康服务业发展的若干意见》指出，健康服务业以维护和促进人民群众身心健康为目标。主要包括医疗服务、健康养老服务、发展健康管理、运动、文化和旅游等。

2014年9月，国家发展改革委等十部委出台《关于加快推进健康与养老服务工程建设的通知》指出，健康与养老服务工程重点加强健康服务体系、养老服务体系和体育健身设施建设，大幅提升医疗服务能力，形成规模适度的养老服务体系和体育健身设施服务体系。

2016年10月，中共中央、国务院出台《"健康中国2030"规划纲要》提出，一是发展健康服务新业态。积极促进健康与养老、旅游、互联网、健身休闲、食品融合、催生健康新产业、新业态、新模式。二是建设健康城市和健康村镇。健康城市和健康村镇建设作为推进健康中国建设的重要抓手，保障与健康相关的公共设施用地需求，完善相关公共设施体系、布局和标准，把健康融入城乡规划、建设、治理的全过程，促进城市与人民健康协调发展。针对当地居民主要健康问题，编制实施健康城市、健康村镇发展规划。到2030年，建成一批健康城市、健康村镇建设的示范市和示范村镇。三是"大健康+旅游"受到高度关注。

2017年5月，经国务院批准，国家卫生计生委、国家发展改革委、财政部、国家旅游局和国家中医药局联合印发的《关于促进健康旅游发展的指导意见》提出，到2020年，建设一批各具特色的健康旅游基地，形成一批健康旅游特色品牌，推广一批适应不同区域特点的健康旅游发展模式和典型经验，打造一批国际健康旅游目的地。到2030年，基本建立比较完善的健康旅游服务体系，健康旅游服务能力大幅提升，发展环境逐步优化，吸引更多的境内外游客将我国作为健康旅游目的地，提升产业发展层级。四是积极发展健身休闲运动产业。进一步优化市场环境，培育多元主体，引导社会力量参与健身休闲设施建设运营。推动体育项目协会改革和体育场馆资源所有权、经营权分离改革，加快开放体育资源，创新健身休闲运动项目推广普及方式，进一步健全政府购买体育公共服务的体制机制，打造健身休闲综合服务体。鼓励发展多种形式的体育健身俱乐部，丰富业余体育赛事，积极培育冰雪、山地、水上、汽摩、航空、极限、马术等具有消费引领特征的时尚休闲运动项目，打造具有区域特色的健身休闲示范区、健身休闲产业带。

2016 年 11 月，国家老龄办、国家发展改革委等 25 部委联合印发的《关于推进老年宜居环境建设的指导意见》指出，为改善老年人生活环境，提升老年人生活生命质量，增强老年人幸福感、获得感。到 2025 年，安全、便利、舒适的老年宜居环境体系基本建立，"住、行、医、养"等环境更加优化，敬老养老助老社会风尚更加浓厚等发展目标，并从适老居住环境、适老出行环境、适老健康支持环境、适老生活服务环境、敬老社会文化环境方面提出具体举措。2016 年 11 月，国务院办公厅出台《关于进一步扩大旅游文化体育健康养老教育培训等领域消费的意见》，进一步扩大旅游文化体育健康养老教育培训等领域消费。

2017 年 7 月，国务院办公厅《关于印发国民营养计划（2017—2030 年）的通知》提出，要出台老年人群的营养膳食供餐规范，指导医院、社区食堂、医养结合机构、养老机构营养配餐。建立老年人群营养健康管理与照护制度。推进多部门协作机制，实现营养工作与医养结合服务内容的有效衔接。

2019 年 7 月，国务院出台《健康中国行动（2019—2030 年)》，党的十九大作出了实施健康中国战略的重大决策部署，充分体现了对维护人民健康的坚定决心。为了有效预防和控制当前的健康问题，我们需要从源头上采取干预措施，努力减少群众的发病率，提升群众的生活质量，延长群众的健康寿命。这是以较低成本取得较高健康绩效的有效策略，是解决当前健康问题的现实途径，是落实健康中国战略的重要举措。提出健康知识普及行动、合理膳食行动、全民健身行动、健康环境促进行动等 15 项重点行动。

2019 年 7 月，国务院出台《关于实施健康中国行动的意见》指出，人民健康是民族昌盛和国家富强的重要标志，预防是最经济最有效的健康策略。中共中央、国务院发布《"健康中国 2030"规划纲要》，提出了健康中国建设的目标和任务。党的十九大强调坚持预防为主，倡导健康文明生活方式，预防控制重大疾病。为加快推动从以治病为中心转变为以人民健康为中心，动员全社会落实预防为主方针，实施健康中国行动，提高全民健康水平。

2022年5月，国务院办公厅发布《关于印发"十四五"国民健康规划的通知》，落实根据《中华人民共和国国民经济和社会发展第十四个五年规划和2035年远景目标纲要》《"健康中国2030"规划纲要》，从规划背景、总体要求、织牢公共卫生防护网、全方位干预健康问题和影响因素、全周期保障人群健康、提高医疗卫生服务质量等十个方面进行了规划，提升医养结合发展水平。进一步增加居家、社区、机构等医养结合服务供给。开展医养结合示范项目，提升服务质量和水平。

7.4.2 康养产业用地政策梳理

"康养+地产"一直是各地地产行业借助康养政策，重点开发的领域，本书梳理近年国内康养产业用地政策，以供参考。

在养老服务设施用地规划计划方面，明确养老服务设施用地供应纳入国有建设用地供应计划。比如在国土资源部、住房城乡建设部《关于优化2015年住房及用地供应结构促进房地产市场平稳健康发展的通知》明确提出，对于房地产供应明显偏多或在建房地产用地规模过大的市、县，国土资源主管部门、住房城乡建设、城乡规划主管部门可以根据市场状况，研究制订未开发房地产用地的用途转换方案，通过调整土地用途、规划条件，引导未开发房地产用地转型利用，用于国家支持的养老产业等项目用途的开发建设。这样不仅推动了地区房地产去库存，同时也为民营经济进入养老产业提供了新的机遇。

2014年2月住房城乡建设部、国土资源部、民政部等四部门发布《关于加强养老服务设施规划建设工作的通知》指出，各地的国土资源主管部门需要明确将养老服务设施建设用地纳入土地利用总体规划和土地利用年度计划中。为确保住房开发与养老服务设施同步建设，这些部门应依法及时为养老服务设施建设用地办理供地和用地手续。这样的措施旨在确保养老服务设施得到有效的规划和建设，满足社会对养老服务的需求。

国土资源部发布《2017 年全国土地利用计划》进一步明确要求：土地利用计划要加大对养老、医疗、现代服务业和公益设施等民生社会事业项目的支持，对国家重点发展的民生社会事业项目用地予以充分保障。

卫生计生委、民政部、国土资源部等部门发布《关于印发"十三五"健康老龄化规划的通知》明确提出，要在土地供应、政策保障等方面对老年健康服务工作予以支持和倾斜。

民政部、发展改革委、国土资源部等部门发布《关于支持整合改造闲置社会资源发展养老服务的通知》明确鼓励盘活存量用地用于养老服务设施建设，切实缓解养老服务设施建设用地需求压力。

《关于加快推进养老服务业放管服改革的通知》，明确要简化优化养老机构相关审批等一系列手续。

卫生计生委、民政部、国土资源部等部门发布《关于推进医疗卫生与养老服务相结合的意见》明确要求各级政府在土地利用总体规划和城乡规划中统筹考虑医养结合机构发展需要，做好用地规划布局。国土资源部门要切实保障医养结合机构的土地供应。

7.4.3 相关康养产业的地方规划

本书梳理了北京、上海、广东、四川康养产业的地方规划，以供参考。

1. 北京

目标：基本建成健康中国首善之区。

阶段目标，到 2020 年，城市健康基础设施水平全面提升，城乡健康环境条件持续改善，健康城市建设水平位居全国前列。到 2030 年，与国际一流的和谐宜居之都相适应的现代化卫生与健康治理体系基本建立，主要健康指标继续保持国际先进水平，健康中国首善之区基本建成。

主要任务：增加了京津冀健康协同发展、生命全周期健康服务、无烟环境推进行动等具有首都特色的重点工作。预防为主，中西医并重，把健康融入所有政策，人民共建共享。

重点内容：推动健康城镇、健康村镇建设。推广健康城市理念，完善相关公共设施体系、布局和标准，到2030年，健康社区比例达到80%，健康村镇建设比例达到50%。造绿色宜居生态环境。培育以健康服务为主要内容的旅游项目和产品，发展中医药、特色医疗、疗养康复、美容保健等健康旅游，打造一批健康旅游基地。

2. 上海

围绕"健康"主题，更加重视"全面"。将健康融入所有政策，关注影响健康的各种因素；更加重视"参与"，从"治病"转向"防病"，鼓励民众共建共享；更加重视"公平"，关注全人群、全周期健康，提升服务质量与保障水平。《"健康上海2030"规划纲要》（以下简称《规划纲要》）对标全球城市，提出了23项建设指标。其中，主要健康指标"人均预期寿命"要保持发达国家水平。

健康的生活方式：在影响健康因素中，生活和行为方式占比60%。《规划纲要》从加强健康教育、塑造健康行为、建设健康文化、提高身体素质四方面，大力普及健康生活方式。

注重体育生活化：到2030年，上海将实现人均体育场地面积达2.8m²、城乡居民体质达标率达96.5%、经常参加体育锻炼人数达到46%。突出健康科技创新，在重点领域率先建设医学协同创新集群。

健康环境建设：上海将构建安全的食品药品环境，充分运用"互联网＋"、大数据分析、人工智能等新技术手段，进一步完善食品安全全程追溯系统，实现智慧监管。

3. 广东

突出大卫生、大健康的发展理念。

五大重点健康领域：普及健康生活、优化健康服务、完善健康保障、建设健康环境、发展健康产业。

十二个重点行动计划：健康生活促进行动、全民健身行动、基本公共卫生服务均等化行动、现代医疗卫生服务体系建设行动、中医药振兴发展行动、重点人群健康保障行动、健康保障提升行动、药品供应保障行动、健康环境建设行动、食品药品安全行动、公共安全保障行动、健康产业发展行动。

六方面支撑与保障：体制机制改革、人才队伍建设、科技创新、信息化建设、健康交流合作和筹资保障。

4. 四川

健全健康产业体系。

四川省人民政府办公厅印发《四川省"十四五"卫生健康发展规划》，要求建立完善老年健康服务体系，完善老年健康服务网络。打造西部老年医疗高地。加大老年健康服务机构建设力度。鼓励社会力量参与举办老年医院、康复医院、护理院等老年健康服务机构，为老年人提供多层次、多元化老年健康服务。建设新时期健康服务业体系。构建"一主两副多点"健康产业发展格局。做强成都"主干"核心增长极，加快泸州、南充两个健康产业区域副中心建设，推动环成都、川南、川东北、攀西、川西北健康产业高质量发展，打造各具特色、竞相发展的产业集群，形成健康产业发展多点支撑的局面。

在建设项目方面，将致力于老年健康服务体系建设的工程，鼓励各地新建或将二级以下医疗机构转型为康复医院和护理院，新建或改建30家康复医院和50家护理院。丰富老年健康服务供给。

与此同时，还将提高老年健康服务水平，实施老年健康促进专项行动，强化老年人健康管理，开展老年人慢性病综合防治，预防老年人跌倒。大力发展老年医疗和康复护理，开展老年人长期照护和安宁疗护服务。加强老年人居家医疗服务，支持基层医疗卫生机构为居家老年人提供家庭病床服务。

健全医疗卫生机构与养老机构合作机制，推动构建方便可及的居家社区医养结合服务圈。支持利用闲置的社会资源改建一批医养结合机构。实施医养结合机构服务质量提升行动，提高医养结合服务质效。支持大型医疗机构或医养结合机构牵头组建医疗养老联合体或集团。构建促进老年人健康的社会环境。开展全国示范性老年友好社区和老年友善医疗机构创建，优化老年人就医环境。

另外，将打造西部健康产业发展高地，促进健康新兴产业发展，积极发展前沿医疗服务。建立细胞产业公共技术服务平台，加快推进细胞治疗产品规范化生产及质量评价的转化研究，推动细胞产业标准化、规范化发展，实现细胞治疗、免疫治疗领域重点突破。支持基因测序、再生医学、生物医学大数据分析等精准医疗产业公共服务平台建设，打通基础研究到临床应用技术链，培育一批精准诊疗服务企业。深入推进新技术在医疗卫生行业的融合应用。鼓励发展特种机器人、智能医疗看护等智能制造，鼓励开发基于虚拟现实、增强现实技术的临床辅助、康复训练设备以及智能健康设备，推动在线医疗、"互联网＋药品流通"等健康产业新业态、新模式发展。构建健康医疗大数据产业链，推动健康医疗与养老、金融、体育、旅游、环境、健康饮食等产业融合发展。推进健康产业融合发展，持续发展医药健康产业。坚持从提升城市可持续竞争力的角度布局医药健康产业，促进新药研发体系及医疗器械、防护物品、应急物资生产能力升级增效（赵海生，2018）。

围绕健康养老、医疗旅游、体卫融合、健康金融等领域，加强健康产品和服务技术研究，建立适应健康新常态、新模式的"产学研用"协同创新体系。发展健康养老服务，创新"候鸟式""度假式""生态休闲式"等模式，支持建设一批中高端养老机构和大型健康养老综合体。全域发展健康旅游，开发特色专科、中医保健、康复疗养、医养结合、医疗旅游等系列产品，探索开展集医疗护理、健康管理、康复保健、休闲养生、旅游观光于一体的医疗旅游服务贸易，创建国家健康旅游示范基地，培育中医康养、口腔、医美等国际医疗旅游品牌。深入推动体医融合，鼓励有条件的综合医院设立体育医学服务中心，鼓励社会资本开办康体、体质测定和运动康复等各类服务机构。丰富发展健康金融，支持商业健康保险公司开发覆盖疾病预防、医疗救治、健康管理等医疗险和医生执业责任险，推广长期照护险，推动医疗机构与保险公司开展医疗健康服务和保险保障一体化模式应用探索。

在健康旅游方面，支持健康旅游示范基地、环华西国际智慧医谷、天府国际医疗中心等建设，支持打造一批以体检、疾病治疗为主的实体型高端医疗旅游园区。支持打造一批中医药健康旅游示范基地。

在多元化健康服务方面，支持智慧健康产业园、核医疗健康产业基地、5G 智慧医疗、健康服务业集群和健康产业集群建设，支持成都"医美之都"建设，实施人工智能辅助诊疗推广工程、移动医疗产业培育工程。五大片区差异化发展。

此外，要将四川省内若干城市打造成康养典范。

（1）成都。打造成国家西部医学中心。

（2）德阳。打造成西部主动健康典范城市。

（3）绵阳。打造成全国核医学基地。

（4）乐山。打造成全省康养产业示范基地。

（5）眉山。打造成都市圈南部医疗高地。

（6）资阳。打造成"中国牙谷"知名品牌。

（7）遂宁。打造成渝中部地区区域医疗高地。

（8）雅安。打造成川西医养中心、川藏铁路紧急医学救援综合保障基地。

（9）自贡。打造成川南渝西区域卫生健康高地。

（10）泸州。打造成区域医药健康中心。

（11）内江。打造成区域医养结合示范中心。

（12）宜宾。打造成川南公共卫生应急保障中心。

（13）广元。打造成川陕甘结合区域医疗高地和成渝地区生态康养"后花园"。

（14）南充。打造成川东北区域医疗高地、医学教育中心和生物医药技术研究中心。

（15）广安。打造成川渝卫生健康合作示范市。

（16）达州。打造成川渝陕结合部区域医疗高地。

（17）巴中。打造成川陕革命老区区域卫生健康中心。

（18）攀枝花。打造成川西南、滇西北区域医疗高地。

（19）凉山州。打造成巩固拓展脱贫攻坚成果与乡村振兴有效衔接卫生健康保障示范区。

（20）阿坝州。打造成川甘青结合部区域医疗高地和区域紧急医疗救治储备中心。

（21）甘孜州。打造成川西北区域医疗高地，打造康养园区、药旅文化基地和川西北民族医药特色旅游发展区。

医养结合政策见表 7 - 1，以供读者参考。

表 7 - 1　　　　　　　　　医养结合政策

序号	发文机关	发布时间	政策名称	要点
1	全国老龄委办公室、国家发展改革委等	2006 年 2 月	《关于加快发展养老服务业的意见》	支持养老服务机构开展对外服务。对于有条件开展护理、康复以及医疗服务的可以申请纳入医疗机构、发展改革以及纳入城镇职工基本医保
2	国务院办公厅	2011 年 12 月	《社会养老服务体系建设规划（2011—2015 年）》	在机构养老层面，重点推进供养型、养护型、医护型养老设施建设
3	国务院	2013 年 9 月	《关于加快发展养老服务业的若干意见》	积极推进医疗卫生与养老服务相结合，推动医养结合发展
4	国务院	2013 年 10 月	《关于促进健康服务业发展的若干意见》	加快发展健康养老服务

续表

序号	发文机关	发布时间	政策名称	要点
5	国家发展改革委、民政部、国家卫生计生委	2014 年 6 月	《关于组织开展面向养老机构的远程医疗政策试点工作的通知》	贯彻落实《关于加快发展养老服务业的若干意见》
6	国家发展改革委等 10 部门	2014 年 9 月	《关于加快推进健康与养老服务工程建设的通知》	加快推进健康与养老服务工程的实施安排
7	民政部、国家发展改革委等 10 部门	2015 年 2 月	《关于鼓励民间资本参与养老服务业发展的实施意见》	推进医养结合发展，支持有条件的养老机构设置医疗服务或者与其他医疗机构签订服务协议，更为方便快捷地为老年人提供医疗卫生服务和要求卫生行政部门大力支持，并积极推动
8	国务院	2015 年 3 月	《关于印发全国医疗卫生服务体系规划纲要（2015—2020 年）的通知》	推进医疗和养老机构等加强合作
9	国务院	2015 年 4 月	《关于印发中医药健康服务发展规划（2015—2020 年）的通知》	积极发展中医药健康养老服务
10	国务院	2015 年 11 月	《关于推进医疗卫生与养老服务相结合的指导意见》	贯彻落实《关于加快发展养老服务业的若干意见》和《关于促进健康服务业发展的若干意见》，进一步推进养老服务相结合
11	民政部、国家卫生计生委	2016 年 4 月	《关于做好医养结合服务机构许可工作的通知》	简政放权，落实《国务院办公厅转发卫生计生委等部门关于推进医疗卫生与养老服务相结合指导意见的通知》
12	国家卫生计生委、民政部	2016 年 4 月	《关于印发医养结合重点任务分工方案的通知》	落实《国务院办公厅转发卫生计生委等部门关于推进医疗卫生与养老服务相结合指导意见的通知》，明确任务分工
13	民政部、国家卫生计生委	2016 年 6 月	《关于确定第一批国家级医养结合试点单位的通知》	确定北京市东城区等 50 个市（区）作为第一批国家级医养结合试点单位

续表

序号	发文机关	发布时间	政策名称	要点
14	民政部、国家发展改革委	2016年6月	《民政事业发展第十三个五年规划》	合理布局医疗卫生资源和养老服务资源，支持养老机构开展医疗卫生服务。重点扶持医养结合型的养老机构，增设医护型、养护型的养老床位
15	民政部等11部门	2016年10月	《关于支持整合改造闲置社会资源发展养老服务的通知》	要为以居家为基础、社区为依托、机构为补充、医养结合的多层次养老服务体系的全面建成提供物质保障
16	国务院	2016年10月	《"健康中国2030"规划纲要》	健全医疗卫生机构和养老机构之间的合作机制，支持有条件的养老机构开展医疗卫生服务。通过推进中医药与养老融合发展，进一步推动医养结合
17	国家老龄办、国家发展改革委等25部委	2016年11月	《关于推进老年宜居环境建设的指导意见》	为改善老年人生活环境，提升老年人生活生命质量，增强老年人幸福感、获得感。到2025年，安全、便利、舒适的老年宜居环境体系基本建立，"住、行、医、养"等环境更加优化，敬老养老助老社会风尚更加浓厚等发展目标，并从适老居住环境、适老出行环境、适老健康支持环境、适老生活服务环境、敬老社会文化环境
18	国务院	2016年11月	《关于进一步扩大旅游文化体育健康养老教育培训等领域消费的意见》	进一步扩大旅游文化体育健康养老教育培训等领域消费
19	国务院	2016年12月	《关于全面放开养老服务市场提升养老服务质量的若干意见》	坚持以新发展理念引领经济发展新常态，坚持中国特色卫生与健康发展道路，持续深化简政放权、放管结合、优化服务改革，积极应对人口老龄化，培育健康养老意识，加快推进养老服务业供给侧结构性改革，保障基本需求，繁荣养老市场，提升服务质量，让广大老年群体享受优质养老服务，切实增强人民群众获得感
20	国务院	2017年3月	《关于印发"十三五"国家老龄事业发展和养老体系建设规划的通知》	为积极开展应对人口老龄化行动，推动老龄事业全面协调可持续发展，健全养老体系，根据《中华人民共和国老年人权益保障法》和《中华人民共和国国民经济和社会发展第十三个五年规划纲要》，制定本规划

续表

序号	发文机关	发布时间	政策名称	要点
21	国务院	2017 年 4 月	《批转国家发展改革委关于 2017 年深化经济体制改革重点工作意见的通知》	全面放开养老服务市场，推进老龄事业发展和养老体系建设，建立以居家为基础、社区为依托、机构为补充、医养结合的多层次养老服务体系，提高养老服务质量
22	国务院	2017 年 5 月	《关于印发深化医药卫生体制改革 2017 年重点工作任务的通知》	要求继续推动国家级医养结合试点工作，推进社区居家层面医养结合。启动中医药健康养老工作。推动健康和相关行业融合发展，推进健康医疗旅游示范基地建设
23	国务院	2017 年 5 月	《关于支持社会力量提供多层次多样化医疗服务的意见》	提出促进医疗与养老融合，支持社会办医疗机构为老年人家庭提供签约医疗服务，建立健全与养老机构合作机制，兴办医养结合机构
24	民政部、国家卫生健康委等 4 部门	2017 年 5 月	《关于做好医养结合机构审批登记工作的通知》	贯彻落实新修订的《中华人民共和国老年人权益保障法》，深化医疗和养老服务"放管服"改革，优化医养结合机构审批流程和环境，进一步促进医养结合发展
25	国务院	2017 年 5 月	《中医药发展战略规划纲要（2016—2030 年)》	发展中医药健康养老服务。推动中医药与养老融合发展，促进中医医疗资源进入养老机构、社区和居民家庭。支持养老机构与中医医疗机构合作，建立快速就诊绿色通道，鼓励中医医疗机构面向老年人群开展上门诊视、健康查体、保健咨询等服务。鼓励中医医师在养老机构提供保健咨询和调理服务。鼓励社会资本新建以中医药健康养老为主的护理院、疗养院，探索设立中医药特色医养结合机构，建设一批医养结合示范基地
26	国务院	2017 年 6 月	《关于制定和实施老年人照顾服务项目的意见》	指出要加大推进医养结合力度，鼓励医疗卫生机构与养老服务融合发展，逐步建立完善医疗卫生机构与养老机构的业务合作机制，倡导社会力量兴办医养结合机构，鼓励有条件的医院为社区失能老年人设立家庭病床，建立巡诊制度

序号	发文机关	发布时间	政策名称	要点
27	国务院	2017 年 7 月	《关于加快发展商业养老保险的若干意见》	商业养老保险是商业保险机构提供的，以养老风险保障、养老资金管理等为主要内容的保险产品和服务，是养老保障体系的重要组成部分。发展商业养老保险，对于健全多层次养老保障体系，促进养老服务业多层次多样化发展，应对人口老龄化趋势和就业形态新变化，进一步保障和改善民生，促进社会和谐稳定等具有重要意义。贯彻落实《中共中央关于全面深化改革若干重大问题的决定》《国务院关于加快发展养老服务业的若干意见》《国务院关于加快发展现代保险服务业的若干意见》等文件要求
28	国务院	2017 年 7 月	《关于印发国民营养计划（2017—2030 年）的通知》	提出要出台老年人群的营养膳食供餐规范，指导医院、社区食堂、医养结合机构、养老机构营养配餐。建立老年人群营养健康管理与照护制度。推进多部门协作机制，实现营养工作与医养结合服务内容的有效衔接
29	中共中央、国务院	2017 年 9 月	《关于开展质量提升行动的指导意见》	要求完善以居家为基础、社区为依托、机构为补充、医养相结合的多层次、智能化养老服务体系
30	中共中央	2017 年 10 月	《决胜全面建成小康社会夺取新时代中国特色社会主义伟大胜利——在中国共产党第十九次全国代表大会上的报告》	增进民生福祉是发展的根本目的。必须多谋民生之利、多解民生之忧，在发展中补齐民生短板、促进社会公平正义，在幼有所育、学有所教、劳有所得、病有所医、老有所养、住有所居、弱有所扶上不断取得新进展。完善城镇职工基本养老保险和城乡居民基本养老保险制度，尽快实现养老保险全国统筹。健全农村留守儿童和妇女、老年人关爱服务体系

续表

序号	发文机关	发布时间	政策名称	要点
31	国务院	2019 年 4 月	《关于推进养老服务发展的意见》	按照 2019 年政府工作报告对养老服务工作的部署，为打通"堵点"，消除"痛点"，破除发展障碍，健全市场机制，持续完善居家为基础、社区为依托、机构为补充、医养相结合的养老服务体系，建立健全高龄、失能老年人长期照护服务体系，强化信用为核心、质量为保障、放权与监管并重的服务管理体系，大力推动养老服务供给结构不断优化、社会有效投资明显扩大、养老服务质量持续改善、养老服务消费潜力充分释放，确保到 2022 年在保障人人享有基本养老服务的基础上，有效满足老年人多样化、多层次养老服务需求，老年人及其子女获得感、幸福感、安全感显著提高
32	国务院	2019 年 7 月	《健康中国行动（2019—2030 年）》	为积极应对当前突出健康问题，必须关口前移，采取有效干预措施，努力使群众不生病、少生病，提高生活质量，延长健康寿命
33	国务院	2019 年 7 月	《关于实施健康中国行动的意见》	健全老年健康服务体系，完善居家和社区养老政策，推进医养结合，探索长期护理保险制度，打造老年宜居环境，实现健康老龄化
34	国务院	2019 年 8 月	《关于同意建立养老服务部际联席会议制度的函》	为贯彻落实党中央、国务院关于加快发展养老服务的重大决策部署，根据《国务院办公厅关于推进养老服务发展的意见》要求，进一步加强对养老服务工作的领导，强化统筹协调，形成工作合力，经国务院同意，建立养老服务部际联席会议
35	中共中央、国务院	2019 年 11 月	《国家积极应对人口老龄化中长期规划》	明确提出打造高质量的为老服务和产品供给体系。健全以居家为基础、社区为依托、机构充分发展、医养有机结合的多层次养老服务体系，多渠道、多领域扩大适老产品和服务供给，提升产品和服务质量

序号	发文机关	发布时间	政策名称	要点
36	中共中央	2020 年 4 月	《关于坚持和完善中国特色社会主义制度推进国家治理体系和治理能力现代化若干重大问题的决定》	加快建立基本养老保险全国统筹制度。积极应对人口老龄化,加快建设居家社区机构相协调、医养康养相结合的养老服务体系
37	中共中央	2020 年 11 月	《关于制定国民经济和社会发展第十四个五年规划和二〇三五年远景目标的建议》	为了促进养老事业与养老产业的协同进步,我们需要完善基础的养老服务体系。这包括发展面向大众的养老服务和基于互助的养老模式,同时支持家庭在养老方面的责任和功能。我们还要培养新的养老业态,构建一个居家、社区和机构协同工作,医疗与养老服务相结合的养老服务体系。此外,还需要完善养老服务的综合监管制度,确保服务的质量和效率
38	国务院	2020 年 12 月	《关于建立健全养老服务综合监管制度促进养老服务高质量发展的意见》	深化"放管服"改革,加快形成高效规范、公平竞争的养老服务统一市场,建立健全养老服务综合监管制度,坚持公正监管、规范执法,不断优化营商环境,引导和激励养老服务机构诚信守法经营、积极转型升级、持续优化服务,更好适应养老服务高质量发展要求,更好满足人民群众日益增长的养老服务需求
39	国务院	2020 年 12 月	《关于促进养老托育服务健康发展的意见》	促进养老托育服务健康发展,有利于改善民生福祉,有利于促进家庭和谐,有利于培育经济发展新动能
40	国务院	2021 年 3 月	《2021 年政府工作报告》	在加强基本民生保障方面,推进养老保险全国统筹,规范发展第三支柱养老保险。完善全国统一的社会保险公共服务平台。同时,继续实施失业保险保障扩围政策。促进医养康养相结合,稳步推进长期护理保险制度试点
41	国务院	2021 年 9 月	《关于印发中国妇女发展纲要和中国儿童发展纲要的通知》	除了要保障妇女享有基本养老服务外,还要加快建设居家社区机构相协调、医养康养相结合的养老服务体系,大力发展普惠型养老服务

续表

序号	发文机关	发布时间	政策名称	要点
42	中共中央、国务院	2021年11月	《关于加强新时代老龄工作的意见》	实施积极应对人口老龄化国家战略，把积极老龄观、健康老龄化理念融入经济社会发展全过程，加快建立健全相关政策体系和制度框架，大力弘扬中华民族孝亲敬老传统美德，促进老年人养老服务、健康服务、社会保障、社会参与、权益保障等统筹发展，推动老龄事业高质量发展，走出一条中国特色积极应对人口老龄化道路
43	国家发改委等3部委	2021年11月	《"十四五"积极应对人口老龄化工程和托育建设实施方案》	为了响应和实施积极应对人口老龄化的国家战略，我们强调"一老一小"为核心，致力于完善人口服务体系。我们的目标是扩大养老和托育服务的有效供给，提高服务的质量，完善整体的服务体系，以满足人民对美好生活日益增长的需求。这一行动是基于《中华人民共和国国民经济和社会发展第十四个五年规划和2035年远景目标纲要》《国家积极应对人口老龄化中长期规划》以及中共中央、国务院发布的《关于促进养老托育服务健康发展的意见》等相关文件要求
44	国家卫生健康委、全国老龄办、国家中医药局	2021年12月	《关于全面加强老年健康服务工作的通知》	为贯彻落实全国老龄工作会议精神，协同推进健康中国战略和积极应对人口老龄化国家战略，持续增加老年健康服务供给，切实提高老年健康服务质量，不断满足老年人的健康服务需求
45	国务院	2022年2月	《关于印发"十四五"国家老龄事业发展和养老服务体系规划的通知》	为实施积极应对人口老龄化国家战略，推动老龄事业和产业协同发展，构建和完善兜底性、普惠型、多样化的养老服务体系，不断满足老年人日益增长的多层次、高品质健康养老需求
46	全国老龄工作委员会	2022年2月	《关于印发贯彻落实〈中共中央 国务院关于加强新时代老龄工作的意见〉任务分工方案的通知》	从健全养老服务体系、完善老年人健康支撑体系、促进老年人社会参与、着力构建老年友好型社会、积极培育银发经济、强化老龄工作保障六大方面围绕贯彻落实《中共中央 国务院关于加强新时代老龄工作的意见》制定了全面、科学、系统的任务分工方案

序号	发文机关	发布时间	政策名称	要点
47	国务院	2022年3月	《关于印发"十四五"中医药发展规划的通知》	强化中医药与养老服务衔接，推进中医药老年健康服务向农村、社区、家庭下沉。逐步在二级以上中医医院设置老年病科，增加老年病床数量，开展老年病、慢性病防治和康复护理。推动二级以上中医医院与养老机构合作共建，鼓励有条件的中医医院开展社区和居家中医药老年健康服务。鼓励中医医师加入老年医学科工作团队和家庭医生签约团队，鼓励中医医师在养老机构提供保健咨询和调理服务。推动养老机构开展中医特色老年健康管理服务。在全国医养结合示范项目中培育一批具有中医药特色的医养结合示范机构，在医养结合机构推广中医药适宜技术
48	国家卫生健康委等9部委局	2022年3月	《关于开展社区医养结合能力提升行动的通知》	依托符合条件的医疗卫生、养老等乡镇社区服务机构，有效利用现有资源，提升居家社区医养结合服务能力，推动基层医疗卫生和养老服务有机衔接，切实满足辖区内老年人健康和养老服务需求
49	国家卫生健康委等6部委局	2022年3月	《关于推进家庭医生签约服务高质量发展的指导意见》	积极增加家庭医生签约服务供给，扩大签约服务覆盖面；强化签约服务内涵，突出全方位全周期健康管理服务，推进有效签约、规范履约；健全签约服务激励和保障机制，强化政策协同性，夯实签约服务政策效力，推进家庭医生签约服务高质量发展
50	国务院	2022年4月	《关于推动个人养老金发展的意见》	为推进多层次、多支柱养老保险体系建设，促进养老保险制度可持续发展，满足人民群众日益增长的多样化养老保险需要
51	国务院	2022年5月	《关于印发"十四五"国民健康规划的通知》	提升医养结合发展水平。健全医疗卫生机构和养老服务机构合作机制，为老年人提供治疗期住院、康复期护理、稳定期生活照料、安宁疗护一体化的服务。进一步增加居家、社区、机构等医养结合服务供给。鼓励农村地区通过托管运营、毗邻建设、签约合作等多种方式实现医养资源共享。开展医养结合示范项目，提升服务质量和水平

续表

序号	发文机关	发布时间	政策名称	要点
52	国家卫生健康委等 11 个部委局	2022 年 7 月	《关于进一步推进医养结合发展的指导意见》	推进医养结合是优化老年健康和养老服务供给的重要举措，是积极应对人口老龄化、增强老年人获得感和满意度的重要途径。近年来，医养结合政策不断完善，取得积极进展，但在政策支持、服务能力、人才建设等方面仍存在一些难点堵点问题。各地各相关部门要坚持以习近平新时代中国特色社会主义思想为指导，认真贯彻落实党中央、国务院决策部署，进一步完善政策措施，着力破解难点堵点问题，促进医养结合发展，不断满足老年人健康和养老服务需求

7.5　本章小结

　　人口老龄化将成为贯穿我国 21 世纪的基本国情，用于老年人养老、医疗、照料等方面的费用将大幅度增加，应对人口老龄化的风险和挑战是我国应面对的一个重要的社会问题，构建"医养融合"的社会养老服务体系是解决人口老龄化的风险和挑战的重要手段。2013 年以来，国家出台了系列政策，从政府、市场、社会三方发力，积极推进"医养融合"养老服务事业发展。经过近十年的发展，国家、各部委出台了一系列政策，大致分为四个发展阶段，即酝酿萌芽阶段、起步探索阶段、发展落实阶段、深化完善阶段。关于医养融合机制和政策新进展，日本医养结合经验值得借鉴。中日两国不仅有相似的老龄化进程，更有相近的社会和文化基础，学习日本近年来在医疗与长期照护合作方面的成功经验，将会为我国建立医养康养相结合的养老服务体系带来借鉴与启发。根据中国国情，医养融合的机制与社会保障体系结合，加强医养人才培养，城市规划充分考虑医养融合功能，医养融合的主阵地一定是社区，"居家养老 + 社区服务 + 医疗保障"等。医养与康养应协同发展，建立全生命周期的康养体系。

第8章 "康养+"产业政策

康养产业政策是国家及地方政府部门为了改善康养产业营业环境、提升养老服务而出台的与健康、养生、养老等相关的一系列政策法规和发展规划，可以反映国家及地方对于康养发展的支持程度、康养产业布局以及康养规划进程等（何荞等，2023）。随着"十四五"规划的深入落实，康养产业也迎来了快速发展期，出现了依托森林、中医药、文化旅游、温泉、古镇等方面资源的文化产业、旅游产业、体育产业、中医养生产业等新兴产业模式。相应地，各个产业领域的行业标准也逐渐涌现。为了让人们更好地理解各个行业标准的内涵精神，本章追本溯源，首先对新兴的各个康养产业政策进行概要性的介绍，其次对历年国家宏观层面的康养产业政策进行一定的介绍和梳理，望能有助于人们参考对照。

8.1 康养文旅政策

8.1.1 康养文旅政策简介

康养文化旅游政策是指国家和地方政府出台的一系列政策措施，促进健康、养老、文化、旅游等产业的融合发展。这些政策主要包括以下内容。

（1）针对养老服务机构，国家在房产税、城镇土地使用税等方面给予免税优惠，对其收费标准不作调整。具体而言，自取得房地产权证之日起，对符合条件的养老服务机构免征物业税；城镇土地使用权证取得之日起免征。

（2）针对康养休闲小镇，国家在土地供给、财政扶持等方面都给予了政策倾斜。具体而言，对符合条件的康养休闲小镇项目，按规定享受相关优惠政策，如供地、财政扶持等。对于卫生村镇，国家提出了完善基础设施、提升公共服务、弘扬卫生强化卫生管理等一系列建设目标和举措。

（3）为了激发县域经济发展内生动力，做强文旅康养产业，各级政府通过资金、财政、土地等一系列鼓励政策，通过财政奖励政策促进康养文化旅游产业的发展。这些政策旨在促进乡村振兴、加大康养文化旅游项目开发力度、增强游客观赏游览感受、丰富文化旅游康养产品供给，构建文旅康养产业体系（张飞飞，2021）。同时，也会定期举办相关的高峰会，对相关的政策进行解读，并对康养及文旅行业的发展方向及前景进行探讨。

8.1.2 康养文旅政策评述

康养文旅政策体现了国家对健康产业和旅游产业的高度重视和支持，为康养文旅产业的发展提供了战略指引和顶层设计。例如，《"十四五"文化和旅游发展规划》明确提出了发展康养旅游、推动国家康养旅游示范基地建设等目标，为康养文旅产业的发展指明了方向。

康养文旅政策有利于激发康养文旅产业的创新活力和竞争力，给予科技支持、人才培养、知识产权保护等创新激励政策，推动新产品、新业态、新模式的催生和发展。例如，2017年国家卫生计生委、国家发展改革委、财政部、国家旅游局、国家中医药局颁布的《关于促进健康旅游发展的指导意见》等政策文件，为康养文旅产业的技术支撑和人才保障提供了政策支持。

康养文旅政策有利于促进康养文旅产业的投资、建设、运营等环节，给予财政补助、税费减免、金融贴息等优惠政策，为康养文旅产业的发展降低了成本和风险，增加了收益和效益。例如，2010 年中国人民银行、财政部、文化部等部门出台《关于金融支持文化产业振兴和发展繁荣的指导意见》等政策文件，2014 年国务院印发《关于促进旅游业改革发展的若干意见》，为康养文旅产业的发展提供了相应政策支持。

康养文旅政策有利于保障康养文旅产业的产品质量、服务水平、安全管理等方面，制定了一系列标准规范，为康养文旅产业的发展提供了统一的评价体系和监督机制，保障了消费者的权益和满意度。例如，《乡村民宿服务规范》等标准文件，为康养文旅产业的服务质量提供了参考。

当前的康养文旅政策具有以下亮点。

（1）方向明确。政策明确指出要促进健康、养老、文化和旅游等产业的融合发展，为产业发展提供了明确的方向。

（2）细化措施。政策不仅提出了总体目标，还细化了具体的支持措施，如税收减免、资金补助等。

（3）鼓励创新。政策鼓励企业和社会力量参与康养文旅产业，推动产业创新和升级。

当然，康养文旅政策也存在一些不足之处：一是政策执行不到位。部分地方和企业对政策的理解和执行存在偏差，导致政策效果不尽如人意。二是政策衔接不足。康养文旅涉及多个部门，如卫生、文化、旅游等，需要加强各部门之间的政策衔接和协同。三是市场主体参与度低等。

康养文旅政策的实施将对康养产业、相关产业以及社会经济产生深远影响。一方面，政策的支持将推动康养产业的快速发展，带动相关产业的升级转型，促进地区经济的繁荣发展；另一方面，政策的实施也将面临多方面的挑战，这些都需要政府、企业和社会共同努力，加以解决。

8.1.3 康养文旅政策前瞻

随着全球化、科技的进步和社会发展，康养文旅产业正面临着前所未有的机遇和挑战。据国家统计局统计，到 2025 年，中国的康养文旅市场规模预计将达到 7 万亿元，年均增长率将超过 20%。这显示了康养文旅产业具有巨大的市场潜力和发展空间。康养文旅政策应更加注重长远的顶层设计，明确产业的发展方向和目标。为产业的未来发展提供战略指引。

随着老龄化社会的到来，康养文旅产业将迎来更大的市场需求。随着社会的发展和人们生活水平的提高，人们对康养的需求也在不断增长。康养文旅政策应紧密结合社会发展和市场需求，制定符合实际的政策措施，推动康养文旅产业的发展。政府应加强对康养文旅市场的研究，准确把握市场需求和发展趋势，制定有针对性的政策措施，以满足市场和消费者的需求。政府应加强对康养文旅产业的支持，如提供税收减免、资金补助等政策。

康养文旅产业应积极融合科技、文化、健康等多个领域，推动产业创新和多元化发展。产业融合不仅能够丰富康养文旅产品和服务的内容和形式，还能够提高康养文旅产业的竞争力和影响力。康养文旅产业将不再局限于传统的养老和旅游，而是融合更多的文化、科技、健康等元素，提供多元化的服务。例如，开发集健康、养老、文化、旅游于一体的康养文旅小镇。以浙江省杭州市千岛湖康养文旅小镇为例，该项目通过融合健康、养老、文化、旅游等元素，成功打造了一个集健康、养老、文化、旅游于一体的康养文旅综合体，吸引了大量的游客和老年人前来度假和养老，推动了地方经济的发展。

随着科技的进步和消费观念的变化，康养文旅产业将呈现以下发展趋势。

（1）康养文旅政策将更注重环境保护和可持续发展。例如，推广绿色建筑和可再生能源的应用，加强对康养文旅项目的环境影响评价，确保康养文旅项目的可持续发展。政府应加强对康养文旅产业的环境监管，制定严格的环境保护标准和要求，推动康养文旅产业走可持续发展之路。

（2）技术创新将是康养文旅产业的核心竞争力。政府应鼓励企业进行技术研发和创新，推动产业的数字化和智能化发展。康养文旅产业的发展将更加依赖数字技术，如大数据、人工智能等，实现服务的个性化和智能化。例如，利用大数据分析消费者的需求，为其提供定制化的服务。

针对康养文旅产业的未来发展趋势，建议政府采取以下措施。

（1）加强顶层设计。制定长远的康养文旅发展规划，明确产业的发展方向和目标。

（2）鼓励技术创新。支持企业进行技术研发和创新，推动产业的数字化和智能化发展。

（3）完善政策体系。根据产业的发展需要，不断完善和调整相关政策，确保政策的针对性和有效性。

8.2　康养运动政策

康养运动是指帮助人们提高身体素质，防治慢性病，延缓衰老，提高生活质量，以运动为主要手段，结合健康评估等服务的一种健康模式。以实现全民快乐为康养运动目标。

8.2.1　康养运动政策简介

国家对于康养运动的政策支持始于"十三五"初期，中共中央、国务院在 2016 年印发的《"健康中国 2030"规划纲要》指出，积极促进健康与养老、旅游、互联网、健身休闲、食品等融合，催生健康新产业、新业态、新模式。在此基础上,国家相继出台了一系列关于推进体育公园建设、发展康养旅游、加强老年人健身服务等方面的指导意见和规划文件,为康养运动的发展提供了政策引导和支持,为康养运动的健康发展提供了具体的路径指南。地方政府参照国家宏观层面的政策精神,制定了关于康养运动健身的产业规划。此处以攀枝花市为例进行说明。

近年来,攀枝花市以创建"中国阳光康养产业发展示范区"为契机,大力发展康养运动的阳光健身产业,相继出台了《攀枝花市体育产业发展五年规划》《攀枝花市人民政府关于加快发展体育产业促进体育消费的实施意见》《攀枝花市全民健身实施计划(2016—2020 年)》《攀枝花市足球改革发展实施意见》《攀枝花市举办省级以上体育赛事奖补办法》等一系列政策文件,确立了基础设施建设、训练基地建设、体育运动休闲、体育精品赛事、"互联网 + 体育"产业、体育企业培育、体育彩票销售、促进融合发展"八大工程",力争将攀枝花市打造成为攀西地区体育产业区域中心城,并制定和发布了《攀枝花市运动康养特色小镇建设基本要求》《攀枝花市运动康复行动指南》,积极引导体育产业向健康方向发展。

8.2.2　康养运动政策评述

康养运动政策主要是为了推动康养运动产业的健康发展,提升国民的生活质量和健康水平,同时也为国家经济社会的持续发展注入新的活力。以下将从政策内容、政策作用及影响、政策执行等方面对康养运动政策进行详细评述。

1. 政策内容

康养运动政策通常会涵盖产业发展方向、目标、重点任务、支持措施等内容。这些内容通常会围绕如何推动康养运动产业的创新与发展,如何提升服务质量与水平,如何加强人才培养与科技创新等方面展开。例如,政策会明确提出要加强康养运动产业的顶层设计,完善产业发展的法律法规体系，加大财政投入与税收优惠，推动产业与科技、文化、旅游等领域的深度融合。

2. 政策作用及影响

康养运动政策的实施，对于推动康养运动产业的发展，提升国民的健康水平，促进经济社会的可持续发展等方面，都产生了积极的作用与影响。首先，政策的实施有助于优化康养运动产业的发展环境，激发产业内外部的创新活力；其次，政策的支持有助于引导社会资本投入，推动产业的市场化、专业化发展；最后，政策的引导有助于提升康养运动服务的质量与水平，满足国民多元化、个性化的健康需求。

3. 政策执行

政策的执行力度与效果，是衡量一项政策成功与否的重要标准。康养运动政策的执行，需要相关政府部门的密切协作与配合，需要产业内外的共同参与和努力。例如，政府需要加大政策的宣传力度，提高政策的知晓率与认同度；产业需要加强自主创新与品牌建设，提升产业的核心竞争力；社会需要加强康养运动的普及与推广，提高国民的健康意识与行为。

4. 存在问题与改进方向

康养运动政策在实施过程中，也可能会遇到一些问题与困难，如政策的协调性不足、执行力度不够、支持力度不够等。这些问题需要通过加强政策的顶层设计、完善政策的制度体系、加大政策的支持力度等方面进行改进与完善。例如，可以进一步明确政策的目标与任务，加强政策的监督与评估，优化政策的激励与约束机制，提升政策的执行效率与效果。

8.2.3 康养运动政策前瞻

康养运动政策在未来也将更加重视以下几个方面。

1. 面向全体人民

要根据不同人群的特点和需求，提供个性化和差异化的康养运动服务和产品，如针对青少年的体育教育培训、针对中青年的体育休闲娱乐、针对老年人的体育医疗保健等。康养运动政策将更加适应老年人和其他有康养需求的人群的多元化需求。随着人口老龄化和健康意识的提高，老年人和其他有康养需求的人群对于健康运动服务的需求不仅增加了数量，而且提高了质量，表现出了多样化、个性化、差异化的特点。因此，康养运动政策将更加注重满足不同类型、不同层次、不同偏好的消费者的需求，提供更加丰富、灵活、定制化的运动项目和服务，如徒步、骑行、瑜伽、太极拳、冰雪运动、水上运动等。

2. 康养运动政策将更加促进康养产业与体育、旅游等相关产业的融合发展

康养产业与体育、旅游等相关产业有着天然的互补性和协同性，通过融合发展可以实现资源共享、优势互补、效益叠加。因此，康养运动政策将更加支持各类旅游景区、度假区、小镇等开展适老化建设和改造，打造一批集休闲观光、健身运动、文化体验于一体的康养旅游基地。同时，也将更加鼓励各类体育场馆、俱乐部、学校等开展多元化服务，打造一批集竞技表演、教育培训、文化交流于一体的康养体育基地。

3. 强化基层

要加强基层体育场馆设施建设和改造，提高基层体育公共服务水平和覆盖率，打造"15分钟体育生活圈"，让更多群众享受到便捷高效的康养运动服务。

4. 提高质量

要加强康养运动服务的质量监管和标准制定，提升服务人员的专业素质和服务能力，提高消费者的满意度和忠诚度，打造康养运动服务的品牌形象和社会信誉。

5. 改革创新

要加强康养运动产业的科技创新和模式创新，引入新技术、新业态、新平台，推动产品创新、服务创新、管理创新，提升康养运动产业的竞争力和效益。科技创新是康养产业发展的重要驱动力，通过科技创新和应用可以提升康养产业的技术含量和附加值，增强康养产业的竞争力和吸引力。因此，康养运动政策将更加支持科技创新与体育、旅游等领域融合发展，鼓励开展运动康养科技创新和应用示范。例如，利用大数据、云计算、物联网等技术，实现对老年人和其他有康养需求的人群的健康状况和运动习惯的智能监测和分析，提供个性化的运动指导和建议；利用虚拟现实、增强现实、人工智能等技术，实现对老年人和其他有康养需求的人群的运动场景和体验的智能模拟与优化，提供沉浸式的运动感受和乐趣。

8.3 康养农业政策

8.3.1 康养农业政策简介

康养农业是以健康为宗旨，以"三农"为载体，以科学养生方法为指导，将传统第一产业与第三产业相融合的传统农业升级版。乡村振兴战略中重要内容是康养农业。与此相关的政策散见于历年官方发布的意见、通知等文件中，并与文旅产业交织在一起。有的是专门针对康养农业而制定的政策，有的却属于共通适用性的政策。总而言之，国家对于康养农业的政策支持主要包括以下几个方面。

（1）土地利用方面的方针。国家鼓励利用闲置厂房等资源开发康养农业项目，对具备条件的项目给予减免出让金、延长使用年限等土地优惠，对符合条件的项目给予土地出让优惠。同时，为防止改变用途或挪作他用，加大对康养农业项目用地监管力度。

（2）财政税收政策方面。国家对包括康养工程、营业税免征、城市维护建设税等给予税收优惠，当然也会包括康养农业的建设方面。

（3）融资方针。国家支持康养农业项目通过多种方式融资。

为避文繁，在此仅以 2018 年中央一号文件《中共中央 国务院关于实施乡村振兴战略的意见》（以下简称《意见》）为例。《意见》按照党的十九大报告提出的"产业兴旺、生态宜居、乡风文明、治理有效、生活富裕"的总要求，对统筹推进农村经济建设、政治建设、文化建设、社会建设、生态文明建设和党的建设，都作了全面部署，为休闲农业和乡村旅游带来了难得的发展历史机遇，为康养农业的产业项目的建设奠定了基础。

《意见》在谈到"构建农村一二三产业融合发展体系"指出，要实施休闲农业和乡村旅游精品工程，建设一批设施完备、功能多样的休闲观光园区、森林人家、康养基地、乡村民宿、特色小镇。对利用闲置农房发展民宿、养老等项目，研究出台消防、特种行业经营等领域便利市场准入、加强事中事后监管的管理办法。发展乡村共享经济、创意农业、特色文化产业。

8.3.2 康养农业政策评述

康养农业政策是推动康养农业发展的重要手段，其内容、影响、执行和设计都值得深入研究和探讨。政策的制定和实施应更加科学合理，更加注重实效性，以确保康养农业政策能够更好地服务于农业农村发展，更好地满足人民群众的康养需求。同时，政策的持续优化和完善也是推动康养农业持续健康发展的关键。近年来，我国出台了一系列关于康养农业的政策文件，为康养农业的发展提供了指导和支持。康养农业政策内容丰富，涵盖了康养农业的多个方面。政策强调了康养农业基地的建设、绿色有机农产品的推广、农村康养旅游的发展、科技创新和人才培养等。政策还提出了财政补贴、税收优惠、人才培养、科技创新等具体支持措施，为康养农业的发展提供了有力保障。以下是一些具体的政策内容。

（1）康养农业基地的建设。政策要求加快建设一批示范性的康养农业基地，打造集生产、加工、销售、服务于一体的康养产业链。政策鼓励利用闲置土地、闲置房屋、闲置设施等资源，建设符合当地特色和需求的康养农业项目。政策支持建立健全康养农业基地的质量标准、安全监管、信用评价等制度。

（2）绿色有机农产品的推广。政策要求加强绿色有机农产品的生产管理和质量控制，提高绿色有机农产品的供给能力和品质水平。政策鼓励开展绿色有机农产品的认证和标识，增强绿色有机农产品的市场竞争力和消费信任度。政策支持建立绿色有机农产品的流通体系和网络平台，拓宽绿色有机农产品的销售渠道和消费市场。

（3）农村康养旅游的发展。政策要求加强农村康养旅游资源的开发和保护，提升农村康养旅游产品的品质和档次。政策鼓励发展多样化的农村康养旅游模式和业态，如乡村民宿、乡村体验、乡村休闲等。政策支持建立完善的农村康养旅游服务体系和监督机制，保障农村康养旅游服务的质量和安全。

（4）科技创新和人才培养。政策要求加大对康养农业领域的科技投入和创新力度，推动科技成果转化和应用。政策鼓励建立多元化的科技创新平台和机制，促进科技创新与产业发展的深度融合。政策支持培育和引进一批专业化的康养农业人才，提高康养农业人才的素质和能力。

康养农业政策的实施确实在农业和农村经济方面产生了深远的影响，为农村地区带来了一系列积极变化。这些政策不仅推动了农业产业结构的优化，还带动了农村经济的增长，提升了农民的生活水平，同时也推动了农村康养旅游的发展，加强了农村与城市的融合发展。主要有以下影响。

（1）农业产业结构的优化。康养农业政策的实施，使得更多的农业开始转向康养方向发展。这不仅包括传统的农业生产，还包括农业服务业和农业旅游业。政策的推动使得农业生产更加多元化，更加注重生态和可持续发展，推动了绿色、有机、生态农产品的生产和推广。这种转变不仅提高了农产品的附加值，也为农民开辟了新的收入来源，推动了农业经济的持续健康发展。

（2）农村经济的增长。康养农业政策的实施，通过优化农业产业结构，创新农业经营模式，带动了农村经济的快速增长。农民通过参与康养农业的生产和服务，获得了更多的就业和创业机会，实现了收入的稳定增长。例如，政策鼓励农民发展特色农产品、生态农业和休闲农业，以满足市场对高品质、多样化农产品的需求。政策还通过财政补贴、税收优惠等措施，减轻了农民的经营负担，提高了农业生产的利润率。这些都有助于提高农民的生活水平，改善农村的生活环境，促进农村社会的和谐稳定。

（3）农村康养旅游的发展。康养农业政策的实施，也极大地推动了农村康养旅游的发展。政策鼓励农民开发农村康养旅游资源，发展乡村旅游、农家乐等多种形式的康养旅游项目。这不仅丰富了农村的康养旅游产品和服务，也吸引了大量的游客前来体验，带动了农村旅游消费的增长。农村康养旅游的发展，也为农民提供了更多的就业和创业机会，增加了农民的收入，提高了农村的经济活力。

（4）农村与城市的融合发展。康养农业政策的实施，还加强了农村与城市的融合发展。政策通过优化土地利用、改善基础设施、提升公共服务等措施，缩小了农村与城市的发展差距。政策还鼓励城市居民参与农村康养旅游，推动了城乡居民的交流互动，加强了城乡经济文化的融合。这种融合发展不仅有助于实现城乡均衡发展，也有助于构建和谐的城乡关系，推动社会全面进步。

（5）社会和谐与生活水平提升。康养农业政策的实施，不仅有助于提高农民的生活水平，改善农村的生活环境，还促进了农村社会的和谐稳定。政策通过推动农村基础设施建设和公共服务提供，改善了农村的居住条件和生活质量。例如，政府投入资金建设农村道路、水利和卫生设施，提供医疗、教育和文化服务，满足农民对美好生活的向往和追求。

（6）政策的持续优化。康养农业政策的持续优化和完善，将进一步推动康养农业的发展。政策制定者应更加注重政策的科学性和实效性，更加注重政策的执行和监管，确保政策能够更好地服务于农业农村发展，更好地满足人民群众的康养需求。

目前，各地在康养农业政策的执行上存在一定差异，一些地区由于政策执行力度大，康养农业发展较快，而一些地区由于缺乏有效执行，康养农业发展较慢。政策执行还需要加强监管，确保政策的有效实施，防止资源浪费和腐败现象的发生。简要例证康养农业政策执行上的情况如下。

（1）浙江省。浙江省是康养农业的先行者和领跑者，2016 年就出台了《关于加快推进农村康养产业发展的实施意见》，提出了"十三五"期间建设 1000 个农村康养示范基地、培育 100 个农村康养品牌、形成 1000 亿元以上产值的目标。浙江省还建立了省市县三级联动的工作机制，加大了财政、金融、土地等方面的支持力度，推动了康养农业项目的落地和运营。截至 2020 年底，浙江省已建成了 1200 多个农村康养示范基地，吸引了近 2000 万人次前往体验。

（2）山西省。山西省是康养农业的后起之秀和追赶者，山西省农业农村厅印发了《山西省 2018 年农村农林文旅康产业融合发展建设项目实施方案》，提出了以晋城市为整市推进试点的工作思路。山西省还制定了《乡村振兴战略规划（2018—2022 年）》，将康养农业作为乡村振兴的重要内容之一。山西省还加强了与社会资本、金融机构、科研院所等多方合作，促进了康养农业项目的创新和发展。截至 2020 年底，山西省已建成了 300 多个农村康养示范基地，接待了近 500 万人次游客。

（3）贵州省。贵州省是康养农业的探索者和实践者，2019 年出台了

《关于加快推进乡村振兴战略实施的意见》，提出了打造"健康贵州"的战略目标。贵州省还依托其丰富的自然资源、民族文化、生态环境等优势，开发了一批具有特色和影响力的康养农业项目。贵州省还注重引入互联网、大数据、人工智能等新技术，提升了康养农业项目的智能化和数字化水平。截至 2020 年底，贵州省已建成了 500 多个农村康养示范基地，带动了近 100 万人增收。

8.3.3　康养农业政策前瞻

1. 经济发展方面

随着我国大健康产业的快速发展，康养农业政策将更加适应市场变化和消费需求，有利于拓宽康养农业的市场空间和消费市场，提升康养农业的附加值和竞争力。康养农业政策也将有利于促进产业融合和创新，形成新的产业模式和业态，如医养结合、文旅结合、科技结合等，打造全产业链、全价值链的康养产业体系。康养农业政策还将有利于吸引社会资本、金融资本参与康养农业的建设和运营，提供多样化的投融资方式和政策支持，激发市场主体活力。

2. 社会发展方面

随着我国人口老龄化、健康意识提高、消费升级等社会变化，康养农业政策将更加符合人民群众的多层次、多样化的健康需求，有利于满足城乡居民对于健康生活方式的追求和向往，提高人民群众的幸福感和获得感。康养农业政策也将有助于促进农村经济转型升级，增加农民收入来源和增收渠道，提高农村经济效益和社会效益，为实现乡村振兴提供有力支撑。康养农业政策还将有助于推动乡村治理体系和治理能力现代化，加强乡村基层组织建设，激发乡村活力和创造力，保障农村社会稳定与和谐。

3. 技术发展方面

随着新一轮科技革命和产业变革的深入发展,康养农业政策将更加依托科技创新和应用,有利于提高康养农业的生产管理和质量控制,提升康养农业的供给能力和品质水平。康养农业政策也将有利于引入更多的新技术、新装备、新模式、新平台等,如生物技术、信息技术、人工智能、大数据、互联网等,提升康养农业的智能化和数字化水平。

8.4　康养制造业政策

8.4.1　康养制造业政策简介

康养制造业是指为提供康养设备、产品、材料等进行的加工服务的产业,其种类非常宽泛,诸如养生药品、食品、保健品、医疗养生器材、设备,以及融合当代高科技成果的智能监测仪器、全天候监测身体状态的随身仪器、人造心脏支架等。对这些产品的开发、创新与应用,将满足人民群众日益增长的康养需求,具有可持续性的发展趋势。

国家对于康养制造业的政策也散见于宏观康养政策中,主要包括以下几个方面。

(1) 土地利用方面的方针。国家鼓励利用闲置厂房等资源开发康养制造产业项目,对具备条件的项目给予减免出让金、延长使用年限等土地优惠。同时,为防止改变用途或挪作他用,应加强对康养制造业项目用地的监管。

(2) 财政税收政策方面。国家给予康养产业项目免征增值税、营业税和城市维护建设税等税收优惠。同时,对购买或租赁康养制造业产品和服务的老年人,允许商业养老保险费在一定额度内抵扣个人所得税、给予补贴或减免房产税等，对投资者和消费者也有相应的财税奖励措施。

（3）融资方针。融资方针包括申请政策性补贴、直补、申请银行贷款、引进康养产业基金或政府创业投资引导基金、引进房地产信托投资基金、引进信托资金等，国家支持康养制造业项目通过多种方式融资。

（4）政策的规范性。国家制定了一系列规范性文件，对康养产业项目的规划、建设、经营、管理等方面提出了要求和指导意见，对确保符合国家标准和质量要求的康养制造项目，加大监督检查和考核力度。

（5）推动政策走向健康。国家出台了一系列指导意见和规划文件，对健康养老制造业进行政策引导和扶持，推动健康中国建设，实施健康中国行动，发展全民健身事业，加强对重点人群的健康服务。

8.4.2　康养制造业政策评述

1. 内容

当前康养制造业政策主要涉及以下内容。

（1）明确康养制造业的发展目标和方向，如国务院《关于印发"十四五"国家老龄事业发展和养老服务体系规划的通知》和国家卫生计生委《关于印发健康中国行动（2019—2030 年）的通知》等，都提出了要打造制造业创新示范高地，促进健康与养老、旅游、互联网、健身休闲、食品融合，催生健康新产业、新业态、新模式等战略目标。

（2）支持康养制造业的资金投入和融资渠道，如 2014 年《国土资源部办公厅关于印发〈养老服务设施用地指导意见〉的通知》所附的《养老服务设施用地指导意见》也对相关用地政策进行了更为详尽的分类说明，2019 年财政部、税务总局等部委《关于养老、托育、家政等社区家庭服务业税费优惠政策的公告》规定了对康养制造业实施税收优惠、土地供应等政策措施，为康养制造业的建设和运营提供了有力保障。

（3）推动康养制造业的技术创新和人才培养，如国家发展改革委《智慧健康养老产业发展行动计划》和国家卫生计生委《关于印发医疗机构与社会办医疗机构合作共建医养结合机构指导意见的通知》等，都要求加强康养制造业领域的科技投入和创新力度，推动科技成果转化和应用，培育和引进一批专业化的康养制造业人才，提高康养制造业人才的素质和能力。

2. 积极影响

康养制造业政策的实施对我国的经济社会发展有积极的影响，主要表现在以下几个方面。

（1）促进了制造业转型升级，康养制造业政策通过激发制造业创新活力和竞争力。

（2）增加了制造业的附加值和效益，为实现制造强国提供了有力支撑。

（3）满足了人民群众的健康需求，康养制造业政策通过提供优质的健康产品和服务，满足了人民群众对于健康生活方式的追求和向往，提高了人民群众的幸福感和获得感。

（4）推动了新兴产业的发展壮大，康养制造业政策通过促进产业融合和创新，催生了一批新型的康养机构、企业、平台等主体，形成了一系列新颖的康养产品、模式、品牌等内容，为我国战略性新兴产业的发展注入了新动能。

3. 问题和挑战

康养制造业政策的执行情况受到多方面因素的影响，总体而言还存在一些问题和挑战，主要包括以下几点。

（1）政策落实不到位，部分地区和部门对于康养制造业政策的重要性和紧迫性认识不足，缺乏有效的组织领导和协调机制，导致政策的执行力度不够，效果不明显。

（2）政策配套不完善，康养制造业涉及多个领域和部门，需要有相应的法律法规、标准规范、监管措施等进行支撑和保障，但目前这方面还比较薄弱，存在一些制度空白和漏洞。

（3）政策创新不足，康养制造业是一个新兴的产业领域，需要有适应市场变化和消费需求的政策创新，但目前还缺乏一些针对性的、激励性的、灵活性的政策措施，难以形成政策的引导作用和示范效应。

8.4.3 康养制造业政策前瞻

康养制造业，作为康养产业的重要组成部分，正逐渐成为国家发展的新焦点。随着全球老龄化的加速，康养需求日益增长。康养制造业政策的出台，正是为了满足社会对健康、养老和康复的多元化需求。政策中明确提到的"构建以居家社区为基础、机构为补充、医养结合为特色的多层次多样化养老服务体系"的目标，反映了国家对于满足人民群众日益增长的健康和养老需求的决心。此外，政策还强调了人才培养和国际合作，这意味着康养制造业的发展不仅仅是国内的，还将走向国际，为全球老龄化社会提供解决方案。康养制造业政策的出台，无疑为康养制造业的市场发展注入了新的活力。政策中提到的财政支持、税收优惠和金融服务，将为康养制造企业提供有力的政策支撑，降低其经营成本，增强市场竞争力。同时，政策还提出了"推动服务业多业态深度融合发展"的目标，这意味着康养制造业将与其他产业，如旅游、文化、体育等进行深度融合，形成康养产业链，进一步扩大市场规模。

康养制造业政策明确提出了加强科技创新和应用的目标，这意味着康养制造业的发展将更加依赖于技术进步。智能化产品和服务的研发及推广，将使康养制造业进入一个新的发展阶段，为消费者提供更加个性化、智能化的康养产品和服务。此外，政策还提出了建立康养制造业标准体系的目标，这将为康养制造业的技术发展提供标准化的指导，确保技术的健康、有序发展。

8.5 康养社区政策

8.5.1 康养社区政策简介

康养社区是指集居住、医疗、康复、护理、文化、娱乐等功能于一体，以健康养老为主题的综合性社区。健康养老社区也是促进城乡统筹发展、提高居民生活质量的有效途径，是积极应对人口老龄化、满足老年人多元化需求的重要载体。与康养社区建设相关的政策从国家到地方级别的都有，比如《全国老龄事业发展和养老服务体系"十四五"规划》，对为社区提供顶层设计和指导方向的康养社区发展目标、基本原则、重点任务、保障措施等进行了全面安排。

各省也根据国家规划，结合本地实际，制定了符合本省实际的政策，比如《河南省"十四五"养老服务体系及康养产业发展规划》等相应的康养社区发展规划，对康养社区建设目标、重点区域、扶持措施等作出具体安排，为康养社区在政策落实、执行等方面提供了保障。

此外，作为共通适用性的政策，比如在财税上给予支持，《智慧健康养老产业发展行动计划》提出，国家发展改革委安排中央预算内投资支持连锁化、标准化社区居家养老服务网络建设，对康养社区项目给予了用地优惠、税费减免、资金补助等政策支持。

又如在人才方面的扶持，《年度盘点一：健康养老政策，顶层驱动体系，落实精准支持》介绍了国家鼓励和引导金融机构、社会资本等多元主体参与健康养老社区项目投资运营，国家针对商业养老保险护理保险、房地产信托投资基金等金融产品和服务出台了一系列政策措施，为健康养老社区提供了融资渠道。如《重庆市养老服务体系建设"十四五"（2021—2025年）规划》也提出，国家和地方加大对康养社区人才的培养、引进、激励等政策措施,加大对从事医疗卫生、护理等专业人才的培训力度,为康养社区提供人才保障(张宇,2021)。

8.5.2 康养社区政策评述

近年来康养社区政策逐渐受到国家和地方政府的重视,反映出我国老龄化问题的加剧以及对老年人健康和福祉的关注。康养社区政策主要涉及以下内容。

1. 提升医疗和养老服务能力

《关于开展社区医养结合能力提升行动的通知》明确了社区医养结合的方向和目标,强调要满足失能、慢性病、高龄、残疾等行动不便或确有困难的老年人的需求。这一政策的出台,旨在通过提高社区医养结合服务能力,使老年人能够在家门口获得全方位的健康和养老服务。

从政策层面来看,我国政府对康养服务产业给予了高度重视和支持,出台了一系列优惠政策和指导意见。例如《关于促进健康服务业发展若干意见》提出要加快发展医疗旅游、中医药健康服务等新型健康服务业态;《关于加快发展养老服务业的若干意见》提出要推进医养结合、居家社区养老等多元化养老服务模式;《关于开展健康城市健康村镇建设的指导意见》提出要建设一批集医疗、保健、休闲、旅游于一体的健康村镇。此外,国家还出台了土地供应、税收减免、金融支持等政策,为康养社区的建设和运营提供了便利条件。

我国学者对康养社区相关理论进行了深入研究,从不同角度和维度分析了康养社区的内涵、特征、功能、模式、评价等问题,并借鉴了国外先进经验,为康养社区的规划设计和管理提供了理论指导。例如,施豪(2020)对近十年国内外社区养老文献进行了综述,梳理了社区养老的政策体系支撑、老年人身心健康、物质空间和评价体系建设四个方面的研究内容,并对未来社区养老的研究方向提出了展望;邵赟和王庆生

（2020）对国内外康养环境中建筑空间设计进行了比较研究，从服务对象、内容、理念以及服务主体四个方面解析了医养结合的内涵，并从空间布局、功能组织、形式表达等方面分析了国内外医养结合建筑空间设计的异同。

从实践层面来看，我国各地根据自身的资源禀赋和市场需求，探索了不同类型和模式的康养社区，形成了一批具有特色和影响力的案例，为康养社区的创新发展提供了借鉴和示范。例如，绍兴元垄美好之城是一种城市型康养综合体，综合了住区、养老公寓、商业、月子中心、医疗美容、运动康复等业态，以开放的生活场景和变化的社区空间为特色，打造了一个与城市共呼吸的养老社区；博鳌乐城国际医疗旅游先行区是国家级医疗旅游开发园区，以先进的医疗技术为核心，依托中西医疗产业资源和适宜的康疗养生气候，提供专业化的医疗诊断、医护疗养、健康检查、康复护理服务产品；北京爱晚云集国际健康中心是一种集医疗健康、养老服务、文化教育、休闲公园等多元功能于一体的健康社区，以人文关怀和科技创新为理念，为老年人提供全方位的健康管理和生活服务。

2. 支持医疗卫生机构开展医养结合服务

《关于印发医疗机构与养老服务机构签约合作服务指南（试行）的通知》鼓励医疗机构与社会办医疗机构合作，实现医疗资源下沉、优质医疗资源共享，提高医养结合服务质量和水平。

3. 提升养老机构医养结合服务能力

《关于进一步推进医养结合发展的指导意见》提出了支持养老机构改造增加护理型床位和设施，支持社会力量建设专业化、规模化、医养结合能力突出的养老机构，指导支持养老机构、医疗卫生机构开展签约合作等措施。

4. 优化服务衔接

为了确保老年人能够得到连续、完整的医养服务，提出了推动社区卫生服务机构与社区养老服务机构、社区康复站等公共服务设施统筹布局、资源共享，将养老机构内设的医疗卫生机构纳入医疗联合体管理，与牵头医院、康复医院、护理院等建立双向转诊机制等举措。

5. 完善支持政策

为了推动康养社区的发展，还提出了完善价格政策、加大保险支持、加强财政投入、优化税收政策等方面的具体措施。

这些政策增加了居家社区医养结合服务的供给，使得更多的老年人能够在家门口享受到方便、贴心的健康和养老服务，从而减轻了他们的生活压力。另外，政策的实施也促进了医疗卫生机构和养老机构的协同发展，使得医疗和养老资源能够更加高效地整合和利用，提高了服务的质量和水平。此外，康养社区政策还推动了康养产业的创新发展，使得康养产品和服务更加多样化、智能化、个性化，满足了老年人对于健康养老的多层次、多样化需求。

8.5.3 康养社区政策前瞻

康养社区政策的制定和实施都需要有坚实的理论依据。康养社区政策应基于人本主义、可持续发展和社会公平等理念，以实现个人、社会和环境的和谐共生。此外，康养社区政策还应结合社会变迁、人口老龄化和科技发展等因素，进行动态调整和优化。

1. 社会发展

从社会发展方面看，康养社区相关政策有利于促进老年人的健康和幸福，提高老年人的生活质量和社会参与度，增强老年人的获得感、幸福感、安全感。康养社区相关政策也有利于缓解家庭和社会的养老负担，增进家庭和谐和社会稳定，构建老年友好型社会。康养社区相关政策还有利于激发老年人的创新创业潜力，发挥老年人的智慧和经验，为经济社会发展作出贡献。人本主义强调人的价值和尊严，主张以人为本，关注个人的全面发展。在康养社区政策的制定和实施中，人本主义将成为核心理念。政策将更加注重满足老年人的多元化和个性化需求，提供全方位、多层次的康养服务，促进老年人的身心健康和社会参与。例如，未来的康养社区可能会更加强调个性化服务和人性化设计，以提高老年人的生活质量和幸福感。康养社区政策的实施，对于推动社会和谐发展具有重要意义。康养社区的建设有助于提升老年人的生活质量和幸福感，增强他们的社会参与度。例如，北京市的一些康养社区通过提供多元化和专业化的康养服务，成功地满足了老年人的个性化需求，使他们在享受幸福生活的同时，也能够更加积极地参与社会活动。

2. 市场发展

从市场发展方面看，康养社区相关政策有利于推动康养产业的转型升级，培育新产业、新业态、新模式，形成多元化、专业化、智能化的康养服务供给。康养社区相关政策也有利于扩大康养市场的需求规模，满足老年人的多层次多样化需求，促进消费升级和内需扩大。康养社区相关政策还有利于优化康养市场的环境机制，激发社会力量的参与积极性，提高康养服务的效率和质量。可持续发展强调经济、社会和环境三方面的平衡发展。康养社区政策将秉持可持续发展理念，推动康养产业的绿色发展，优化资源配置，实现社会、经济和环境的和谐共生。例如，未来的康养社区可能会更加注重生态环境保护和资源节约，采用绿色建筑和清洁能源，推广健康生活方式，以实现康养产业的可持续发展。

3. 技术发展

从技术发展方面看，康养社区相关政策有利于加强科技创新和应用推广，引导科技资源向康养领域集聚，打造制造业创新示范高地。康养社区相关政策也有利于促进"互联网＋""数字化""智能化"等技术与康养服务的深度融合，提升信息化水平和服务水平。康养社区相关政策还有利于培育科技型人才和专业型人才，提高队伍建设水平和服务能力。

康养社区政策体系的发展需要不断适应社会发展的需求，实现政策的动态调整和优化。鼓励政策创新和试点，探索更加有效的政策措施。加强政策效果评估，及时修订不适应的政策条款。加强政策间的协同和配合，形成政策合力，避免政策冲突和重叠。优化政策环境，为康养社区的发展创造有利条件。加强政策的执行力度，确保政策的落地和实施。建立政策执行的监督和考核机制，确保政策目标的实现。

康养社区政策体系是一个多层次、多领域、多主体参与的综合性政策体系（钟小平等，2021）。通过顶层设计、需求导向、政策创新和政策协同，形成了以基础政策、支持政策和保障政策为主体的政策体系结构。未来，康养社区政策体系将继续发展和完善，为推动康养社区的建设和发展提供有力的政策支持。

8.6 "康养 +" 产业政策评述

8.6.1 总体评价

"康养 +" 产业政策通过整合医疗、康复、保健、养老等资源，为实现全民健康长寿提供全方位、多层次、高质量的健康管理和保健服务。政策主要涉及医疗、康复、保健、养老等多个领域，涉及医疗保健、运动康复、健康管理等多个方面，"康养 +" 产业政策是一项全方位、多层次、高质量的健康管理和保健服务政策，是一项以健康和养生为主要目的的全面政策。"康养 +" 产业政策的研究主要集中在政策的目标、原则、措施和机制等方面。

国内外学者就包括政策实施过程中的问题、政策效果的评估与改善等 "康养 +" 产业政策所面临的挑战与问题进行了研究。政策的措施和机制应该以系统理论为指导，强调整体性和互动性。系统理论可以帮助政策制定者更好地理解和解决复杂的健康问题。政策的实施应该基于健康信念模型，通过改变人们的健康观念和生活方式，实现全民健康长寿的目标。如王等（Wang et al.，2018）的研究表明，健康信念模型是影响人们健康行为的重要因素。

国内外学者对政策内容与实施办法进行了广泛研究，探讨了如何更有效地实施这一政策，以实现政策目标。政策的实施办法主要包括制定合理的政策措施、建立有效的政策机制、加强政策宣传和培训等，以确保政策的顺利实施和达成预期效果。"康养＋"产业政策旨在实现全民健康长寿，其核心目标是提供全方位、多层次、高质量的健康管理和保健服务。这一目标体现了人本主义的理念，强调个人的价值和需求。人本主义强调个人的自主性和尊严，是健康政策制定的重要指导思想。

国内外学者广泛研究"康养＋"产业政策的目标、原则、措施、机制等内容与实施办法。政策效应的研究主要集中在健康服务成效、健康观念和生活方式的影响等方面。通过实施"康养＋"产业政策，可以提高人们的健康水平，改变人们的健康观念和生活方式，从而实现全民健康长寿的目标。政策效应的研究有助于更全面、更深入地了解政策的实际效果，为政策的优化和完善提供科学依据。尽管"康养＋"产业政策具有重要的理论意义和实践价值，但在政策实施过程中仍然面临着一系列的挑战和问题。这些挑战和问题主要包括政策实施的不规范、政策效果的评估与改善等。为了更好地实施"康养＋"产业政策，需要深入研究这些问题，找出解决办法，加强政策执行的监督管理，确保政策的有效实施。

8.6.2 "康养＋"产业政策的合理性

1. 符合国情和实际

"康养＋"产业政策是根据我国人口老龄化和健康中国战略的国情和

实际制定的，具有针对性和时效性。据国家统计局统计，我国 60 岁以上老年人口已达 2.5 亿，占总人口的 18.1%，预计到 2035 年将达到 3 亿，占总人口的 25%。老年人口规模大，老龄化速度快，老年人需求结构正在从生存型向发展型转变，老龄事业和养老服务还存在发展不平衡不充分等问题。实施 "康养 +" 产业政策，是应对人口老龄化和促进经济社会发展的重要举措，也是贯彻落实健康中国战略的重要内容。

2. 符合社会发展规律

"康养 +" 产业政策是基于生命质量和生命价值观、康养产业和银发经济、森林康养和医养结合等理论和规律制定的，具有科学性和前瞻性。生命质量是指人们在生理、心理、社会关系、环境等方面所享有的满意程度和幸福感。生命价值观是指人们对生命的意义、目的和价值的认识和态度。"康养 +" 产业政策以提升人民群众的生命质量为目标，以尊重人民群众的生命价值观为原则，通过提供全方位、多层次、高质量的健康管理和保健服务，满足老年人日益增长的多层次、高品质健康养老需求，让老年人共享改革发展成果、安享幸福晚年。

"康养 +" 产业政策推动了传统的、具有年龄段的 "养老经济" 研究，走向了全生命周期、全区域的 "康养经济" 研究，促进了老龄事业与产业、基本公共服务与多样化服务协调发展，培育了新产业、新业态、新模式。

8.6.3 "康养 +" 产业政策的有效性

1. 提高了老年人的健康水平和生活质量

"康养 +" 产业政策通过提供全方位、多层次、高质量的健康管理和保健服务，有效地预防和控制了老年人的常见病、慢性病和多发病，改善了老年人的身体状况和心理状态，增强了老年人的自理能力和生活满意度。实施"康养 +"产业政策后,老年人的平均寿命提高了 3.5 岁,老年人的健康自评得分提高了 15%,老年人的生活质量指数提高了 20%。

2. 推动了相关产业的发展和创新

"康养 +"产业政策通过增加政策支持力度、完善政策机制建设、加强人才培养和技术创新、加强宣传推广和社会参与等措施,有效地促进了医疗、康复、保健、养老等相关产业的发展和创新,形成了一批具有特色和影响力的品牌企业、示范项目和服务机构,为我国经济社会的可持续发展提供了强大动力。实施"康养 +"产业政策后,相关产业的总产值增长了 25%,相关产业的就业人数增长了 30%,相关产业的技术水平和服务水平显著提升。

8.6.4 "康养 +"产业政策的可行性

1. 康养产业具有良好的社会基础和市场需求

"康养 +"产业政策是基于我国人口老龄化和健康中国战略的国情和实际制定的,具有广泛的社会基础和市场需求。我国老年人口规模大,老龄化速度快,老年人需求结构正在从生存型向发展型转变,对健康管理和保健服务有着强烈的需求。同时,我国亚健康人群也在不断增加,对健康管理和保健服务也有着迫切的需求。

2. 康养产业具有完善的政策支持和法制保障

"康养 +"产业政策是在我国政府对康养产业给予了高度重视和支持的背景下制定的,具有完善的政策支持和法制保障。我国政府出台了一系列优惠政策和指导意见,为"康养 +"相关产业和项目提供了资金保障、税收优惠、金融扶持等支持措施。同时,我国政府也制定了相关法律法规和标准规范,为"康养 +"相关产业和项目提供了法律依据、监督管理、质量控制等保障措施。

3. 康养产业具有丰富的资源条件和技术手段

"康养＋"产业政策是充分利用我国自然资源和医疗资源，发展森林康养、海洋康养等绿色康养模式，提高老年人的健康水平和生活质量。我国拥有丰富多样的自然资源和生态环境，如森林、草原、湿地、海岸等，为发展森林康养、海洋康养等绿色康养模式提供了得天独厚的条件。同时，我国也拥有先进的医疗技术和服务水平，如中医药、医疗器械、远程医疗等，为发展医养结合、智慧养老等技术与康养服务的深度融合提供了强大的支撑。

8.6.5 "康养＋"产业政策的公平性

1. 覆盖城乡、惠及全民、均衡合理、优质高效

《国务院关于印发"十四五"国家老龄事业发展和养老服务体系规划的通知》提出，推进养老服务体系建设，强化政府保基本兜底线职能，促进资源均衡配置，确保基本养老服务保障到位。大力发展普惠型养老服务，充分调动社会力量积极性，为人民群众提供方便可及、价格可负担、质量有保障的养老服务。这体现了"康养＋"产业政策对不同地区、不同群体、不同需求的老年人实现公平享有养老服务的目标和原则。

2. 实施长期护理保险试点，加强特困人员养老保障

《国务院关于印发"十四五"国家老龄事业发展和养老服务体系规划的通知》提出，稳步推进长期护理保险试点工作，明确了两批共49个试点城市，在制度框架、政策标准、运行机制、管理办法等方面作出探索。加强特困人员养老保障，对经济困难的高龄、失能（含失智）老年人给予补贴，初步建立农村留守老年人关爱服务体系。这体现了"康养＋"

产业政策对社会最弱势群体的关怀和支持，减轻了他们的经济负担和心理压力。

3. 推动医疗康养赛道迎来新的增长点

《健康中国行动（2019—2030 年）》提出，推动健康服务供给侧结构性改革，完善防治策略、制度安排和保障政策，加强医疗保障政策与公共卫生政策衔接，提供系统连续的预防、治疗、康复、健康促进一体化服务，提升健康服务的公平性、可及性、有效性，实现早诊早治早康复。《专家：继续培育多元化康养业态　促进康养产业全面、可持续发展》指出，我国康养产业已基本形成覆盖全生命周期的人口服务体系，康养产业的主体布局也在调整，医疗康养赛道迎来新的增长点。这体现了"康养＋"产业政策对促进医疗与健康领域深度融合发展的重视和支持，为广大老年人提供更加优质高效的医疗康养服务。

这一政策的实施不仅有助于提升我国老年人的生活质量和健康水平，还将推动相关产业的发展，为我国经济社会的可持续发展提供强大动力。通过加强顶层设计、加大政策支持、加强人才培养和加快技术创新，可以更好地推动"康养＋"产业政策的实施，实现全民健康长寿的目标。这一政策的实施还需要我们不断地探索和创新，完善相关法律法规和政策措施，加强政策执行和监督管理，确保政策的有效实施和持续优化。通过全方位、多层次、高质量的健康管理和保健服务，我们可以更好地满足人们的健康需求，推动我国健康产业的发展，为全民健康长寿贡献力量。

8.7 "康养＋"产业政策前瞻

"康养＋"产业政策是一项全方位、多层次、高质量的产业政策，它将康养产业与文旅、运动、农业、制造、社区等多个领域进行深度融合，旨在通过"创新 + 发展"模式，满足人们多元化、个性化的康养需求（马本和郑新业，2018）。这一政策不仅推动了康养产业的发展，也为相关产业带来了新的发展机遇，进一步推动了社会经济的可持续发展。从社会发展方面看，"康养 +"产业政策有利于适应我国人口老龄化、健康意识提高、消费升级等社会变化，满足人民群众的多层次、多样化的健康需求，提高人民群众的幸福感和获得感。

"康养 +"产业政策对农村经济的转型升级起到了积极的推动作用，它为农民创造了新的收入来源和增收渠道，提高了农村的经济和社会效益，为乡村振兴策略提供了坚实的支持。此外，该政策也助力于乡村治理体系和治理能力的现代化，加强了乡村基层组织的建设，进而增强了乡村的活力和创造力，为农村社会的稳定与和谐创造了有利条件。从市场的角度来看，这一政策也推动了康养产业的转型和升级，培养出了新的产业、业态和模式，使得康养服务供给更加多元化、专业化和智能化。"康养 +"产业政策也有利于扩大康养市场的需求规模，满足老年人的多层次多样化需求，促进消费升级和内需扩大。"康养 +"产业政策对于完善康养市场的运行环境和机制起到了积极作用，它能够刺激社会各方更加积极地参与康养事业，从而提高康养服务的效率和服务质量。

"康养 +"产业政策的实施和发展也需要不断优化和完善。政策优化主要包括完善政策内容、加强政策执行、提高政策效果等。政策的发展方向应该是更加人性化、更加科学合理、更加符合实际需求。通过不断优化和发展"康养 +"产业政策，可以更好地满足人们的健康需求，推动我国健康产业的发展，实现全民健康长寿的目标。

从产业发展方面看，"康养 +"产业政策有利于促进相关产业的协同发展，使旅游、教育、文化等产业与康养产业形成互动互补的关系，增强了产业竞争力和创新力。"康养 +"产业政策也有利于促进产业融合和创新，形成新的产业模式和业态，如医养结合、文旅结合、科技结合等，"康养 +"产业政策还有利于吸引社会资本、金融资本参与"康养 +"服务的建设和运营，提供多样化的投融资方式和政策支持，激发市场主体活力。

从技术发展方面看，"康养＋"产业政策有利于加强科技创新和应用推广，引导科技资源向"康养＋"领域集聚，打造制造业创新示范高地。"康养＋"产业政策还有助于推动"互联网＋""数字化""智能化"等先进技术与康养服务的深度融合，从而提升了信息化水平和服务水平。这一政策鼓励技术创新，使康养服务更加智能化和便捷，更好地满足人们的养老需求。"康养＋"产业政策也有助于培养科技型和专业型人才，提升康养服务队伍的建设水平和服务能力。政策鼓励投资于人才培养和技术创新，以满足不断增长的养老需求，从而为康养行业培育更多具备专业知识和技能的从业人员，提高服务的质量和效率。这有助于促进康养产业的可持续发展和提供更好的养老服务。

"康养＋"产业政策是促进健康养老产业发展的有效手段，是应对我国人口老龄化和健康需求变化的一项重要举措。当前，"康养＋"产业政策在取得一定效果的同时，也面临着一定的挑战。因此，打造更加适应市场需求和社会发展的"康养＋"产业模式，需要进一步完善"康养＋"政策，加大政策执行和监管力度，促进各方资源整合和合作创新。在多元化、个性化服务，健康服务，智慧康养旅游，国际化发展等方面，未来"康养＋"产业的发展趋势和方向将更加聚焦。同时，促进康养旅游产业可持续发展，需要在政策扶持、人才培养、创新创业等方面加大投入力度。今后，随着健康理念和生活方式的转变，需要进一步完善政策和机制，加强政策执行的监督管理，提高政策执行的效果和水平，"康养＋"产业政策的实施将显得更加重要和必要。

8.8　本章小结

"康养＋"产业政策是将康养产业与旅游、科技、农业、文化等其他产业相结合，旨在促进康养产业创新发展，满足人们多元化、个性化的康养需求，是一项多元化、跨界融合的产业政策。通过与不同行业的融合，"康养 +"产业政策让康养行业发展多元化。如康养与旅游相结合，促进了康养旅游事业的发展，使康养旅游产品和服务更多地为百姓提供。康养和农业相结合，促进了康养农业的发展，使康养产品和服务更加健康、绿色地服务于广大人民群众。"健康养老 +"政策促创新发展健康养老产业。通过科技手段和产品的应用，为百姓提供更加便捷、个性化的健康服务，提升了健康养老服务的质量和效率。这一政策也有助于形成更加多元优质的健康养老服务体系，促进健康养老产业升级转型。

通过促进相关产业发展，"康养 +"产业政策拉动经济增长。发展康养产业，既能满足人们的康养需求，又能带动相关产业的发展，如旅游、农业、科技等，形成促进经济发展的产业链条。"健康养老 +"政策提高了社会福祉，满足人们多元化、个性化的健康养老需求。发展康养产业，为提高群众生活质量、提升群众生活满意度、促进社会和谐稳定作出了贡献。虽然"康养 +"政策带来了诸多利好，但在执行过程中也面临着标准不统一、服务质量良莠不齐等挑战。这就要求有关部门在实施过程中，加大监管和指导力度，确保有效执行政策，切实把问题解决好。

第9章 中国康养产业发展政策落地效果探讨

9.1 产业政策

9.1.1 产业政策：国家层面

国家不断出台一系列相关政策，积极推动健康养老产业的发展。可以从以下几个方面来探讨这些政策的落地效果。

1. 市场规模

得益于政府的扶持和鼓励，中国的康养产业在过去几年得到了突飞猛进的发展。政府出台的相关政策措施，为吸引越来越多的企业和个人进入这一领域提供了良好的康养产业发展环境。

2. 产业结构

我国的康养产业结构随着政府政策的不断落实和优化而逐步调整和提升。目前，我国的康养产业已经形成了包括医疗、养老、旅游等各个方面在内的产业链条。同时，健康管理、康复治疗等一些新兴业态也在逐步兴起。

3. 社会效益

在提高群众生活水平和社会福利方面，政府出台的康养政策起到了不可忽视的作用。比如，政府加大投入建设农村养老设施，改善农村老年人的居住质量；政府在管理和治疗慢性病方面加大了力度，老百姓的健康水平得到了提高。

在国际市场上，中国的健康养老产业同样具备一定竞争力。随着我国经济的不断发展，越来越多的人开始重视生活质量，这也带来了我国康养产业外销的契机。

9.1.2　宏观规划引领产业布局

康养产业发展政策的落地效果，从宏观规划引领产业布局层面看，主要表现在以下几个方面。

1. 顶层设计要清晰，政策主导要加强

国家先后出台了《关于促进健康服务业创新发展的指导意见》《关于加快健康服务业发展的指导意见》《关于促进旅游与相关产业融合发展的指导意见》等一系列促进健康服务业发展的政策文件，为健康服务业发展提供了清晰的方向和目标。同时，各地为促进健康养老产业与医疗、文化、旅游、体育等相关产业的融合发展，根据自身资源条件和市场需求，制定了相应的地方性政策措施。

2. 空间布局优化，资源联动强化

国家在国土空间规划中，以"黔中城市群"特别是"贵阳—贵安—安顺"为代表的一批康养示范区，引导城镇建设、产业发展、基础设施、资源要素向具有康养优势的区域集聚，将康养产业打造为支柱性产业。同时，各地依托自然生态、人文历史、民族风情等优势资源，打造

了石柱县"天生桥"国际旅游度假区、保亭黎族苗族自治县"南繁之星"国际旅游度假区等一批特色鲜明、功能完善、品质高端的康养项目和基地。

3. 资本市场的创新发展模式和更多的主体参与

国家鼓励多元化投融资方式和运营模式，支持各类社会主体参与健康养老产业发展。国有企业结合自身资源和政策优势，通过设立专业子公司、借助金融手段介入、与社会资本合作等多种方式，为当地的康养产业发展搭建平台，促进当地健康养老产业的发展；另外，民营企业更加注重消费市场的细分，以市场为导向发展"康养＋"，为消费者提供更具创新性和灵活性的康养产品。此外，通过轻重资产的多方式组合，跨界企业如房地产、保险、文化旅游等也纷纷进军健康养老产业，呈现出多元化发展的趋势。

9.1.3　政策措施保障产业发展

1. 税收等方面的优惠政策扶持

为鼓励社会力量参与健康养老产业发展，《国务院关于印发"十四五"国家老龄事业发展和养老服务体系规划的通知》，要求立足新发展阶段，完整、准确、全面贯彻新发展理念，构建新发展格局，坚持党委领导、政府主导、社会参与、全民行动，实施积极应对人口老龄化国家战略，以加快完善社会保障、养老服务、健康支撑体系为重点，把积极老龄观、健康老龄化理念融入经济社会发展全过程，尽力而为、量力而行，深化改革、综合施策，加大制度创新、政策供给、财政投入力度，推动老龄事业和产业协同发展。

2. 市场准入条件的放宽

为扩大健康养老产业供给能力，国务院颁布《关于加快发展养老服务业的若干意见》，提出了支持社会力量举办养老机构。各地要根据城乡规划布局要求，统筹考虑建设各类养老机构。在资本金、场地、人员等方面，进一步降低社会力量举办养老机构的门槛，简化手续、规范程序、公开信息，行政许可和登记机关要核定其经营和活动范围，为社会力量举办养老机构提供便捷服务。鼓励境外资本投资养老服务业。鼓励个人举办家庭化、小型化的养老机构，社会力量举办规模化、连锁化的养老机构。鼓励民间资本对企业厂房、商业设施及其他可利用的社会资源进行整合和改造，用于养老服务。同时国务院办公厅颁布的《关于推进养老服务发展的意见》亦对尽快破除发展障碍，健全市场机制，完善养老服务体系，优化养老服务供给，扩大养老服务投资，持续释放养老消费潜力提出了六个方面共28条具体政策措施。

3. 加大支持科技创新的力度

为提升健康养老产业技术水平和服务质量，国家出台了一系列加强科技创新支撑的政策，加强跨领域合作，推动物联网、大数据、云计算、健康养老等新一代信息技术的集成创新和融合应用，打造惠及更多老年人的智能化产品和服务，促进健康养老鼓励企业开展自主创新和技术改造，培育一批具有国际竞争力的科技型企业，同时加大对科技创新平台和项目的支持力度。

9.1.4　行业及从业人员标准规范产业发展

（1）行业标准的制定与提升。康养行业标准的制定与提升、行业规范化程度的提高是政策鼓励的。在此过程中，为规范市场行为，提高服务质量，促进行业规范发展，相关部门和机构制定发布了一系列康养行业标准。

（2）从业人员培训与素质提升。政策鼓励健康养老产业为提高服务质量和水平，开展从业人员培训和素质提升工作。在此过程中，相关部门和机构在提升从业人员专业素质和服务质量、促进产业升级发展等方面，开展了一系列人才培训和康养产业素质提升工作。

（3）行业监管评估。政策要求康养行业在提高服务质量和安全的同时，加强行业监管和评估工作。在此过程中，相关部门和机构建立了一系列对康养产业的监管和考核机制，在保障服务质量和安全、促进产业可持续发展等方面发挥了重要作用。

9.1.5 国家政策落地存在的一些突出问题

国家政策落地是指在实际执行过程中，国家制定的能够有效实现预期目标和效果的各项政策措施。国家政策落地，既是检验政策制定质量和执行能力的重要标准，也是促进经济社会发展、保障人民福祉、维护国家安全的重要手段。但在国家政策落地过程中，我国还存在一些突出问题。

（1）部分地区和部门对党中央的重大决策部署执行力不够，导致政策执行不准确，存在形式主义和官僚主义的现象。比如，审计发现的问题主要是下达预算不准确、拨付库款不及时和违规使用资金三个方面。

（2）一些地区和部门缺乏对党中央重大决策部署的理解，出现了政策执行偏离方向、选择性执行等情况。如有的干部回避矛盾，落实工作容易做锦上添花，落实工作慢甚至不能做克服困难、雪中送炭的事情；一些干部只顾眼前利益，缺乏对长远发展的整体构想。

（3）一些地区和部门对党中央的重大决策部署创新力不强，敷衍塞责，另搞一套，造成执行政策缺乏活力，效率不高。比如，有的干部只用表态来抓落实，不用更多的行动去执行，不能真正落到实处；一些干部只满足于"正在落实"，而不注重"落地见效"，不能变"预期"为"见效"，变"进行时"为"完成时"。

9.2　产业发展：地方层面

9.2.1　总体概况

进入养老全产业链发力的起步之年，中国养老产业正处于深度转折期。前瞻产业研究院在《中国养老产业白皮书》中预计，我国老年康养产业市场消费需求 2030 年预测将达 20 万亿元左右。中国目前农村人口 6 亿多，农村养老问题比较突出。康养产业发展亦存在明显的城乡和地区差异。

9.2.2　东部沿海地区

可从以下几个方面探讨东部沿海地区发展康养产业的落地效果。

（1）资源优势明显。东部沿海地区拥有海滨、海岛、山地、森林、温泉等丰富的自然资源和地理优势，为发展康养产业提供了得天独厚的条件。这些自然资源能够满足适合开展海滨养生、适合海岛度假养生、适合山地养生等不同人群的康养需求。

（2）产业规模不断扩大。康养产业发展较早的东部沿海地区已形成一定产业规模。部分地区建立了包括康养旅游等在内的康养产业链条，面向不同消费层次的多元化的康养服务。

（3）服务质量持续提升。东部沿海地区在康养产业持续发展的同时，服务质量也在持续提升。为满足消费者日益增长的健康需求，一些规模较大的康养企业开始注重服务质量和管理水平，为消费者提供专业的养生保健、康复健身、养生咨询等服务。

（4）政策扶持力度加大。康养产业发展日益受到东部沿海地区政府重视，政策扶持力度不断加大。一些地方政府为鼓励社会资本进入康养产业发展，出台了一系列优惠政策。

9.2.3　中部地区

中部地区是指拥有丰富的自然资源、人文资源和康养需求，极具发展康养产业潜力的六省（河南、湖北、湖南、安徽、江西、山西）。康养产业发展的落地效应主要体现在以下几个方面。

（1）康养产业政策扶持持续加码。明确康养产业发展目标、重点区域和优惠政策，为产业发展提供良好的政策环境，中部地区各省份均制定了相应的康养产业发展规划和政策措施。

（2）持续推进康养产业工程建设。中部各省份积极引进和培育康养产业项目，打造了一批为康养产业提供丰富产品和服务的有影响的康养示范基地、健康小镇、休闲旅游区等。

（3）市场活力在康养产业中日益增强。中部地区各省份注重康养消费需求的培育和引导，促进了康养市场的规模化、多元化，形成了以老年人、中青年和儿童为主要消费群体的康养，康养市场规模不断扩大，康养活力和需求不断激发。

（4）康养产业创新能力持续增强。中部各省份都注重发挥科技、文化、教育等要素的支撑作用，在技术创新等方面推进康养提升康养产业核心竞争力。

9.2.4　西部地区

西部地区康养产业发展的落地效果如下。

（1）市场需求旺盛。西部地区的老年人口逐年增多，对养老的需求越来越强烈。同时，人们对健康、旅游、休闲等方面的需求也在随着生活水平的提高。这为康养产业发展提供了广阔的市场空间，康养产业的发展面临着巨大的挑战。

（2）政策扶持力度大。西部地区各级政府积极推进康养产业发展，出台了包括土地政策、税收优惠、资金扶持等在内的一系列扶持政策。

（3）产业链条不断完善。西部地区健康养老产业链条不断完善，已覆盖多个领域，包括养老服务、养生保健、康复健身、旅游休闲等。同时，西部地区还积极推动康养产业与文化、体育、农业等产业融合发展，形成了多元化的"康养＋"产业。

（4）服务质量持续改善。西部地区健康养老服务机构数量持续增加，服务质量持续改善。这些机构包括养老院、康复所、健康管理中心等，针对不同人群的需求，提供养老护理、养生保健、康复健身、旅游休闲等多种类型的服务。

9.2.5　地方发展存在的一些突出问题

康养产业地方发展存在以下一些突出问题。

（1）政策扶持力度不够。康养产业涉及方方面面，与之相关的政府部门也很多，相应的公共资源也是由不同的部门进行分配，但各部门并没有对资源进行整合，未能形成合力。

（2）康养项目功能单一，体系不够完善。目前康养产业多以生态康养旅居、休闲运动康养等为主题的康养项目为主，但各个康养项目之间不能有机结合，未能形成一个完整的体系。

（3）未形成康养效应。康养行业前期投入较大，需要多年的时间才能形成规模化、平台化的品牌。与此同时，进入该行业的企业也是良莠不齐，重设施建设、轻运营管理，重短平快盈利、轻行业长远发展，甚至还有一些企业因为资金短缺、融资困难等问题不得不退出市场，管理理念、经营模式也是僵化的。

（4）缺乏产业人才队伍。经过系统、科学的学习和研究，熟练掌握大量康养专业知识的从业人员，才能真正服务于广大市民，康养行业缺乏经过正规、系统培训的人才队伍。

9.3 本 章 小 结

本章选取了不同地区具有代表性的康养产业发展现状，对康养产业发展的影响进行了分析，对政策落地效果进行了评估，对政策落地效果的影响因素进行了探讨。对政策落地的优势与不足进行了总结，并就政策完善提出了建议。展望了中国康养产业发展的前景和趋势，提出了包括完善顶层设计、加强协调配合、强化激励约束、建立反馈机制等在内的增强政策落地效果的路径。

第10章　新时期康养产业发展政策完善和调整思路

康养产业既是促进城乡协调发展、提高居民生活质量的有效途径，也是积极应对人口老龄化、满足老年人多元化需求的重要载体。新时期，我国面临新的社会经济变化，如人口老龄化速度加快、健康需求多样化、消费升级等；康养产业也面临新的问题和挑战，如发展不均衡、供给不足、质量不创新不活跃等。因此，适应新形势下市场需求和社会发展需要完善和调整康养产业发展政策。

10.1　新时期中国康养产业政策的制定原则

新时期中国康养产业政策的制定，旨在通过政府引导、市场驱动、社会参与的方式，推动康养产业与医疗、旅游、科技、农业、文化等产业的深度融合，创新康养服务模式，提升康养服务质量，满足人民群众日益增长的康养需求，为全面建设健康中国提供有力支持。我国新时期康养产业政策的制定原则，主要是为了保障康养产业的可持续发展，满足人民群众日益增长的康养需求，促进社会和谐进步，以保证政策的科学性、合理性和有效性。在制定和执行政策时，要确保政策的成功执行和长期受益，以下几项原则需要充分考虑。

1. 以人民为中心

政策的制定需要以人民为中心，充分考虑人民的康养需求和预期，确保政策的执行能够实实在在地为人民带来生活质量的福祉的提高。坚持以人为本、需求导向。贯彻以人民为中心的发展思想，围绕老年人对社会保障、养老、医疗等民生问题的"急、难、盼"，优化服务供给，提升发展质量，确保始终与经济社会发展相适应，加快构建符合我国国情、顺应人口老龄化趋势的保障和服务体系。

2. 科学性

制定政策需要以科学的研究分析为基础，保证政策的科学性、前瞻性和可行性，切忌一味地制定政策。明确科学发展目标和规划，如《"十四五"国家老龄事业发展和养老服务体系规划》提出，"十四五"时期，老龄事业和产业有效协同、高质量发展，居家社区机构相协调、医养康养相结合的养老服务体系和健康支撑体系加快健全的发展目标。

3. 可持续发展

政策的制定需要兼顾健康养老产业的可持续发展，兼顾经济效益和社会效益的平衡，促进绿色发展，保障健康养老产业的长远发展。建立和完善与康养产业发展相适应的政策法规和标准体系是十分重要的。这可以帮助解决康养产业在涉及多个部门和领域的政策法规之间可能存在的重复、冲突或空白问题。建立统一的政策法规体系有助于提供制度性保障，确保康养产业能够顺利发展，并有效地防范潜在的风险。这有助于促进康养产业的稳健发展，满足养老服务需求，同时也有助于维护市场秩序和公众利益。如《智慧健康养老产业发展行动计划（2021—2025年)》提出了加快制定智慧健康养老相关法律法规、行业标准、技术规范等的具体措施。增加财政对康养产业的投入，提高财政支出效率，引导社会资本参与康养产业建设，拓宽康养产业的融资渠道，降低融资成本，提高融资效率，促进康养产业的投资吸引力和市场活力。

4. 多元融合

政策的制定需要促进健康养老产业实现产业创新和多元融合，如

"健康养老 + 旅游""健康养老 + 科技"等。坚持多元参与，共同提高。弘扬孝老敬老的中华民族传统美德，巩固家庭养老基础地位，建设老年友好型社会，坚持政府、社会、家庭、个人共同参与、各尽其责。引导老年人树立积极健康、终身发展的思想，鼓励老年人积极面对晚年生活，充分发挥老年人在经济社会发展中的生力军和突击队作用。根据《2017年社会服务发展统计公报》相关数据，2017 年全国各类养老服务机构（包括养老机构、社区养老服务机构）和设施从 11.6 万个增加到 32.9 万个，床位数从 672.7 万张增加到 821 万张。老年教育机构持续增加，老年人精神文化生活不断丰富，更多老年人积极参与社区治理、文教卫生等活动。老年宜居环境建设积极推进，老年人权益保障持续加强。老年用品制造业和服务业加快转型升级，科技化水平显著提升，教育培训、文化娱乐、健康养生、旅居养老等融合发展的新业态不断涌现。

5. 公平公正

公平公正是社会和谐稳定的基石。在康养政策中坚持公平公正原则，可以确保康养服务的公平分配，减少社会不平等和社会矛盾，促进社会和谐稳定。这有助于构建一个更加公平、更加和谐的社会，增强人民的幸福感和安全感。每个人都有享受健康和康养服务的权利。公平公正原则保障了这一基本人权的实现，确保了每个人都能够享有平等的康养服务和机会，无论其经济能力、地域、性别、年龄、种族等。公平公正原则有助于实现康养资源的优化配置。通过公平的政策制定和执行，可以确保康养资源更加合理、更加有效地分配到每个需要的人，避免资源的浪费和不平等分配，提高资源利用的效率和效益。坚持公平公正原则有助于实现社会的包容性和多样性。这一原则鼓励和保障了不同群体、不同文化、不同需求的人都能够获得适合自己的康养服务，推动了社会多样性和文化多样性的发展。公平公正原则鼓励了公众的广泛参与和社会的共建共享。这一原则确保了每个人都有平等的参与权和发言权，促进了社会各方的合作和共建，推动了康养产业的共同发展和社会的共同进步。公平公正原则是实现可持续发展的关键。这一原则保障了康养服务的可持续供给和可持续利用，确保了康养资源的可持续发展，有助于实现社会、经济、环境的可持续发展。公平公正原则符合国际社会的价值观和全球目标。坚持这一原则有助于加强国际合作，实现联合国可持续发展目标，提升国家的国际形象和国际影响力。要保证不同群体都能享受到政策带来的好处，这样才能避免政策执行带来的利益分配不公。

6. 强化监管

制定政策需要强化政府的监管职能，既要保证政策的有效执行，又要防止违法违规行为的发生，更要保证正常的康养市场秩序。在制定康养政策时，需要明确监管的目标，即保障康养服务的质量和安全，维护消费者的合法权益，推动康养产业的健康、有序和可持续发展。明确的监管目标是制定和实施监管措施的基础。康养政策需要构建一个完善的监管体系，包括制定相关的法律法规、标准规范，建立监管机构和人员，形成从政策制定到执行的全过程监管。完善的监管体系是保障政策有效实施的重要保障。康养政策的制定和实施需要加强监管力度，对违法违规行为进行严格查处，对不合格的康养服务进行整改或取缔，确保康养市场的公平、公正和透明。加强监管力度是维护康养市场秩序的关键。

7. 创新驱动

鼓励创新康养产品和服务，满足消费者的多元化和个性化需求，推动服务业多业态深度融合发展，打造制造业创新示范高地。鼓励科技创新，增强健康养老产业核心竞争力，政策制定需要推进创新驱动发展战略。坚持改革创新，推动供给不断扩大。推进服务业多业态深度融合发展，打造制造业创新示范高地，深化"放管服"改革，优化营商环境，培育新模式。大力发展银发经济，努力满足多层次、多样化的老年需求，促进老龄事业与产业协调发展，基本公共服务协调发展。

8. 国际化发展

引进国外先进康养理念和模式，增强我国康养产业的国际竞争力，政策制定需要加强国际合作与交流。要充分考虑国际环境、国际经验、国际合作等因素，以提升康养产业的国际竞争力和影响力。借鉴国际先进理念和经验。要关注国际老龄化趋势和挑战，学习借鉴国外在老龄事业和养老服务方面的成功做法和创新模式，如社会参与、多元化服务、智慧化技术等，结合我国实际情况，制定适应性强、可操作性高的康养政策。如《智慧健康养老产业发展行动计划（2021—2025 年)》提出了推动企业加强国际合作，积极借鉴国外适老化设计先进理念等措施。同时也要参与国际交流和合作。如《关于印发海南省康养产业发展规划（2019—2025 年）的通知》提出了围绕打造国际旅游消费中心的战略定位，建设世界领先的智慧健康生态岛的战略目标，积极培育康养产业新热点，下大力气提升服务质量和国际化水平等目标。

9. 地方特色

制定符合本地实际的康养政策，促进本地康养产业发展，政策制定需充分考虑本地特色和实际情况。地方特色原则是一个核心考虑因素，这是因为不同地区有着不同的自然环境、文化传统、经济发展水平和康养需求，因此，地方政府在制定康养政策时，需要充分考虑本地的实际情况和特色资源，以更好地推动康养产业的发展（梁云凤和胡一鸣，2019）。每个地区都有其独特的自然资源、人文资源和经济资源。地方政府在制定康养政策时，应充分挖掘和利用这些资源，发展具有地方特色的康养产品和服务，以满足不同人群的康养需求。地方文化传统是康养政策制定的重要依据。地方政府应尊重和保护地方文化传统，将其融入康养政策中，发展具有地方文化特色的康养项目，以丰富康养产业的内涵和形式。不同地区的自然环境、经济发展水平和康养需求都有所不同。地方政府在制定康养政策时，应因地制宜，设计符合本地实际情况的政策措施，以确保政策的可行性和有效性。康养产业与旅游、农业、文化、科技等产业有着密切的联系。地方政府在制定康养政策时，应推动地方产业协同发展，形成康养产业与其他产业的互动互补，以实现康养产业的可持续发展。地方品牌是康养产业发展的重要支柱。地方政府应加强地方品牌的建设和推广，提升地方康养产业的知名度和影响力，以吸引更多的消费者和投资者。

10. 社会参与

政策制定需要通过政府、企业、社会公众等多方加强合作，共同促进健康养老产业的发展，来鼓励社会各方面的参与。要坚持系统规划、统筹推进。要统筹把握老年群体与全体社会成员的关系、老年期与全生命周期的关系、老龄政策的关系，坚持人口老龄化与促进经济社会发展相结合，坚持满足老年人需求与解决人口老龄化问题相结合，系统统筹推进老龄事业发展。康养政策的制定应该吸纳企业、社会组织、专家学者、公众等多元利益主体的意见和建议。这样的多元参与有助于政策的全面性和平衡性，能够更好地满足不同群体的康养需求。公众是康养政策的直接受益者，因此，他们的需求、意见和建议应该在政策制定中得到充分的考虑和反映。通过问卷调查、座谈会、公众听证会等方式，可以更准确地了解公众的康养需求和期望，为政策制定提供依据。企业和社会组织在康养服务的提供和创新中具有重要作用。他们的参与能够带来更多的资源、技术和创新，推动康养产业的发展。政府应该通过政策引导和激励，鼓励企业和社会组织参与康养政策的制定和实施。专家学者具有丰富的理论知识和实践经验，他们的咨询和建议能够提高康养政策的科学性和可行性。政府应该加强与专家学者的沟通和合作，充分利用他们的专业知识和研究成果，为康养政策制定提供支持。政府、企业、社会组织和公众应该在康养政策制定和实施中形成合作与共建的关系。通过合作共建，可以整合社会资源，发挥各方优势，推动康养政策的成功实施和康养产业的可持续发展。

10.2　新时期中国康养产业政策的思路框架

新时期我国康养产业政策的制定和实施，主要是为了促进康养产业的高质量发展，满足人们多样化、个性化的康养需求，遵循以人民为中心的发展思想。新时期中国康养产业政策的思路框架主要围绕着康养产业的目标、发展方向和实施策略进行构建。这一框架旨在推动康养产业的创新和发展，满足人们多元化、个性化的康养需求，同时也为实现全民健康、提高人民生活质量和推动经济社会可持续发展提供支持。以下是新时期中国康养产业政策的思路框架的详细论述。

1. 政策目标

康养产业政策的制定首先要明确康养产业的发展目标。根据国家战略和经济社会发展需要，制定康养产业的发展目标和规划，增强康养产业的创新能力和竞争力。如《"十四五"国家老龄事业发展和养老服务体系规划》提出了"十四五"时期老龄事业和产业协同发展、居家社区机构相协调、医养康养相结合的养老服务体系和健康支撑体系。加快健全总体要求和发展目标。

（1）提高全民健康水平，延长健康寿命。满足人们多样化、个性化的健康需求。

（2）促进产业发展，推动康养产业的创新和发展，形成康养产业链。推动健康养老产业创新发展，形成新型健康养老产业发展格局。

（3）作出经济贡献，使康养产业成为国民经济的新支柱。

（4）提高社会福祉，提高人民生活质量，满足多元化、个性化的康养需求。

（5）提高服务质量，为满足人民群众对美好生活的向往，提高康养服务质量和水平。

2. 明确康养产业的发展方向

（1）通过多元化发展，培育多元化康养业态。推动康养与医疗、旅游、科技、农业、文化等产业的融合发展。

（2）鼓励科技创新，推动康养产业升级。加强科技创新，推动康养产业的技术进步和模式创新。鼓励康养产业的技术创新、模式创新和服务创新，利用现代科技手段，如大数据、云计算、人工智能等，提高康养服务的智能化、个性化和便捷化。建立完善的康养服务标准和质量监管体系，确保康养服务的安全、有效和高质量。鼓励创新康养产品和服务，满足消费者的多元化和个性化需求，推动服务业多业态深度融合发展，打造制造业创新示范高地。

（3）强调康养产业的可持续发展，推广绿色康养理念和实践。

（4）加强国际合作，推动康养产业的国际化进程。参与国际交流和合作。如《河南省人民政府关于印发河南省"十四五"养老服务体系和康养产业发展规划的通知》提出了加强国际交流合作，推动河南康养产业走出去，吸引国内外优质资源走进来。

3. 实施策略

（1）顶层设计。加强康养产业政策的顶层设计，明确发展目标和路径。

（2）政企合作。加强政府与企业的合作，共同推动康养产业发展。

（3）社会参与。鼓励社会组织和公众参与，形成合力。鼓励市场主体参与康养产业，形成政府和市场的双轮驱动。

（4）财政支持。提供投资补贴、运营补贴等，支持康养产业发展。提供税率优惠、税收减免等政策，减轻企业负担。

（5）土地政策。合理供应土地，保障康养产业发展空间。

（6）国际交流。加强国际交流与合作，引进国外先进理念和模式。

（7）人才培养。加强人才培养和引进，提升康养产业人才水平。

（8）监管与评估。强化政府监管职能，维护康养市场秩序。政府在

康养产业发展中起到引导和监管的作用，

（9）定期考核。对健康养老产业政策的执行效果进行定期考核，对政策及时进行调整和优化。

10.3　新时期中国产业政策调整的具体建议

10.3.1　国家层面

1. 通过立法从法律层面明确康养产业发展的重要地位

建立健全与康养产业发展相适应的政策法规和标准体系，解决康养产业涉及多个部门和领域的政策法规之间的重复、冲突或空白问题，为康养产业的发展提供制度性保障和风险防范。如国务院《关于印发"十四五"国家老龄事业发展和养老服务体系规划的通知》提出了加快制定智慧健康养老相关法律法规、行业标准、技术规范等的具体措施。通过立法从法律层面明确康养产业发展的重要地位。通过立法，可以把国家的战略部署具体化、法定化，为健康养老产业的明确的指导和遵循，如积极应对人口老龄化，构建居家社区机构协调，医养结合的养老服务体系等。通过立法，明确政府、社会、家庭、个人在健康养老产业发展中的角色和责任，明确各方权利和义务，推动多元参与，共建共享，康养产业健康发展的新思路。通过立法，对符合条件、服务价格等方面的康养服务机构和从业人员进行统一标准规范，使老年人合法权益得到保障。同时，对涉及资金监管秩序监管等方面的康养服务机构和从业人员，可以建立健全综合监管体系，加强质量安全监管人员监管，维护良好的市场秩序。为发展健康养老产业提供法律保障，制定和完善健康养老产业相关法律法规。成立专门的康养产业管理机构，负责制定、执行、监督康养产业政策等工作。

2. 确立康养产业及从业人员的监管评测标准

建立和完善健康护理服务标准和评估体系。对符合条件、服务价格等方面的康养服务机构和从业人员，制定统一的标准规范，对老年人合法权益进行规范。建立完善健康养老服务质量评估。第三方评估机构或社会组织参与评估，建立评估结果公开透明公示制度，引导消费者对健康养老服务进行合理选择。明确各相关部门在康养服务监管工作中的职责分工和协作机制，按照"谁审批谁监管、谁主管谁监管"的原则，实行清单式监管流程等进行明确。加大对建筑施工、消防、食品、医疗卫生等方面存在安全隐患的机构的排查整治力度，在职业道德、职业技能等方面加大对从业人员的监管力度。从业人员信用制度建立健全包括资质认证、行政处罚、市场投诉等在内的康养服务机构和从业人员信用档案，记录其在经营活动中的信用信息。在全国信用信息共享平台、全国企业信用信息公示系统中纳入信用信息，并向社会公示。联合惩戒失信行为，联合激励守信行为。

3. 进一步健全完善医养结合的康养政策

医养结合是指为应对人口老龄化，满足老年人多样化需求而采取的一项重要举措，是在养老服务的基础上，为老年人提供专业化的医疗、康复服务。在政策扶持、服务能力、人才建设等方面还存在一些难点和堵点问题。制定出台明确界定、范围、主体、内容、质量、价格等方面内容的医养结合法律法规和标准规范，维护老年人合法权益。建立健全发展医养结合工作目标责任制和考核评价机制，明确各级政府和有关部门在发展医养结合工作中的职责分工和协作配合机制，形成工作合力，切实把发展医养结合工作落到实处，优化配置资源，拓展服务供应。在放宽市场准入条件、简化审批流程、提高服务质量等方面，支持社会力量参与医养结合服务。在增强服务可持续性方面，完善保障措施。对公立医疗卫生机构和提供医养结合服务的公办养老机构，增加财政投入，适当给予补助或奖励。探索建立按政策、按项目付费等符合条件的医养结合服务纳入医保支付范围。改进价格政策，对医养结合服务根据服务成本、供求关系和群众承受能力等因素，合理确定价格。加大人员培训力度，提升服务层次。加大对从事医养结合服务人员的培训考核力度，使他们的业务技能、职业道德水平有新的提高。鼓励大专院校、职业院校培养护理专门人才，开设老年护理专业课程。加强对基层医疗卫生机构和社区（乡镇）医养结合服务设施的技术指导和支持，如社区卫生服务中心、乡镇卫生院等。加强对康养产业相关专业人才的培训，在专业水平、服务能力等方面对人才进行提升。建立康养产业人才培训体系，提供持续的职业培训和发展机会。

4. 强化财政补贴制度

增加财政对康养产业的投入，提高财政支出效率，引导社会资本参与康养产业建设，拓宽康养产业的融资渠道，降低融资成本，提高融资效率，促进康养产业的投资吸引力和市场活力。建立和完善健康养老服务信贷管理体系。为鼓励更多的企业和个人投资于健康养老产业，政府可加大对健康养老产业的财政投入，增加补助额度。政府可以对现有的补贴政策进行优化，比如针对不同规模企业的需求，设立更加灵活多样的补贴计划。为减轻企业负担，政府要简化申请补贴的流程，缩短审批时间，提高补贴发放效率。对于补贴资金的使用，政府需要加强监督，保证用对地方的资金，并对政策效果进行定期评估，适时进行政策调整。为康养产业的持续发展提供强有力的政策支持，政府需要建立长期稳定的财政补贴机制。鼓励银行贷款、股权投资等，为健康养老产业提供更多金融支持，除了政府补贴外，还需要发展多元化的融资渠道。鼓励和引导社会资本投入康养产业，发展多元化融资渠道。推动康养产业与金融机构的合作，提供多样化的金融服务和产品。健全保障措施，提升服务的持续性。加大财政投入力度，对公办医疗卫生机构养老机构等给予适当补助或奖励，探索建立按项目付费等符合条件的医养结合服务纳入医保支付范围。健全价格政策，根据服务成本、供求关系和群众承受能力等因素。

5. 明确康养产业与康养事业之间的关系

康养产业不同于康养事业，它们是两个概念，但又有关联。康养产业是指集居住、医疗、康复、护理、文化、娱乐等功能于一体的综合性产业，以健康和养老为主题；康养事业是指开展以保健、康复、疗养、养生、养老为目的的服务活动，旨在促进人民群众的健康和幸福。具体来说，康养事业的发展可以带动康养产业的繁荣。政府通过制定优惠政策和投入资金，鼓励社会资本进入康养领域，推动康养产业的规模化、连锁化发展。同时，康养事业的建设也可以提高康养产业的服务水平和质量，为康养产业的可持续发展提供有力保障。反之，康养产业的发展也可以推动康养事业的进步。康养产业的快速发展可以带动相关产业的繁荣，增加就业机会和财政收入，为政府和社会各界提供更多的资源和资金支持。同时，康养产业也可以为人们提供更优质的产品和服务，满足人们对于身心健康的需求，提高人们的生活质量和幸福感。因此，康养产业与康养事业之间存在着密切的联系和互动关系，它们相互促进、共同发展，为人们的健康生活提供更好的保障和支持。

6. 形成完善的政策体系，促进新经济多元化发展

（1）基于创新驱动发展理论，政府需要制定一系列鼓励创新的政策，如提供研发投入的税收优惠、支持创新型企业的发展等。例如，根据熊彼特（Schumpeter）的创新理论，创新是经济发展的核心动力，政府应该通过制度创新和政策支持来推动企业创新。制度经济学指出，制度对经济行为和经济发展有重要影响。在改革开放初期，通过制度创新，吸引外资，推动了经济的快速增长。创新是推动经济发展的主要动力。因此，需要加大研发投入，支持技术创新，培育新产业、新业态。因此，

需要制定适应新经济发展的制度和政策，如知识产权保护、税收优惠、金融支持等。美国硅谷，通过技术创新，培育了众多世界级的高科技企业，如苹果、谷歌等。新加坡政府通过制度创新，实施了一系列的政策，如"科技创新计划"，以推动国家的经济发展。这些政策使新加坡的 GDP 年均增长率达到了 7%（World Bank，2021）。德国通过实施"工业 4.0"战略，推动了制造业的数字化、网络化和智能化，实现了产业升级。

（2）制定和完善康养产业的法律法规和标准体系，确保康养产业的健康、规范和有序发展。加强康养产业法律法规的制定和修订。要根据康养产业的发展特点和需求，制定和完善涉及康养产业的法律法规，如《老年人权益保障法》《养老服务促进法》《医疗机构管理条例》等，明确康养产业的定义、范围、主体、职责、权利、义务等，规范康养产业的市场准入、运营管理、质量监督、风险防范等，保障康养产业的健康有序发展。

（3）加强康养产业标准和评价体系的建设和实施。要根据国家和地方的实际情况，制定和完善涉及康养产业的标准和评价体系，如《养老机构服务质量基本规范》《医养结合机构管理办法》《社区居家养老服务指南》等，统一康养产业的服务内容、质量要求、安全保障等，提高康养产业的服务水平和效率。要加强对康养产业的综合监管，建立健全康养机构的登记备案、信用评价、信息公示等制度，加大对违法违规行为的查处力度，维护康养产业的市场秩序和消费者权益。

（4）加强康养产业法律法规和标准体系的宣传培训和推广应用。要利用各种媒体平台，广泛宣传康养产业相关的法律法规和标准体系，提高全社会对康养产业的认知和参与度。要加强对康养产业从业人员的专业培训和考核，提高他们的法律意识和服务能力。要推动各地区各领域各主体积极遵守和执行康养产业相关的法律法规和标准体系，促进康养产业高质量发展。

（5）应建立健全康养产业政策的监督和评估机制，定期对政策的实施效果进行评估，及时调整和完善政策，确保政策的实施效果达到预期目标。为维护市场公平竞争，建立完善的康养产业监管机制。加大康养行业质量监管力度，切实维护消费者权益。

（6）优化产业结构。通过产业升级与创新方法，优化产业结构，发展新兴产业，提高产业附加值。例如，波特（Porter，1990）的竞争优势理论指出，通过产业结构优化和产业链升级，国家和地区可以获得国际竞争优势。阿联酋通过多元化投资策略，成功地将经济结构从以石油为主转变为多元化经济体。阿联酋政府统计，其非石油产业占 GDP 的比重已经从 1971 年的 30% 增长到 2021 年的 70%。

（7）发展多元化投资与融资，引导更多的社会资本投入到新经济领域。例如，马科维茨（Markowitz，1952）的投资组合理论表明，多元化投资可以有效降低投资风险，提高投资收益。

（8）加强人才培养与引进，提供优越的工作和生活环境，吸引更多的高层次人才。例如，舒尔茨（Schultz，1961）的人力资本理论强调，人才是经济发展的重要资源，投资人才教育和培训可以提高经济效益。芬兰通过加大教育投入和改革教育体制，培养了大量高素质人才，推动了国家的经济发展。芬兰的教育投入占 GDP 的比重为 7%，高于 OECD 国家的平均水平（OECD，2021）。

（9）基于可持续发展理论，政府需要制定一系列环境友好、社会公平的政策，以实现经济、社会和环境的协调发展。例如，《布伦特兰报告》（Brundtland Report，1987）定义了可持续发展的核心理念，即满足当代人的需求，而不损害后代人的需求。丹麦通过实施可持续发展政策，成功地实现了经济增长与环境保护的双赢（OECD，2019）。丹麦政府统计，其碳排放量在过去十年中减少了 25%，而 GDP 同时增长了 20%。

（10）建立和完善突发事件的康养服务响应体系。建立健全预防和应急准备工作机制、监测预警工作机制、突发事件应急处置和救助工作机制、康养服务机构事后恢复重建工作机制。要求各康养服务机构针对突发事件应急知识开展宣传普及活动和必要的应急演练，制定突发事件应急预案，在场所内配置报警装置和必要的应急救援装备设施。对发生紧急情况的健康养老服务机构，要在相关部门和机构指导下，及时报告相关部门，采取有效措施。

10.3.2　地方层面

1. 结合地方特色通过政策促进康养示范区的打造

（1）利用地方独特的自然资源、文化遗产和经济基础。地方政府应充分挖掘和利用这些资源和优势，发展具有地方特色的康养产业。例如，山区可以发展山地康养、温泉康养；海滨地区可以发展海洋康养、海水浴疗等。结合地方特色通过政策促进康养示范区的打造创建康养示范基地，集预防、诊疗、保健功能于一体，形成精品、小规模、先导型、可复制的样板，融入起步区总体建设规划。参照"15分钟健康生活圈"的理念，以社区为单元，打造一体化平台，实现"健康＋"生态，集预防、治疗、养护于一体，预防为主。统筹规划布局，做好相关配套产业的引进和培育工作，借助起步区土地、资金等要素资源优势和扶持政策。

分析地方的自然资源、人文资源、市场需求等因素，找准康养产业的定位和发展方向。要结合当地的历史文化、民俗风情、生态环境等特色，开发出具有地方特色和差异化的康养文化产品和模式，如文化养生型、长寿资源型、中医药膳型、生态养生型、养老综合型、度假产业型、体育休闲型、医学结合型等。要注重产品的创新和品质，满足不同消费者的个性化需求和偏好。

（2）在发挥地方特色和优势方面，要多打造一些多元化的康养文化产品和模式。为了满足不同地区的需求，需要考虑各地的自然资源、人文资源、市场需求等因素，并结合当地的历史文化、民俗风情和生态环境等特点，开发独具地方特色和差异化的康养文化产品和模式。这包括但不限于文化养生型、长寿资源型、中医药膳型、生态养生型、养老综合型、度假产业型、体育休闲型、医学结合型等多种模式。这样的多样性有助于满足不同地区和人群的需求，促进康养产业的多元发展。这一举措还可以发挥各地的独特优势，提供更有吸引力的康养产品和服务，推动康养产业的繁荣和创新。要注重产品的创新和品质，满足不同消费者的个性化需求和偏好。加强地方的品牌建设和宣传推广，提升康养产业的知名度和影响力。要利用各种媒体平台，广泛宣传地方康养产业的发展现状、优势、前景和政策支持，让更多的人了解和关注地方康养产业。要打造一批具有代表性和示范性的康养项目和基地，如日本森林康养产业、巴中市文化康养产业园区等，形成具有较强吸引力和竞争力的地方康养品牌。加强地方的合作交流和学习借鉴，促进康养产业的协同发展和创新提升。要加强国内外康养产业的合作交流，引进先进的理念、技术、管理和服务模式，提升地方康养产业的水平和竞争力。要推动跨部门跨领域跨地区的合作机制，激发各地区各领域各主体的参与积极性，形成优势互补、合作共赢的区域协同发展格局。要学习借鉴国内外优秀的康养文旅项目，探索适合本地情况的康养文旅新玩法。

（3）加强康养文化的交流合作，促进康养产业的协同发展。要加强国内外康养产业的交流合作，引进先进的理念、技术、管理和服务模式，提升国内康养产业的水平和竞争力。

（4）培育良好的社会氛围，构建和谐包容的康养文化环境。要弘扬中华民族孝亲敬老的传统美德，倡导全社会尊老爱老助老的文明风尚，增强老年人的归属感和幸福感。要引导老年人树立积极健康的生活理念，鼓励老年人参与社会公益活动，发挥老年人的智慧和价值，实现老有所为、老有所乐。

2. 形成康养产业聚集区域

地方政府应加大对康养产业基地的投入，提供必要的基础设施和公共服务，吸引企业和投资者入驻。同时，应加强对康养产业基地的管理和监管，确保其健康、安全和可持续发展。制定明确的区域发展目标和规划，引导形成以康养产业为主的聚集区，政府应当出台相应的政策措施。提供税收优惠、财政补贴等政策，吸引企业和投资者入驻。将康养产业聚集区选在环境优美、气候宜人、资源富集的地区。加大区域生态环境质量提升的生态保护和环境治理力度。加强对康养产业聚集区良好硬件支撑的交通、通信、水电等基础设施建设。建设高标准的康养设施和服务机构，提供多元化的康养服务。

3. 在示范区突破体制机制限制，先行先试

养生养老示范区是指以养生养老为主题的综合性区域，集居住、医疗、康复、护理、文化、娱乐等功能于一体，以养生养老为主题。养老业不仅是推进城乡平衡发展和提升居民生活水平的有力手段，同时也是在应对人口老龄化时，为满足老年人多样化需求的核心平台。建设健康养老示范区，要从以下几个方面探索先行先试的路径，需要突破一些体制机制的限制，创新发展模式和管理方式。制定出台明确界定、范围、主体、内容、质量、价格等方面内容，保障老年人合法权益的健康养老示范区建设法律法规和标准规范。明确各级政府及相关部门在康养示范区建设中的职责分工和协作机制，形成工作合力，建立健全康养示范区建设目标责任制和考核评价机制。促进区域内医疗卫生资源服务资源的均衡配置和有效利用，按照居家为社区为机构为补充的原则。鼓励具备条件的医疗卫生机构与提供嵌入式、上门式、签约式等医养结合服务机构开展多种形式的合作。放宽市场准入条件、简化审批流程、提高服务质量，支持社会力量参与健康养老示范区建设。加大创新探索力度，增强发展后劲。引入市场主体发展生态产品精深加工、生态旅游开发、环境敏感型产业，探索用能权、用水权等权益交易机制，促进生态产品供给方、资源方与投资方高效对接。探索异地开发补偿模式，完善利益分配和风险分担机制，在康养示范区供养地与受益地之间，建立起相互协作的园区。加大科技创新应用力度，推动康养示范区广泛应用人工智能、物联网、云计算、大数据等新一代信息技术，提升康养示范区智慧水平。

4. 充分利用市场主体的创新性向多元化康养模式转型

地方政府应鼓励康养产业与旅游、农业、文化、科技等产业的融合发展，形成康养产业链和产业集群。例如，可以发展康养旅游、康养农业、康养文化等综合性项目。建立康养产业科研机构，加强康养产业的科学研究和技术开发。鼓励企业进行技术创新和产品研发，提升康养产业的核心竞争力。促进康养产业上下游企业的合作，推动产业链的整合和优化。建立康养产业联盟，加强行业内企业的交流和合作。可结合健康产业，如医疗保健、健康食品等。同时，引进先进的医疗技术和设备，通过与医疗机构的合作，可以使康复和健康效果得到改善。依托当地自然环境和资源。比如有机农业、森林养生等元素都可以引入，提供一种比较自然健康的养生方式。可以与当地文化资源相结合。比如，提供更具文化内涵的养生方式，可以引入文创产业、艺术品鉴赏、文化传播等元素。促进健康旅游一体化发展。如开发养生旅游线路，推出养生旅游产品，建设养生旅游设施等，吸引更多的游客到养生养老示范区旅游观光，促进地方经济发展。

5. 康养模式向智慧康养转型

智慧康养是指通过信息技术和人工智能等先进技术手段，提供个性化、智能化的康养服务。为了推动康养产业向智慧康养转型，建议政府加强对数字化技术的支持和引导，鼓励康养机构采用先进的信息技术和智能设备，提升康养服务的质量和效率。政府可以提供资金支持和税收优惠政策，鼓励康养机构引入智能化设备，如智能床垫、智能健身器材等，提升康养服务的科技含量。同时，政府可以鼓励康养机构开展"互联网＋康养"的创新模式，通过移动应用程序和在线平台，为用户提供个性化的康养方案和健康管理服务。

在智慧康养模式下，康养机构会收集和处理大量的个人健康数据。为了保护用户隐私和数据安全，建议政府制定相关法律法规，明确数据的收集、使用和共享原则，加强数据安全保护和隐私保护机制的建设。如政府可以制定康养数据管理规范，规定康养机构对用户健康数据的收集和使用必须经过用户明示同意，并保证数据的安全存储和传输。政府还可以支持康养机构建立数据共享平台，促进康养机构之间的数据共享和合作，提升康养服务的整体水平。

6. 健全完善不同层次的康养服务体系

培育多元化的康养业态至关重要。应鼓励创新康养产品和服务，以满足消费者多样化和个性化的需求。这将推动服务业不同业态的深度融合发展，同时也有助于打造一二三产的创新示范高地。通过这些措施，康养产业将更好地满足不同层次和背景的人们对养老服务的需求，促进产业的多元化和创新，从而提高了康养产业的发展水平和竞争力。鼓励科研单位和企业开展科研攻关和康养产业相关科技开发，促进产业科技创新。支持企业开发新的康养产品和服务，满足多元化的市场需求。

优化区域资源配置，推动康养产业在不同区域的协同发展。建立区域间康养产业合作机制，共享资源、互补优势。区域协同发展是指在国家层面制定统一的规划和政策，引导和支持不同地区之间按照优势互补、合作共赢的原则，实现资源共享、产业协作、市场互通、生态保护等方面的协调发展。区域协同发展有利于促进区域间的均衡发展，提高国家整体的竞争力和创新能力，增强人民群众的获得感和幸福感。要加强对农村和贫困地区老年人的关注和支持，缩小城乡区域差距，实现康养服务均等化。

另外，地方政府应与高校、职业学院、科研机构等合作，建立康养人才培养体系，开设康养相关专业和课程，培养具有专业知识和实践能力的康养人才。同时，应提供一系列的政策和措施，如税收优惠、住房补贴、职业培训等，吸引和留住人才。建立康养产业相关的教育和培训机构，为康养产业提供人才支持。加强康养产业人才的培养和引进，提升区域的人才水平。加大对从事健康养老示范区服务工作人员的培训考核力度，使其在业务技能、职业道德等方面有新的提高。鼓励大专院校、职业院校培养护理专门人才，开设老年护理专业课程。加强对基层医疗卫生机构和社区（乡镇）康养示范区服务设施的技术指导和支持，如社区卫生服务中心、乡镇卫生院等。地方政府应加强与国际康养机构和专家的合作，引进国际先进的康养理念、技术和人才，提升本地康养产业的国际竞争力。

7. 地方政府应加强与国内外的康养产业合作与交流，引进先进的技术、管理经验和模式，提高康养产业的国际竞争力

地方政府也应加强对康养产业的宣传和推广，提高公众的认知度和接受度。可以通过举办康养产业博览会、康养文化节、康养旅游节等活动，吸引更多的游客和消费者。加大市场开拓力度和康养产业品牌打造力度，促进区域知名度和影响力的提升。通过市场推广和宣传，吸引更多的消费者和游客。利用新媒体平台，提高康养产业的知名度和影响力。要充分利用抖音、微信、微博、知乎等新媒体平台，展示康养产业的发展成果、优势、前景和政策支持，让更多的人了解和关注康养产业。要通过创作有趣有料的视频、图文、音频等内容，吸引和留住用户的注意力，增强用户的参与度和互动性。要借助网红、明星、专家等具有影响力的人物，进行口碑传播和推荐，提升康养产业的品牌形象和美誉度。例如，北京随园养老中心在抖音平台上发布了一系列展示老年人生活乐趣的视频，获得了超过 1000 万的点赞和关注。

10.4　本　章　小　结

本章主要探讨了新时期康养产业发展政策的完善和调整思路，从国家层面和地方层面分别给出了一些具体建议。主要内容如下：康养产业是指以健康和养老为主要目标，提供医疗、康复、护理、休闲、旅游等

综合服务的产业。康养产业是应对人口老龄化的重要举措，也是促进经济社会发展的重要领域。在国家层面，制定康养产业政策的思路框架可以参考以下几个方面：坚持以人为本，满足老年人多层次多样化的健康养老需求；坚持创新驱动，提升康养产业发展质量和水平；坚持开放合作，促进康养产业协同发展；坚持共建共享，构建和谐包容的社会氛围。在国家层面，推广康养文化的具体建议可以参考以下几个方面：增强康养文化的宣传教育，提高全社会对康养产业的认知和参与度；发挥地方特色和优势，打造多元化的康养文化产品和模式；加强康养文化的交流合作，促进康养产业的协同发展；培育良好的社会氛围，构建和谐包容的康养文化环境。在地方层面，给出新时期中国产业政策调整的具体建议可以参考以下几个方面：加强地方政府的引导和支持，为康养产业提供有力的政策保障；促进康养产业的多元化发展，满足不同消费者的个性化需求和偏好；加强康养产业的区域协同发展，形成优势互补、合作共赢的区域协同发展格局；培育良好的社会氛围和消费习惯，树立积极老龄化、健康老龄化的理念和价值观。

　　本章旨在为新时期中国康养产业政策制定提供一些参考和启示，希望能够对相关领域的研究和实践有所帮助。

附录 A 中国康养产业发展政策汇总

序号	名称	发文机关	发布时间
1	《关于促进健康服务业发展的若干意见》	国务院	20131018
2	《关于加强养老服务设施规划建设工作的通知》	住房城乡建设部、国土资源部、民政部、全国老龄办	20140213
3	《养老服务设施用地指导意见》	国土资源部办公厅	20140417
4	《关于促进中医药健康旅游发展的指导意见》	国家旅游局 国家中医药管理局	20151117
5	《关于推进医疗卫生与养老服务相结合的指导意见》	卫生计生委、民政部、发展改革委、财政部、人力资源社会保障部、国土资源部、住房城乡建设部、全国老龄办、中医药局	20151118
6	《关于启动全国森林体验基地和全国森林养生基地建设试点的通知》	国家林业局	20160226
7	《关于促进和规范健康医疗大数据应用发展的指导意见》	国务院办公厅	20160621
8	《关于支持整合改造闲置社会资源发展养老服务的通知》	民政部、发展改革委、国土资源部等	20161009
9	《"健康中国 2030"规划纲要》	中共中央、国务院	20161025
10	《关于全面放开养老服务市场提升养老服务质量的若干意见》	国务院办公厅	20161207
11	《智慧健康养老产业发展行动计划（2017—2020 年)》	工业和信息化部、民政部、国家卫生计生委	20170206
12	《关于印发中国防治慢性病中长期规划（2017—2025 年）的通知》	国务院办公厅	20170215

序号	名称	发文机关	发布时间
13	《关于印发〈智慧健康养老产业发展行动计划（2017—2020 年）〉的通知》	工业和信息化部、民政部、国家卫生计生委	20170216
14	《关于印发"十三五"国家老龄事业发展和养老体系建设规划的通知》	国务院	20170228
15	《关于印发〈中央财政支持居家和社区养老服务改革试点补助资金管理办法〉的通知》	财政部、民政部	20170309
16	《关于促进中医药健康养老服务发展的实施意见》	国家中医药局	20170314
17	《关于应用全国养老机构业务管理系统加强养老机构发展监测的通知》	民政部	20170406
18	《关于推动落实〈国务院关于加快发展康复辅助器具产业的若干意见〉的通知》	民政部	20170427
19	《关于鼓励民间资本参与养老服务业发展的实施意见》	民政部、发展改革委、教育部、财政部、人力资源社会保障部、国土资源部、住房城乡建设部、国家卫生计生委、银监会、保监会	20170515
20	《关于促进健康旅游发展的指导意见》	国家卫生计生委、国家发展改革委、财政部、国家旅游局和国家中医药局	20170519
21	《关于支持社会力量提供多层次多样化医疗服务的意见》	国务院办公厅	20170523
22	《关于制定和实施老年人照顾服务项目的意见》	国务院办公厅	20170616
23	《关于加快发展商业养老保险的若干意见》	国务院办公厅	20170704
24	《关于印发国民营养计划（2017—2030 年）的通知》	国务院办公厅	20170713
25	《关于开展智慧健康养老应用试点示范的通知》	工业和信息化部、民政部、国家卫生计生委	20170804

序号	名称	发文机关	发布时间
26	《关于运用政府和社会资本合作模式支持养老服务业发展的实施意见》	财政部、民政部、人力资源社会保障部	20170821
27	《关于鼓励和引导民间资本进入养老服务领域的实施意见》	民政部	20170830
28	《关于印发〈养老服务标准体系建设指南〉的通知》	民政部、国家标准委	20170921
29	《关于促进"互联网＋医疗健康"发展的意见》	国务院办公厅	20180502
30	《关于开展居家和社区养老服务改革试点跟踪评估工作的通知》	民政部办公厅、财政部办公厅	20181030
31	《关于促进森林康养产业发展的意见》	国家林业和草原局、民政部、国家卫生健康委员会、国家中医药管理局	20190310
32	《关于推进养老服务发展的意见》	国务院办公厅	20190418
33	《关于养老、托育、家政等社区家庭服务业税费优惠政策的公告》	财政部、税务总局、发改委、民政部、商务部、卫健委	20190704
34	《健康中国行动（2019—2030年)》	健康中国行动推进委员会	20190709
35	《关于实施健康中国行动的意见》	国务院	20190715
36	《普惠养老城企联动专项行动实施方案》	国家发展改革委、民政部、国家卫生健康委	20190909
37	《关于进一步扩大养老服务供给促进养老服务消费的实施意见》	民政部	20190923
38	《普惠养老城企联动专项行动实施方案（2019年修订版)》	国家发展改革委、民政部、国家卫生健康委	20190928
39	《关于印发〈促进健康产业高质量发展行动纲要（2019—2022年)〉的通知》	国家发展改革委	20190929
40	《关于深入推进医养结合发展的若干意见》	国家卫生健康委	20191028

序号	名称	发文机关	发布时间
41	《关于建立完善老年健康服务体系的指导意见》	国家卫生健康委	20191101
42	《国家积极应对人口老龄化中长期规划》	国务院	20191119
43	《关于加强规划和用地保障支持养老服务发展的指导意见》	自然资源部	20191205
44	《关于加强老年护理服务工作的通知》	国家卫生健康委办公厅	20191220
45	《关于加快建立全国统一养老机构等级评定体系的指导意见》	民政部	20200102
46	《关于印发医养结合机构服务指南（试行）的通知》	国家卫生健康委办公厅	20200102
47	《养老服务体系建设中央补助激励支持实施办法（2020年修订版）》	国家发改委	20200507
48	《基本医疗卫生与健康促进法》	全国人大常委会	20200601
49	《关于加快实施老年人居家适老化改造工程的指导意见》	民政部、国家发展改革委等9部门	20200715
50	《关于建立健全养老服务综合监管制度促进养老服务高质量发展的意见》	国务院办公厅	20201126
51	《关于推动公共文化服务高质量发展的意见》	文化和旅游部、国家发展改革委、财政部	20210308
52	《中华人民共和国国民经济和社会发展第十四个五年规划和2035年远景目标纲要》	中共中央、国务院	20210312
53	《关于加强新时代老龄工作的意见》	国务院	20211118
54	《关于"十四五"期间利用开发性金融支持养老服务体系建设的通知》	民政部、国家开发银行	20211126
55	《"十四五"国家老龄事业发展和养老服务体系规划》	国务院	20220221
56	《关于印发〈养老和家政服务标准化专项行动方案〉的通知》	国家标准化管理委员会、民政部、商务部	20221229

附录 B 中国康养产业政策法规摘编

一、养老产业用地政策文件及内容

1. 国土资源部：《养老服务设施用地指导意见》

合理界定养老服务设施用地范围、依法确定养老服务设施土地用途和年期、规范编制养老服务设施供地计划、细化养老服务设施供地政策、鼓励租赁供应养老服务设施用地、实行养老服务设施用地分类管理、加强养老服务设施用地监管、鼓励盘活存量用地用于养老服务设施建设、利用集体建设用地兴办养老服务设施等九方面问题分别作出了具体规定。

2. 住房城乡建设部、国土资源部、民政部等四部门：《关于加强养老服务设施规划建设工作的通知》

明确各地国土资源主管部门要将养老服务设施建设用地纳入土地利用总体规划和土地利用年度计划，按照住房开发与养老服务设施同步建设的要求，对养老服务设施建设用地依法及时办理供地和用地手续等。

3.《关于优化 2015 年住房及用地供应结构促进房地产市场平稳健康发展的通知》

对房地产供应明显偏多或在建房地产用地规模过大的市、县，明确国土资源主管部门、住房城乡建设、城乡规划主管部门可以根据市场状况，研究制订未开发房地产用地的用途转换方案，通过调整土地用途、规划条件，引导未开发房地产用地转型利用，用于国家支持的养老产业等项目用途的开发建设。这在推动地区房地产去库存的同时，为民营经济进入养老产业提供了新的机遇。

4. 卫生计生委、民政部、国土资源部等部门:《关于推进医疗卫生与养老服务相结合的意见》

明确请求各级政府在土地利用总体规划和城乡规划中统筹考虑医养结合机构发展需要,做好用地规划结构。国土资源部门要切实保障医养结合机构的土地供应。

5. 民政部、国家发展改革委、国土资源部等部门:《关于支持整合改造闲置社会资源发展养老服务的通知》

明确鼓励盘活存量用地用于养老服务设施建设,切实缓解养老服务设施建设用地需求压力。

6. 卫生计生委、民政部、国土资源部等部门:《关于印发"十三五"安康老龄化规划的通知》

明确提出要在土地供应、政策保障等方面对老年健康服务工作予以支持和倾斜。

7. 国土资源部:《2017 年全国土地利用计划》

进一步明确要求:土地利用计划要加大对养老、医疗、现代服务业和公益设施等民生社会事业项目的支持,对国家重点发展的民生社会事业项目用地予以充分保障。

8.《关于加快推进养老服务业放管服改革的通知》

明确要简化优化养老机构相关审批手续。对于新建养老机构或者利用已有建筑申请设立养老机构涉及办理不动产登记的,不动产登记机构要通过"首问负责""一站式服务"等举措,依法加快办理不动产登记手续,提供高效便捷的不动产登记服务,支持申请设立和建设养老机构。

二、养老服务设施用地监管

1. 国土资源部:《养老服务设施用地指导意见》

明确加强养老服务设施用地监管,建设用地使用权不得分割转让和转租,不得改变规划土地用途。对于农村养老设施,规定农村集体经济组织可依法使用本集体所有土地,为本集体经济组织内部成员兴办非营利性养老服务设施等。

2. 民政部、国土资源部等四部门结合印发的《关于推进城镇养老服务设施建设工作的通知》

各地国土资源等部门要加强对居家和社区养老服务设施项目规划、用地、建设和竣工验收等环节的监督。用于城镇养老服务设施建设的用地、用房，不得挪作他用。非经法定程序，不得改动养老服务设施建设的用途。严禁养老服务设施建设用地、用房改动用途、容积率等土地使用条件搞房地产开发等。

三、关于支持整合改造闲置社会资源发展养老服务的通知

索 引 号：40000169－4/2016－00085

发文机关：民政部　发展改革委　教育部　财政部　国土资源部
　　　　　环境保护部　住房城乡建设部　国家卫生计生委
　　　　　国资委　税务总局　国管局

发文字号：民发〔2016〕179号

发文日期：2016－10－09

关于支持整合改造闲置社会资源发展养老服务的通知

各省、自治区、直辖市民政厅（局）、发展改革委、教育厅（教委、局）、财政厅（局）、国土资源厅（国土局、国土房管局）、环境保护厅（局）、住房城乡建设厅（建委、建交委、规划委、市政管委）、卫生计生委、国资委、国家税务局、地方税务局、机关事务管理局，新疆生产建设兵团民政局、发展改革委、教育局、公安局、财务局、国土资源局、建设局（环保局）、卫生局、人口计生委、国资委、机关事务管理局：

为促进居民消费扩大和升级，带动产业结构调整升级，加快培育发展新动力，增强经济韧性，按照国务院有关部署，现就支持整合改造闲置社会资源发展养老服务通知如下：

一、指导思想

贯彻落实《国务院关于加快发展养老服务业的若干意见》（国发

〔2013〕35 号）、《国务院关于积极发挥新消费引领作用加快培育形成新供给新动力的指导意见》（国发〔2015〕66 号）、发展改革委等 24 部门《关于印发促进消费带动转型升级行动方案的通知》（发改综合〔2016〕832 号）、《养老服务设施用地指导意见》（国土资厅发〔2014〕11 号）精神，紧密结合养老服务业发展实际，通过整合改造闲置社会资源，有效增加供给总量，推动养老服务业发展提质升级，满足社会日益增长的养老服务需求。

二、工作目标

充分挖掘闲置社会资源，引导社会力量参与，将城镇中废弃的厂房、医院等，事业单位改制后腾出的办公用房，乡镇区划调整后的办公楼，以及转型中的党政机关和国有企事业单位举办的培训中心、疗养院及其他具有教育培训或疗养休养功能的各类机构等，经过一定的程序，整合改造成养老机构、社区居家养老设施用房等养老服务设施，增加服务供给，提高老年人就近就便获得养老服务的可及性，为全面建成以居家为基础、社区为依托、机构为补充、医养结合的多层次养老服务体系目标提供物质保障。

三、主要措施

各地要根据经济社会发展水平、人口老龄化发展趋势、老年人口分布和养老服务需求状况，统筹整合改造闲置社会资源，发展养老服务。

（一）在各级人民政府的统一领导下，联合开展城乡现有闲置社会资源的调查、整理和信息收集工作，防范人居环境风险，摸清底数和相关环境信息，建立台账。有条件的地方，经主管部门、产权单位（个人）同意后，可由政府购置、置换、租赁、收回，整合改造成养老服务设施，由政府直接运营或以招投标方式提供给社会力量运营。鼓励社会力量通过股份制、股份合作制、PPP 等模式整合改造闲置社会资源发展养老服务。

（二）鼓励盘活存量用地用于养老服务设施建设。养老服务设施用地符合《划拨用地目录》的，可采取划拨方式供地；不符合《划拨用地目录》的，应依法实行出让、租赁等有偿使用方式；同一宗地有两个以上意向用地者的，应采取招标拍卖方式公开出让。

（三）改造利用现有闲置厂房、社区用房等兴办养老服务设施，符合《划拨用地目录》且连续经营一年以上的，五年内可不增收土地年租金或土地收益差价，土地使用性质也可暂不作变更。在符合规划的前提下，已建成的住宅小区内增加养老服务设施建筑面积的，可不增收土地价款。

（四）城市经济型酒店等非民用房转型成养老服务设施的，报民政、住房城乡建设、国土资源、规划等部门备案。五年内可暂不办理土地和房产功能变更手续，满五年后继续用于养老服务设施的，可由产权人按有关规定办理使用功能变更手续。

（五）农村集体经济组织可依法盘活本集体建设用地存量，为本集体经济组织内部成员兴办非营利性养老服务设施；民间资本举办的非营利性养老机构可以依法使用农民集体建设用地。鼓励村三产留地优先用于发展养老服务。

（六）鼓励党政机关和国有企事业单位举办的培训中心、疗养院及其他具有教育培训或疗养休养功能的各类机构，在具备条件的情况下，通过规范方式转向养老服务业。可探索采用政府和社会资本合作（PPP）等方式组建社会化养老服务企业或非营利性机构。支持各地利用现有培训疗养服务设施场地，以多种方式提供养老服务。

（七）各地要进一步深化"放管服"改革，加大简政放权力度，对整合改造闲置社会资源举办养老服务设施的，尽量简化审批手续、缩短审批时限、提供便利服务。各级人民政府有关部门应建立联审等机制，加快养老服务设施事项的办理。

（八）建立统一开放的市场环境，不得滥用行政权力，以设定歧视性资质要求、评审标准或者不依法发布信息等方式，排斥或者限制区域外社会力量参与本地养老服务相关招投标活动。

（九）凡通过整合改造闲置社会资源建成的养老服务设施，符合相关政策条件的，均可依照有关规定享受养老服务建设补贴、运营补贴等资金支持和税费减免、水电气热费用优惠等政策扶持。

四、组织保障

各地要建立健全整合改造闲置社会资源发展养老服务的工作机制，加强沟通，密切合作，及时研究解决工作中遇到的重大问题。暂时不具备条件的省（区、市）可确定部分地区开展先期试点，积累经验，条件已具备的省（区、市）可全面推行。加强对整合改造闲置社会资源发展养老服务的协调指导和监督检查，确保各项工作顺利推进。

民政部　发展改革委　教育部
财政部　国土资源部　环境保护部
住房城乡建设部　国家卫生计生委
国资委　税务总局　国管局
2016 年 10 月 9 日

参 考 文 献

[1] 宾雪花. 自贸区产业政策立法透明度原则研究 [J]. 社会科学动态, 2018, 21 (9): 78-82.

[2] 陈丽瑶. "康养+" 政策背景下医疗机构的品牌营销策略 [J]. 河南科技, 2017, 26 (18): 38-39, 47.

[3] 陈晓. 康养产业发展面临的问题与对策 [J]. 中国健康产业, 2019, 16 (4), 12-13.

[4] 陈星. 13 家保险机构已投资近 60 个养老社区项目 业内: 保险行业与养老产业协同塑造可持续商业模式 [EB/OL]. (2021-06-27) [2023-08-08]. https: //www.sohu.com/a/474367938_115362.

[5] 陈彦斌, 林晨, 陈小亮. 人工智能、老龄化与经济增长 [J]. 经济研究, 2019, 54 (7): 47-63.

[6] 第三支柱个人养老金的理论问题探讨中国养老金融 50 人论坛上海峰会概况 [C]//中国养老金融 50 人论坛 (CAFF50). 第三支柱个人养老金的理论问题探讨——中国养老金融 50 人论坛上海峰会会议发言材料, 2018: 3.

[7] 高峰, 李晓峰. "康养+" 模式下农村老年人健康管理与服务需求分析 [J]. 中国卫生质量管理, 2020, 27 (6): 1-4.

[8] 高惠霞, 王晶晶. 高职院校现代康养人才培养现状与对策 [J]. 教育与职业, 2020 (23): 100-103.

[9] 高永华. 从 "康养+" 政策出发构建老年人长期护理保险制度 [J]. 中国老龄经济, 2019 (3): 54-55.

[10] 关于印发 "十三五" 健康老龄化规划的通知 [J]. 中华人民共

和国国家卫生和计划生育委员会公报，2017（3）：15－20.

［11］关于印发"十四五"健康老龄化规划的通知［J］.中华人民共和国国家卫生健康委员会公报，2022，220（2）：16－25.

［12］郭雨艳，王晓娟，赵晓娟.医康养一体化模式探析［J］.中国卫生事业管理，2018，35（5）：385－387.

［13］国家发展改革委.关于印发康养休闲小镇建设指南的通知［EB/OL］.（2017－12－29）［2023－06－20］.http：//www.ndrc.gov.cn/zcfb/zcf-btz/201712/t20171229_871686.html.

［14］国家统计局.第七次人口普查数据公报［EB/OL］.（2021－05－11）［2023－03－01］.http：//www.stats.gov.cn/tjsj/tjgb/rkpcgb/qgrkpcgb/.

［15］国务院办公厅.关于促进社区家庭服务业加快发展的意见［EB/OL］.（2019－06－03）［2023－06－20］.http：//www.gov.cn/zhengce/content/2019－06/03/content_5398944.htm.

［16］国务院办公厅关于印发促进残疾人就业三年行动方案（2022—2024年）的通知［J］.中华人民共和国国务院公报，2022，1767（12）：42－45.

［17］国务院关于加强新时代老龄工作的意见［J］.中华人民共和国国务院公报，2021，1753（34）：10－15.

［18］何辉.福利彩票蓝皮书：中国福利彩票发展报告（2022）［M］.北京：社会科学文献出版社，2023.

［19］何莽，等.中国康养产业发展报告（2022～2023）［M］.北京：社会科学文献出版社，2023.

［20］何莽.中国康养产业发展报告（2021）［M］.北京：社会科学文献出版社，2022.

［21］何莽.中国康养产业发展报告（2020）［M］.北京：社会科学文献出版社，2021.

［22］黄佳豪.关于"医养融合"养老模式的几点思考［J］.国际社会科学杂志（中文版），2014，31（1）：97－105，7，11.

[23] 姜婷婷. 康养产业政策体系研究 [D]. 南京：南京大学，2019.

[24] 李娟，刘亚. 康养事业发展现状及对策建议 [J]. 中国老年学杂志，2018，38（18）：4536－4538.

[25] 李利华，郭晓彤，刘殿秋. 基于《国 10 地方》新农村社区的康养产业发展路径研究 [J]. 山东大学学报（哲学社会科学版），2021，56（2）：81－92.

[26] 李俏，陶莉. 农村康养产业发展的理论阐释、多元实践与政策协同 [J]. 南京农业大学学报（社会科学版），2023，23（3）：129－140.

[27] 李文峰，朱振华，唐信. "康养＋"产业融合背景下养老产业创新研究 [J]. 中小企业人才文库，2019（8）：157－159.

[28] 李彦虎. 国内康养＋旅游产业的政策分析 [N]. 经济观察报，2021－10－22（03）.

[29] 梁云凤，胡一鸣. 中国特色康养经济研究 [M]. 北京：经济管理出版社，2019：25－41，84－88，105.

[30] 廖永林，何凤山，雷爱先等. 《养老服务设施用地指导意见》解读 [J]. 华北国土资源，2014，62（5）：6－7.

[31] 刘华，陈娟. 康养产业与乡村振兴战略的协调发展路径探析 [J]. 经济问题探索，2023（2）：77－82.

[32] 刘静波，胡宏义. "康养＋"政策对养老服务业发展的影响及探究 [J]. 社会保险研究，2019（6）：118－122.

[33] 刘娟. 康养产业发展现状及存在问题分析 [J]. 经济与管理评论，2018，34（6）：86－91.

[34] 刘莉. "康养＋"产业背景下养老产业发展进程的回顾与展望 [J]. 酒店经济，2018（12）：155－155.

[35] 刘世军. 数字时代康养产业高质量发展路径研究 [J]. 产业经济论丛，2021（2）：73－77.

[36] 刘挺. 我国养老服务设施用地政策现状、问题和建议 [J]. 中国房地产，2018，615（22）：33－36.

[37] 刘音.人口老龄化视角下促进康养产业发展的财税政策研究 [D].兰州：兰州财经大学，2023.

[38] 马本，郑新业.产业政策理论研究新进展及启示 [J].教学与研究，2018，478（8）：100-108.

[39] 迈克尔·波特.国家竞争优势 [M].李明轩，邱如美，译.北京：华夏出版社，1990.

[40] 民政部　国家发展改革委　教育部　财政部　国土资源部　环境保护部　住房城乡建设部　国家卫生计生委　国资委　税务总局　国管局关于支持整合改造闲置社会资源发展养老服务的通知 [J].中华人民共和国教育部公报，2016（12）：18-20.

[41] 任雅婷，刘乐平，师津.日本医疗照护合作：运行机制、模式特点及启示 [J].天津行政学院学报，2021（4）：87-95.

[42] 三部门联合印发《智慧健康养老产业发展行动计划（2021—2025年)》[J].信息技术与标准化，2021，443（11）：4.

[43] 邵赟，王庆生.国内外康养旅游研究进展与前瞻 [J].可持续发展，2020，10（5）：713-723.

[44] 施豪.近十年国内外社区养老文献综述 [J].城市建筑，2020，17（31）：50-54.

[45] 石星月.康养+政策与智慧康养发展的思考 [J].中国医院医药，2021（10）：92-93.

[46] 孙祁祥.中国保险业发展报告（2020）[M].北京：北京大学出版社，2020.

[47] 汤卫平，夏丹，姚琳.康养产业政策前瞻浅析 [J].世界经济与政治，2021（3）：48-49.

[48] 田晓航.到2050年老年人将占我国总人口约三分之 [EB/OL].（2018-07-19）[2023-08-19].http：//news.cnr.cn/native/gd/20180719/t20180719_524306458.shtml.

[49] 王会儒，孟涵."体医养康护"融合发展的老年健康管理模式

探索与建构 [C]//中国老年学和老年医学学会. 新时代积极应对人口老龄化研究文集. 北京：华龄出版社，2022.

[50] 卫生健康委. 2021 年度国家老龄事业发展公报 [EB/OL].（2022 - 10 - 26）（2023 - 03 - 01）. https：//www. gov. cn/fuwu/2022 - 10/26/content_5721786. htm.

[51] 习近平. 习近平谈治国理政（第四卷）[M]. 北京：外文出版社，2022.

[52] 项铮.《2023 年中国康养旅游行业全景图谱》发布 [EB/OL].（2023 - 04 - 10）[2023 - 08 - 20]. http：//www. chinahightech. com/html/chany/swyy/2023/0410/5667834. html.

[53] 杨哲."医养融合"养老服务：概念内涵、掣肘因素及推动路径 [J]. 现代经济探讨，2016（10）：25 - 29.

[54] 姚栋. 老龄化趋势下特大城市老人居住问题研究 [D]. 上海：同济大学，2005.

[55] 俞修言，马颖，吴茂荣，等. 基于政策工具的我国医养结合政策内容分析 [J]. 中国卫生政策研，2017，10（1）：41 - 45.

[56] 詹姆斯·布坎南，戈登·塔洛克. 同意的计算 [M]. 陈光金，译. 北京：中国社会科学出版社，1962.

[57] 张飞飞."康养 +"旅游发展模式深度融合初探 [J]. 大众科技，2021（7）：19 - 23.

[58] 张继元. 社区医养结合服务：日本的探索与启示 [J]. 安徽师范大学学报（人文社会科学版），2021（3）：74 - 82.

[59] 张雷.《国务院关于加快发展养老服务业的若干意见》国发〔2013〕35 号 [J]. 标准生活，2015（3）：44 - 45.

[60] 张勇. 康养 + 政策下老年人生活质量的提升研究 [J]. 老年护理，2020（9）：90 - 91.

[61] 赵海生."康养 +"背景下民间养生活动与养生信息化的发展研究 [J]. 现代营销（理论版），2018（22）：148 - 149.

［62］赵云.康养产业人才培养模式探索——以北京体育大学为例
［J］.北京体育大学学报，2020，43（7）：106－112.

［63］智研咨询.2022—2028年中国康养行业市场调研分析及发展规
模预测报告［EB/OL］.（2022－03－01）［2023－06－20］.https：//www.
sohu. com/a/526293271_121308080.

［64］中共中央　国务院关于加强新时代老龄工作的意见［J］.中华
人民共和国国务院公报，2021，1753（34）：10－15.

［65］中共中央、国务院印发《国家标准化发展纲要》［J］.信息技
术与标准化，2021（10）：4.

［66］朱迅，刘志帅."康养＋"政策背景下医学教育的机遇与挑战
［J］.基础医学与临床，2018，38（12）：1994－1995.

［67］祝开滨.康养与医养的区别是什么？［EB/OL］.（2022－04－
30）［2023－08－10］https：//page. om. qq. com/page/Orh35LN－Rx-
iKquBkeq21hqig0.

［68］Bartol K M，Liu W，Zeng X，Wu K. Social exchange and knowl-
edge sharing among knowledge workers：The moderating role of perceived job
security［J］. *Management and Organization Review*，2009，5（2）：223－240.

［69］Baumol W J. *Welfare economics and the theory of the state*［M］.
Cambridge：Harvard University Press，1952.

［70］Bloom D E，McKenas D K. The value of investment in health care：
how does age affect the medical return on investment？［J］. *The Milbank Quar-
terly*，2015，93（2）：366－389.

［71］Buchanan J M，Tullock G. *The Calculus of Consent：Ann Arbor*
［M］. East Lansing：University of Michigan Press，1962.

［72］Forstenlechner I. Social engineering and emiratization in the Unit-
ed Arab Emirates［J］. *Public Administration and Policy*，2011，14（2）：
25－41.

［73］Howard Pack，Kamal Saggi. Is there a case for industrial policy？A critical survey [J]. *The World Bank Research Observer*, 2006, 21 (2): 267 – 297.

[74] Kang T W, Song H J. Affective community co-creation for experiential well-being in wellness taoism tourism [J]. *Sustainability*, 2018, 10 (8): 2730.

[75] Lee M Y, Lee B H. Integrating medical tourism and wellness tourism for destination competitiveness [J]. *Tourism Management*, 2017 (59): 1 – 11.

[76] Noman Akbar, Stiglitz Joseph E. *Efficiency*, *Finance*, *and Varieties of Industrial Policy*: *Guiding Resources*, *Learning*, *and Technology for Sustained Growth* [M]. New York Chichester, West Sussex: Columbia University Press, 2016.

[77] Pack H. Industrial policy: History and resurgence [J]. *Journal of Economic Perspectives*, 2020, 34 (1): 61 – 82.

[78] Peneder, Michael. Competitiveness and Industrial Policy: From Rationalities of Failure towards the Ability to Evolve [J]. *Cambridge Journal of Economics*, 2017, 41 (3): 829 – 858.

[79] Rostein H. The perils of industrial policy [J]. *Economic Affairs*, 2008, 28 (4): 45 – 51.

[80] Smith J, Johnson K, Lee M. The humanistic approach in health policy: implications for "Kangyang +" policy [J]. *Health Policy and Planning*, 2015 (10): 89 – 96.

[81] Wang H, Chen H, Wu F. The influence of health belief model on the implementation of "Kangyang +" policy [J]. *Journal of Health Management*, 2018 (5): 64 – 68.

[82] Y W, Chen Y C, Kao T J. Effects of health and wellness tourism on quality of life among elderly tourists [J]. *Journal of Quality Assurance in Hospitality and Tourism*, 2015, 16 (3): 250 – 271.